우리 그 얘기 좀 해요

Sex sex and more sex
101 Questions & answers

First edition published by the Penguin Group
Penguin Books Canada Ltd, in Toronto, Ontario, Canada 1995. Korean translation rights in Korea reserved by Hankyoreh Publishing Company in 2014 arrange through Shinwon agency, Seoul, Korea.

우리 그 얘기 좀 해요

가장 궁금한 101가지 섹스 토크

씨네21 북스

성생활을 중요하게 여긴다면, 또 더 좋게 만들고 싶다면 이 책이 답을 줄 수 있을지도 모르겠어요. 나는 이 책의 부제를 '알기 쉬운 섹스'라고 달고 싶었지요. 이 책이 그런 역할을 해주기를 바랐거든요. 괜한 고생만 하거나 진땀 흘리고 얼굴 붉힐 필요 없이 성에 관해서 가장 많이 궁금해하는 질문에 대한 답을 금방 찾아낼 수 있도록 만들려고 했어요. 그래서 사전식 알파벳 순으로 엮었습니다.

나는 십대 때 성에 관해서 들은 게 거의 없었어요. 위니페그의 가톨릭 병원에서 간호사 수련을 받을 때도 마찬가지였죠. 그런데 십대 아이들을 키우다보니 사정이 달라집디다. 아이들의 성을 마냥 부정할 수만은 없더라고요. 한번은 우리 애 친구 중 하나가 생리를 거른다고 제게 털어놓은 적이 있어요. 그때 폭넓은 성교육과 피임 교육이 절실하단 걸 새삼 느꼈죠. 나는 자원한 의사와 간호사들과 함께 한 고등학교의 양호실에 십대 진료소를 세우고 운영했어요. 거기서 일하면서 사람들이 성에 관해, 내가 '성의 기관'이라고 부르는 부분에 대해서는 기본적으로 이해할 수 있어도 '행위, 사실, 감정'들은 기초 성교육을 통해 배울 수 없다는 점을 깨닫게 되었어요.

클리닉은 십대들에게 평판이 좋았어요. 그래서 섹스 기초를 가르치는 데 필수적인 기술을 얻기 위해 대학 공부도 다시 했지요. 섹스 교육자로서 나는 학생들에게 무기명으로 성에 관한 질문을 써내라고 열심히 주문했고 수업 마지막에 답변을 하곤 했어요. 그때 받았던 '수에게'라는 질문 카드를 보관했다가 주제별로 정리하고 알파벳 순으로 둔 뒤 답을 썼어요. 그게 이 책의 시작이었지요.

이후 나는 12년 동안 '캐네디언 록 라디오 스테이션'에서 매주 일요일마다 2시간짜리 전화상담 라디오 쇼를 진행했어요. 인기가 있어 다른 방송에서도 전파를 탔죠. 1986년에는 매주 TV쇼 사회를 보았는데 두 쇼를 진행하면서도 정보를 구하거나 책 목록을 찾는 청취자들의 멋진 편지들을 한 무더기 받았습니다.

그런 요구에 발맞추려고 수년간 다양한 주제로 일련의 글들을 썼어요. 성적 학대에서 곰팡이 감염까지 아우르는 내용이었는데 어떤 글은 다른 것보다 수요가 많았지요. 구강-생식기 성교(오럴 섹스, 무릎을 꿇은 성교, 머리를 준다는 은어로 사용되기도 하는)에 대한 질문이 가장 많았고 그 다음은 피임약, 지스팟, 항문 성교 순이었어요.

요즘은 대학에서 강의를 하는데, 참석한 모든 학생들에게 '수에게' 카드를 나눠주지요. 이 강의에서도 여전히 시간을 따로 내 강의 말미에 각 질문에 답변을 해요. 방송에서는 북미 전역에서 걸려온 전화로 질문을 받고요.

이런 질문을 잘 간직했다가 가장 빈번한 주제들을 책으로 엮어보자 결심했어요. 단순하게 가자는 목적으로 설명이 꼭 필요한 경우가 아니면 의학적인 용어는 피하고 일상적인 언어를 사용했어요. 물론 가끔 난잡한 언어도 쓰고 은어도 들어 있답니다. 해당 주제에 특정 주제를 좀 더 자세하게 다루는 훌륭한 책 한두 권에 대한 언급도 끼워 넣었어요. (국내에 출간되지 않은 책이 대부분이라 한국어판에는 책 뒤쪽에 '추천 도서' 항목으로 따로 정리했습니다. 국내 출간된 도서는 한국어 제목도 병기했습니다. *-편집자 주*)

에이즈나 여타 섹스로 전파되는 감염병들의 위험 때문에 나는 안전한 섹스의 중요성을 늘 강조해요. (완전히 안전한 섹스는 자위 또는 섹스를 하지 않는 것입니다.) 또한 '파트너'라는 용어를 자주 쓰는데 이는 어떤 종류의 관계든 그 상대방을 의미합니다. 같은 성과 관계를 맺는 사람들이 해오는 질문 역시 이성애 커플과 비슷해요. 치료가 필요하다고 느껴지는 경우에는 상담자를 찾는 동안 글을 쓰라고 자주 조언할 거예요. 그냥 비싸지 않은, 줄만 쳐진 공책을 사서 종이 위에 자신의 느낌을 쏟아내기 시작하세요. 문법이니, 맞춤법이니, 구두점이니, 논리 연관성이니 다 신경 쓰지 마세요. 당신 말고 그걸 읽을 사람은 없어요. 글을 쓰는 일은 자신의 감정에 집중하고 생각을 명확히 하는 데 도움이 됩니다. 일단 종이 위에 그 감정들을 적고 나면 머릿속에서 다시 되짚어 보는 일은 그만두세요. 그리고 한참이 지나 다시 그 글을 읽으면 여러분 삶을 현실적으로 다룰 수 있는 인식을 얻게 되었다는 사실을 알게 될 거예요.

'그 이후로 오래 오래 행복하게 사는' 할리우드 영화와 달리, 서로 사랑하고 돌보는 사람의 성적인 상호관계는 저절로 이루어지지 않아요. 노력이 필요하지요. 이 노력의 핵심은 마음을 열고, 서로 믿고 솔직한 태도로 의사소통을 하는 것입니다. 바라건대 여러분과 여러분의 파트너 둘 다 각자 끝까지 이 책을 읽어보고, 또 같이 소리 내어 읽으면서 그에 맞춰 토론을 해보세요. 당신의 파트너가 가장 친한 친구이자 사랑하는 사람이기를 진심으로 빌어요.

수 요한슨

차 례

/ / / / / / / / / / / / / / / / / /

/ / / / / / / / / / / / / / / / / /

• 일러두기

이 책의 원서는 영문 알파벳 순으로 구성되어 있으나 한국어판은 가나다 순으로 바꾸었습니다.
원서에는 질문별로 추천 도서가 소개되어 있으나, 국내에는 대부분 번역 출간되지 않은 책들이므로 본문에서 따로 떼어 '추천 도서' 항목으로 모았습니다. 국내 번역된 책은 한국어 제목을 병기했습니다.
본문의 각주는 특별한 언급이 없으면 모두 역자 주입니다.

가짜 오르가슴 FAKING ORGASM

남자들은 여자가 가짜로 오르가슴을 연기하는지 어떻게 알 수 있을까요? 우리 커플은 3년 되었는데, 그녀는 그동안 연기한 거라고 말하네요. 전 믿을 수가 없어요.

이런 질문은 참 어려워요. 영화나 텔레비전에서 여자들은 세상이 뒤집어지는 오르가슴에 이른 모습을 잘도 보여주죠. 그래서 이런 모습을 본 여자들은 오르가슴에 이르는 방법은 신음을 하거나 탄성을 지르거나, 몸부림치고, 침대보를 부여잡고, 할퀴고 소리를 지르는 거라고 생각해요. 그리고 생각하죠. '저 정도면 나도 할 수 있겠다.' 어떤 여성들은 아카데미 여우주연상 뺨치게 연기할 수 있어요. 그렇지만 진실을 확인할 방법은 없어요. 어떤 오르가슴은 그렇게 요란하게 오기도 하지만, 대체로 좀 더 부드럽고 미묘하고 나긋하지요. 한 가지 꾸며낼 수 없는 일은 흥분이에요. 여성을 자극하면 성기가 젖고, 섹스에 흥미가 생겨요. 이건 속일 수 없어요. 그녀가 행복하고 만족스럽고 즐거웠다고 한다면 그 말을 그대로 받아들이세요. 남자들은 어째서인지 여자들이 섹스할 때마다 오르가슴에 이르러야 하고, 안 그러면 짜증내고 툴툴거리는 성질 사나운 마누라로 변한다고 생각하는 것 같아요. 사실은 그렇지 않아요. 여자들은 섹스를 나누는 일 자체, 만지고 안고 함께 있다는 느낌을 좋아해요. 비록 오르가슴에 이르지 못했더라도 상대가 만족한 걸로 괜찮다고 생각하기도 하죠.

남자는 성적으로 자극을 받으면 발기가 되고 자극을 동반한 마찰을 통해 사정을 합니다. 남자는 사정으로 만족감을 느껴요. 이따금씩 섹스가 날아오를 듯이 환상적일 때도 있어요. 그게 남자의 오르가슴이에요. 이 정도의 오르가슴은 자주 일어나지 않지만, 그래도 여전히 섹스는 만족스럽고 좋아요. 그러면 된 거죠.

여자들도 마찬가지예요. 매번 활활 타오를 필요도 없고, 또 그러길 기대하지도 않아요. 그러니 남자 분들, 여자를 믿으세요. 그녀가 행복하다고 하면 행복한 거예요. 그러니까 "왔어?" "좋아?"라고 묻지 마세요. 그렇게 물으면 여자는 "와, 정말 좋아 죽겠어"라고 대답하겠죠. 하지만 만족하지 않았다면 여자가 솔직하게 "음, 아니, 하지만 멋졌어. 당신도 대단하고. 난 진짜 즐거웠어. 기분 최곤데."라고 말하기를 바라는 남자도 있답니다.

중압감을 떨쳐버리세요. 그녀가 매번 최고조에 오르지 않는다고 해서 당신이 부족한 건 아니에요. 당신이 중압감을 떨쳐버려야 상대의 중압감도 같이 떨어져 나가요. 더 이상 그녀가 연극무대에 오르지 않도록 둘 다 마음 느긋하게 먹고 즐기세요. 섹스에는 오르가슴 말고도 다른 것이 많이 있어요. 그걸 받아들이지 않으면 다음과 같은 문제에 봉착할 수도 있습니다.

수에게 / 저는 한 번도 오르가슴을 느껴본 적이 없어요. 저도 느껴보고 싶어요. 하지만 저는 몇 년 동안 연기해왔어요. 제 파트너에게 어떻게 이야기해야 할까요?

수의 대답 // 연기하는 이유가 뭘까요? 사람들은 대체로 이런 이유들 때문에 연기한다고 합니다.

- 남자가 성적으로 자신감이 부족해서, 그가 산도 움직일 만큼 세다고 느끼게 해주려고.
- 진짜 오르가슴에 이르고 있다고 스스로를 확신시키려고 노력 중이다.
- 클라이맥스에 이르지 못하면 파트너가 불감증이라고 생각할지도 모르니까.
- 바람을 피우고 있으면서, 오직 그뿐이라고 파트너를 안심시키려는 의도로.

당신은 자위를 하면 오르가슴에 이를 수 있나요? 만약 그렇다면, 왜 지금 파트너에게 연기하고 있었다고 이야기하려고 하죠? 저는 정직한 고백에는 찬성이에요. 하지만 만약 파트너를 공격할 구실로 삼을 생각이라면 별로네요. 여자들 대부분은 자위를 통해 오르가슴에 이를 수 있는데요, 어떻게 하면 오르가슴을 느낄 수 있는지 알고 있다면 상대를 주눅 들게 하지 않으면서도 이끌 수 있어요.

만약 어떤 방법을 동원해도 오르가슴에 도달할 수 없었다면 자위로 스스로 즐기는 법을 먼저 터득하는 게 좋아요. 그 다음 파트너에게 새로운 방식을 시도해보자고 말할 수 있겠지요.
오르가슴은 당신이 파트너에게 주는 선물이 아니에요. 자신에게 주는 선물이죠. 한 가지 더. 할 때마다 오르가슴에 이른다고 주장하는 여자가 있다면 100% 거짓말이에요.

수에게 / 남자들도 오르가슴을 꾸며내나요?

수의 대답 // 그럼요. 드라마는 어디 여자만 보나요? 남자도 분위기에 맞춰 신음을 낼 수 있어요. 상당히 그럴듯하죠. 콘돔을 사용하지 않았다면 사정하지 않은 걸 알 수 있지만, 콘돔을 사용한 경우에는 사정하지 않았는지, 오르가슴에 이르렀는지 확인하지 못할 수도 있어요. 사정지연이 있는 남자는 파트너가 섹시하며 좋은 애인이라 느끼게 해주려고 가짜로 사정한 척하기도 해요.
오르가슴 흉내는 썩 좋은 방법은 아니에요. 쇼를 한다는 게 께름칙하기도 하고, 부담스럽기도 해서 결국엔 섹스를 피하게 되거든요. 당신이 연기하고 있을지도 모른다는 의심이 들면 파트너는 기분이 상할 테고요. 이런 문제는 관계의 정직과 신뢰를 위태롭게 합니다. 연기에 신경 쓰면 걱정과 불안이 늘고, 흥분은 줄어들고 그럴수록 오르가슴은 멀어지고, 또 연기하는 걸 들킬까봐 불안과 공포가 증가되고……. 그렇게 악순환이 됩니다. 정직이 최선이에요.

구강 성교 ORAL SEX

이 책 서문에서 말한 대로 저는 두 종류의 어휘를 써요. 편하고 친숙한 길거리 비속어와 있어 보이긴 하지만 많은 사람들이 알아먹기 힘든 의학용어를 쓰게 될 거예요. 덜 민망한 말로는 커닐링거스(cunnilingus, 여자에게 하는 오럴 섹스)나 펠라치오(fellatio, 남자에게 하는 오럴 섹스) 같은 말이 있어요. 전 그 사이를 왔다갔다 하는 걸 좋아하는데, 때때로 노골적으로 묘사해야 상세하게 표현을 할 수 있기 때문이죠.

수에게 / 남자친구와 오럴 섹스를 하면 토할 것 같은데, 이런 느낌 없이 하는 방법은 없을까요?

수의 대답 // 오럴 섹스를 하는 데 옳고 그른 방법은 없어요. 하지만 기술은 개발할 수 있죠. 먼저 어떻게 하면 그가 좋아하는지 물어보세요. 그리고 그의 페니스가 입안에 들어오면, 윤활이 잘되도록 침을 많이 모으세요. 페니스의 뿌리 부분을 손으로 잡고, 손과 입을 리드미컬하게 움직여 전체를 자극하세요. 그러면 질색하거나 토할 것 같은 느낌은 안 들 거예요. 남는 손으로 고환과 항문 주위를 쓰다듬어주면, 그는 이제 죽어서 천국에 가는 느낌이라고 생각할 겁니다. 살살/세게, 천천히/빨리, 귀두/전체 어떤 게 좋은지 남자친구에게 물어보세요. 뭐가 좋은지는 본인이 제일 잘 아니까요.

수에게 / 입으로 하다가 에이즈(AIDS)에 걸릴 수 있을까요?

수의 대답 // 구강-성기 섹스는 하는 사람의 입안 점막에 손상이 없으면 HIV 바이러스 전염에 저위험 행위라고 알려져 있어요. 입안에 포진이나 헌데가 없고, 잇몸에서 고름이 나지 않고, 그날 치과 치료를 받지 않았고, 입술을 씹었다거나 음식을 먹다가 혀를 깨물었거나 입천장이 까지지 않은 경우에는요. 입안이나 입술의 점막에 상처가 있는데, 파트너가 만약 HIV 양성이라면 정액에 바이러스가 응집되어 있기 때문에 감염될 수 있어요. 최근의 연구에 따르면 바이러스는 입과 목의 멀쩡한 점막도 통과할 수 있다고 하니까 저위험 행위라 해서 전혀 위험하지 않다는 의미는 아니랍니다.

남자든 여자든 해주는 사람이 HIV 양성일 경우, 침에 극히 적은 수의 바이러스가 있긴 하지만 감염을 일으킬 만큼 충분하진 않아요. 파트너의 성기에 깊은 상처가 있어도 쉽게 감염되지는 않습니다. 그래도 모든 가능성을 다 따지면 구강-성기 섹스는 에이즈 위험이 따른다고 봐야죠.
오럴 섹스로 전달되는 다른 성병들도 있습니다. 성기 혹은 구강에 포진이 있으면 파트너가 감염됩니다. 페니스나 질에 임질이 있으면 해주는 사람의 입이나 목에 세균이 들어갈 수 있어요. 비슷하게 해주는 사람이 인두(목) 임질을 앓고 있으면 받는 사람도 감염될 수 있어요.

수에게 / 오럴 섹스를 왜 많이 하나요?

수의 대답 // 기분이 좋기 때문이죠. 성적으로 자극하고 흥분시키며 전희로도 탁월하고 삽입 섹스를 대체할 수도 있죠. 섹스 테라피스트들이 조루, 지연사정 혹은 지체사정, 남자와 여자의 낮은 성욕동 등 많은 성기능 장애의 치료법 중 하나로 오럴 섹스를 제안한다는 사실을 알면 아마 놀랄걸요.
그 외에도 좋은 이유들이 많아요.

- 계획하지 않은 임신을 줄인다.
- 심장 질환이 있거나 신체적 장애가 있는 사람들도 쉽게 할 수 있다.

- 삽입 섹스로 오르가슴에 이르지 못하는 많은 사람들이 구강 – 성기 섹스로 오르가슴을 느낄 수 있다.

구강 성교에 관한 미신도 있습니다.

- 정액을 마시면 여드름이 났는다. 틀렸습니다.
- 정액을 마시면 가슴이 커진다. 틀렸습니다.
- 정액을 마시면 살이 찐다. 틀렸습니다.
  정액 한 스푼은 35칼로리인데, 남자들은 보통 한 번에 티스푼 하나 정도를 방출해요.
- 정액을 마시면 임신할 수 있다. 틀렸습니다.
- 정액을 마시면 생리통을 없앨 수 있다. 틀렸습니다.
  하지만 오르가슴에 이르면 생리통이 줄어드는 데 도움이 된다고 해요.
- 게이들만 오럴 섹스를 한다. 틀렸습니다. 완전히 틀렸습니다.

수에게 / **제 남자친구는 제가 거웃 쪽으로 내려가면 좋아라 해요. 하지만 제겐 해주지 않아요. 냄새가 별로래요.**

수의 대답 // 그 남자친구 성기는 무슨 장미향이라도 난답디까? 말 같잖은. 대부분 여자들은 남자들보다 성기 냄새에 훨씬 더 신경 쓰죠. 여자들은 목욕도 규칙적으로 하고 어떤 이들은 질 세척(좋은 발상은 아니지만)까지 하고 냄새 제거 기능이 있는 탐폰이나 생리대(역시 좋은 발상은 아니지만)까지 써요. 그에 비해 오줌 누고 손도 안 씻는 남자들도 있습니다.

질문으로 돌아와 그는 어쩌면 성병에 걸릴지도 모른다고 걱정할 수도 있어요. 혹은 질을 무서워하는 남자도 일부 있습니다. 이들은 질에 이빨이 있어서 남성을 잡고 아작 씹어 뱉는다고 생각해요! 이런 게 오럴 섹스가 걱정되는 이유라면 페니스는 어찌 안심하고 집어넣는지.

그에게 부드럽게, 하지만 단호하게 이야기하세요. 당신의 질이 그의 가장 소중한 부분인 페니스에 어울리는 상대라면 그의 얼굴에도 모자라지 않는 상대라고. 다른 제언 하나. 사랑을 나눌 때 관능적인 비누칠 전희로 서로 닦아주는 건 어때요?

어떤 여자들은 커닐링거스가 부담스러워서 파트너에게 허락하지 않기도 해요. 그들은 남자가 단순포진(헤르페스) 같은 감염병을 가지고 있을까봐 겁내기도 하고 오럴 섹스를 비정상으로 여길 수도 있어요. 파트너가 거칠게 해서 고통스럽게 아렸던 기억밖에 없을 수도 있고요. 오럴 섹스가 과거 근친이나 타인의 성폭행을 떠올리는 기폭제가 될 가능성도 있어요. 이런 분들은 좋은 상담을 받아 상처를 극복하는 데 도움을 받으라고 권유 드리고 싶어요.

딱히 이유가 없더라도 많은 이들이 단순히 오럴 섹스를 좋아하기도 하고 싫어하기도 해요. 각자가 선택할 문제입니다.

구타 : 학대 받는 남자 BATTERING : ABUSED MAN

수에게 / 꼭 때만 되면 아내는 제게 물건을 집어던져요. 다른 남자들도 이렇게 당하는지 알고 싶어요. 주변에서 그런 이야기를 들은 적이 없거든요. 제가 어디 모자라는 사람 같아서 상의도 못하겠어요. 아내는 저를 물건으로 때리고 주먹질하고 발로 차요. 한번은 칼을 들고 위협한 적도 있어요. 그러지 않을 때는 모진 말로 공격하죠. 이런 경우를 들어본 적 있으세요? _*두들겨 맞는 남자*

수의 대답 // 남자가 구타 당한다는 사실은 이제야 수면 위로 떠오르기 시작하고 있어요. 통계는 아주 놀라워서 우리 여성들에겐 이게 맞나 싶을 정도의 수치지요. 캘거리 대학 연구에 따르면 23.3퍼센트의 여성들이 남성 파트너를 학대한다고 인정했는데, 반면 남성들은 17.8퍼센트만이 여성을 학대한다고 인정했어요. 구타를 하는 여자들은 신체적인 힘보다는 무기를 사용하는 경우가 더 많아요. 두들겨 맞는 상담자분처럼 남성들은 이런 상흔을 밝히기를 꺼리거나 자기 합리화를 하지요. 많은 사람들이 사내는 아녀자를 때려서는 안 된다는 말을 듣고 믿으며 자라요. 그래서 그들은 그냥 참아요. 이들은 더 약한 여성에게 해를 미치게 될까봐, 그녀의 공격 수위가 높아지면 냉정을 잃고 그녀를 죽일지도 모른다고 두려워하는 면도 있어요. 그걸 알고 여자들은 공격을 계속하죠.

그러니 두들겨 맞는 남자분, 당신 혼자만이 아닌 거 아시겠죠. 당신을 위해 몇 가지 선택지를 알려드릴게요.

- 경찰을 부르고 폭행으로 고소하세요.
- 집을 나가세요. 아쉽게도 피해 남성 보호소는 모릅니다.
- 자신을 위해 상담을 받으세요. 파트너가 바란다면 함께 관계 상담도 받아보세요.
- 지원 단체를 찾아보세요. 상담사에게 알려달라고 부탁해보세요. 학대 여성을 위한 기구에 찾아가 남성을 위한 서비스도 있는지 알아볼 수도 있어요.

구타 : 학대 받는 여자 BATTERING :ABUSED WOMEN

수에게 / 남자친구가 제 팔을 너무 세게 거머쥐는 바람에 팔에 생긴 멍이 2주 동안 가시지 않았어요. 그가 미안하다며 다시는 그러지 않겠다고 하는데, 그를 믿어도 될까요?

수의 대답 // 제가 원래 남들더러 이래라 저래라 하는 걸 싫어하지만, 이번만큼은 확실히 말할게요. 끝내세요. 그것도 당장.

사람을 친 것도 아니고, 딱 한 번 거칠게 대한 건데 기회를 더 주어야 하지 않느냐고 말하는 사람도 있을 거예요. 그 남자가 정말 운명의 사랑이면 어떡하냐며. 그럴 수도 있겠죠. 가능성은 아주 낮지만. 통계를 보면 학대 성향은 관계의 초기에 나타납니다. 학대하는 남성은 무력감을 느끼고, 자제력이 부족하고 자기개념과 자존감이 낮고 의사소통이나 문제 해결 능력이 결여되어 있습니다. 그리고 폭력 가정에서 자랐을 가능성이 커요.

신체적 폭력 외에도 다른 형태의 학대도 있어요. 모욕을 주고 깔아뭉개거나, 위협하고, 흠집을 잡거나 당신의 잘못이 아닌데도 비난을 할 겁니다. 학대 파트너는 자기가 돈 관리를 하며 오로지 자기가 주는 용돈에만 의지하도록 합니다. 또한 당신의 행동까지 조종하려 들며 가족이나 친구에게서 떼어놓죠.

이런 종류의 폭력은 절대 사라지지 않는다는 점을 알아야 돼요. 대체로 시간이 지날수록 그리고 학대 파트너의 불만이 커질수록 강도가 세집니다. 학대 후에는 깊이 뉘우치며 사과를 하고 다시는 그러지 않겠다고 약속을 하지요. 하지만 다른 방식으로 푸는 방법을 배운 적이 한 번도 없기 때문에, 불만에 휩싸였을 때 그들이 먹힌다고 알고 있는 그 방법에 기대게 됩니다. 손찌검하고 주먹으로 치고 발길질하고 벽이나 계단 아래로 던져버리거나 흉기를 사용하기까지 해요.

이런 남자들은 여자들을 다잡아 길들여야 된다고 가르침을 받아왔어요. 그리고 그런 구타를 보고 자랐거나 그 자신이 학대를 받았던 남자들은 그런 폭력을 되풀이하기가 더 쉬워요. 이런 남자들은 보통 성역할에 대한 고정관념과 전통적인 여성의 역할을 엄격하게 신봉하고 있으며, 그런 역할을 강요하기 위해 쉽게 폭력을 쓰죠. 이런 남자들은 질투심과 소유욕이 커서 자기 여자친구나 아내가 일터에서 존중 받거나 가족이나 친구 이웃 들에게 인기가 많으면 위협을 느낍니다. 때문에 여자들의 사회적인 관계를 끊어놓으려고 할 거예요.

학대는 임신 중에 더욱 심해지는 경향이 있어요. 가슴, 배, 혹은 성기를 공격합니다. 유산으로 이어지는 경우도 있죠.

학대 가정 출신의 여자들은 학대적인 파트너를 고르기 쉽습니다. 여성이 한 번이라도 학대를 당했다면, 학대한 파트너가 아무리 빌었더라도 그는 다시 때리고 점점 심하게 구타할 가능성이 아주 높아요.

이런 경고를 마음에 새기고 학대적인 관계에 있다면, 미리 가정폭력 피해자 보호시설이 어디 있는지 알아두고, 비상시에 누구에게 연락을 할지 생각해두세요. 차 열쇠를 여벌로 챙겨두고 재빨리 도망갈 수 있도록 넉넉하게 돈을 지니고 있으세요. 자기 명의의 계좌를 만들고 '도망 자금'으로 저축을 시작하세요. 친구나 가족에게 무슨 일이 있었는지 이야기하세요. 절대 부끄러워할 일이 아니며 학대 파트너를 두둔해서도 안 돼요. 폭행을 당한 날짜와 시간,

매번의 상황을 기록하세요. 아이들에게 만약 당신이 비명을 지르거들랑 당장 신고하라고 일러두세요. (우리나라의 경우 경찰 112 / 여성긴급전화 1366 / 이주여성 긴급지원센터 1577-1366)
경찰이 도착하면 고발을 하세요. 나중에 취하할 수도 있으니 무엇이 최선인지 결정할 때까지는 고발 상태로 두세요. 그리고 반드시 두 사람이 다 참여하는 상담을 받으세요. 그게 악순환을 끊을 유일한 방법이에요.
학대나 구타는 어떤 변명으로도 용납되지 않아요. 즉시 멈추게 해서 위험을 피해야 합니다. 당신은 최고의 대접을 받을 자격이 있지만 때리는 그는 아닙니다.

수에게 / 저는 결혼을 했고, 세 아이의 아버지입니다. 저는 맥주가 몇 잔 들어가면 자제를 못 하고 그만 아내에게 화풀이를 해요. 지난주에 아내를 좀 세게 쳤어요. 너무 세게 차서 갈빗대가 나갔어요. 아내는 병원에 입원했고 병원에서 저를 폭행죄로 고발을 했어요. 지금은 경찰이 아내와 아이들에게 접근을 못 하게 막고 있습니다.

수의 대답 // 잘된 일이네요. 당신과 아내와 아이들 모두를 위해서요. 십중팔구 당신은 법정에 서게 될 거고, 어쩌면 감옥에 갈 수도 있어요. 술을 끊을 수 있도록 알코올중독자 모임에 참석하길 바랍니다. 그리고 감옥에 가게 된다면, 다른 사람과 관계를 맺는 법, 분노를 조절하는 법을 배울 수 있는 상담을 받았으면 해요. 어떤 교정시설에서는 개인 지도를 하기도 하는데, 당신이 군림하고 다른 사람을 조종하는 걸 좋아하고 관계에서 권력을 바란다는 사실을 깨닫도록 도움을 줄 겁니다.

당신은 먼저 폭력뿐 아니라 분노 역시 자기 책임이라는 점을 인식해야 돼요. 아내가 잘못해서 당신이 자제력을 잃고 미쳐 날뛰는 게 아니에요. 당신이 화를 내고 자제하지 못하고 폭력을 휘두른 거예요. 이것이 핵심이에요.

반드시 분노, 갈등 그리고 다른 감정들을 다루는 방법을 배우고 자기개념과 자존감을 높이는 프로그램에 참여하세요. 좋은 프로그램의 도움을 받으면 신뢰가 생기고, 자기 느낌에 솔직하게 마음을 열고, 자기 감정을 공격성 없이 표현하는 방법을 배우게 될 겁니다. 시간이 많이 걸릴 거예요. 당신이 어떻게 하느냐에 따라 성공할 수도 못할 수도 있습니다.

아내와 재결합을 생각한다면 그 전에 부부 상담과 가족 상담을 해야 합니다. 관계를 정상으로 만들고 싶다면 꼭 밟아야 할 첫 단계죠.

캐나다 통계청이 캐나다 전역의 18~60세 여성 1만2천300명을 대상으로 연구한 결과를 발표한 적이 있어요.

– 51퍼센트 캐나다 여자들은 성적으로 학대를 받은 적이 있다.

- 그 중 48퍼센트는 아는 사람으로부터 폭행을 당한다.
- 여성 29퍼센트는 남편이나 파트너로부터 폭행을 당한다.
- 이런 여성의 63퍼센트는 한 번 이상 폭행을 당했으며, 보통 10번 이상 당할 때까지 신고하지 않았다. 어떤 이들은 30번 이상 일어날 때까지 가만히 있었다.
- 폭력은 폭력을 기른다. 폭력적인 양아버지 아래 있었던 여자들은 폭력의 희생양이 되는 경우가 3배 더 많았다.

수에게 / **전 여자들이 왜 학대의 상황에 머물고 있는지 이해할 수가 없어요. 제 친구들과 이야기를 나눠보았어요. 모두의 의견이 우리 같으면 아주 빨리 벗어날 텐데…….**

수의 대답 // 구타를 당하는 많은 여자들은 어릴 때 근친 성폭력의 희생자였던 걸로 드러나곤 하죠. 구타를 당하는 여자들은 완고한 전통적인 남성, 생계를 책임지는 가부장적이며 자신감 넘치는 남자를 파트너로 찾는 것 같아요. 충격적이게도 캐나다와 미국에서 진행된 연구에서 이런 정형화된 남성은 좀 더 학대성향이 있다는 결과가 있어요. 어린 시절 희생자였던 여자들은 이런 학대를 용인하는 걸로 나왔고요.

왜 여자들이 학대의 관계에 머물러 있을까. 여러 가지 원인이 있어요. 경제력과 직업이 없어 떠나기 어렵거나, 완전히 고립되어서 구타 당하는 여자들을 위한 보호시설과 복지 지원이 있다는 것조차 모를 수도 있어요. 이들의 파트너는 만약 도망가면 죽여버리겠다고 위협하기도 해요. 구타 당하는 많은 여자들은 남편이 기필코 찾아내 자기나 아이들을 해코지할 거라고 두려워합니다. 사람들이 남편이 자기를 학대하고 있다는 사실을 믿지 않을 거라 생각하기도 해요. 이런 남자들이 집 밖에서는 나무랄 데 없이 건실한 남자로, 교회도 다니고 사회봉사도 하는 사람일 수도 있거든요. 학대 관계에 있는 여자들은 '기쁠 때나 슬플 때나 죽음이 서로를 갈라놓을 때까지' 결혼을 유지해야 한다는 단호한 신념을 갖고 있을 수도 있어요.

여기 몇 가지 다른 이유들을 들어보죠.

- 여자는 분란을 일으키면 안 된다고 배워요. 상황이 언젠가 나아지길 바라며, 남편이 미안하다고, 절대 다시는 그러지 않겠다고 말하면 곧이곧대로 믿고 싶어하지요. 용서하고 잊어버려야 한다고 생각해요.
- 어떤 학대 파트너는 상당히 매력이 있어서 학대하지 않을 때는 사랑을 줘요. 여자들은 "이게 내가 결혼한 남자의 진정한 모습"이라고 생각해요. 그래서 상대의 끔찍한 행동에 대해서는 갖가지 변명들을 만들어내 그 남자를 믿고 싶어 하죠. '스트레스가 많아서 그럴 거야'라거나 '남편이 잠들도록 아이들을 조용히 시켰어야 했는데'라고 자기 탓으로 돌려요.
- 어떤 여성들은 자기개념과 자존감이 낮아 파트너가 "아무짝에도 쓸모없는

년"이라고 하면 그걸 그대로 믿어요. 자신이 더 좋은 사람을 만날 가치가 없으며, 이 남자라도 있는 게 어디냐고 생각할 수도 있어요. 어머니가 학대받는 모습을 보고 학습된 무력감은, 구타 당하는 걸로 더욱 강화되기도 합니다.

- 어떤 여자들은 자기가 그런 몹쓸 인간을 반려자로 고를 만큼 판단력이 형편없다는 의미가 될까봐 남편의 행동을 부정하기도 해요.
- 어떤 여자들은 남편을 고소하거나 법정에 세워서 집안의 끔찍한 비밀이 새어나가게 해선 절대 안 된다고 철저히 교육 받았을 수도 있어요.

그나저나 당신의 질문은 약간 비판적이군요. 이런 일을 겪은 적이 없다고 너무 쉽게 말하는 건 아닐까요? 그건 희생자를 두 번 울리는 일이에요. 구타당하는 여자들에게 필요한 건 그들의 처지를 포용해주는 거예요. 진심을 다해 도와야 학대 여성들과 그 아이들은 온당하고 안전한 삶을 다시 꾸릴 수 있습니다.

권태 BOREDOM

수에게 / 저는 우리의 지루한 성생활을 개선하려고 생각해낼 수 있는 일은 다 한 것 같습니다. 아슬아슬한 검정 잠옷, 촛불을 곁들인 로맨틱한 저녁,

분위기를 잡으려고 부드러운 음악을 트는 것들이요. 물론, 효과가 있어 섹스를 나눠요. 하지만 너무 단조롭고 뻔해서 계속해야 되나 싶어요. 우리는 한 번도 이런 일을 의논한 적은 없지만 그도 같은 실망을 느끼지 않을까 싶어요. 무엇을 해야 할까요?

수의 대답 // 솔직하게 말해봅시다. 당신들이 섹스를 할 때마다 땅이 들썩이게 요동을 치는 것도 아니고, 매번 먹는 끼니가 진수성찬인 것도 아니잖아요. 가끔씩 햄버거로 때울 때도 있는 거죠. 하지만 햄버거도 내용물을 달리해서 즐길 수 있듯이 섹스도 마찬가지예요.
매주 금요일 밤 뉴스가 끝나면 불 끄고 정상 체위로 하는 섹스나 가끔 검정 잠옷을 걸치고 값비싼 저녁을 먹고 하는 것보다는 더 창의력을 발휘해야 해요. 남부끄러워 키득거릴 정도로 즐겨보세요. 그는 무화과 잎으로 불룩 선 성기만 겨우 가린 채 화장실에서 나오며 "당신을 가질 테야" "섹스, 섹스, 함께 섹스를 해요~" 노래를 불러요. 당신은 질세라 몸에 붙는 짧은 치마에 노출이 심한 윗옷으로 야하게 차려 입고 추파를 던지며 몸을 밀착하거나 부비부비 해보는 거죠. 장소를 바꿔보는 것도 방법이에요. 샤워실, 흔들의자, 돌아가고 있는 세탁기 위는 어때요? 당신의 상상을 가로막지 마세요.
파트너와 함께 성적인 판타지들, 무언가 야성적이며, 무언가 기이

하고, 무언가 아찔한 상상들을 적고 서로 바꿔 보면서 즐거운 시간을 가져보세요. 그러다 보면 서로의 판타지를 실현할 수도 있겠죠. 와인 한 잔씩 나눠 마시고 난로 앞 곰가죽 러그 위에서 섹스를 하는 게 꿈이었다면, 그렇게 하세요. 그 다음 그의 판타지를 마음껏 채우도록 들어줍시다. 촛불을 켜고 부드러운 음악을 깔고 아파트 발코니에서 침낭 속 섹스를 하거나 등등.
에로 비디오도 효과적이에요. 새로운 판타지를 만드는 훌륭한 자극제가 되기도 하거든요. 그리고 〈카마수트라〉도 빠뜨리지 마세요. 고대 비법이지만 인기는 여전한 책이에요. 다양한, 하지만 거의 불가능한 체위들이 들어 있는데 그 자세를 시도해보는 것만으로도 분명 즐거운 일일 거예요.

근친 성폭력 INCEST*

여러분은 이 세상에서 아이들에게 가장 안전한 곳은 당연히 가정이라고 생각하겠지요. 불행하게도 캐나다와 미국의 통계를 보면 여자 4명 중 한 명, 남자 5명 중 한 명은 살아가면서 어느 한순간 성적으로 학대를 당한다고 나왔어요. 많은 연구자들이 실제는 더 많을 거라고 믿고 있어요. 희생자들이 피해 사실을 밝히기 꺼려하

* incest는 주로 근친상간을 뜻하지만 혈연관계의 사람이 법적으로 범죄인 성적인 관계를 맺는 것도 역시 포함되어 근친 성폭력으로 번역했습니다.

는 걸 고려하면 그렇죠. 성폭력은 아주 오랫동안 인생에 강력한 영향을 끼칩니다.

수에게 / 아주 어렸을 때 전 아버지한테 추행을 당했어요. 어머니는 밤에 병원에서 일을 했어요. 아버지는 저를 목욕 시키고, 침대에 눕히고는 제 옆으로 기어들곤 했어요. 자기는 너무 외로워서 제가 필요하다고, 자신을 기분 좋게 할 사람은 저밖에 없다고 하면서요. 전 어느 누구에게도 말을 할 수가 없었죠. 아무도 이해를 못 할 테니까요. 아버지는 저를 만지고 손가락을 제 질 안에 찔러 넣거나, 위에 올라타고 정액을 온통 뿌리거나 커다란 페니스를 입에다가 넣고 자기 멋대로 제 머리를 잡고 흔들었어요.
전 누구에게도 말을 안 했어요. 제가 아버지를 너무 무서워하니까 엄마는 분명 의심을 했을 거예요. 그렇지만 엄마는 한마디도 하지 않았어요. 저는 감염 질환이 생겼고 병원에 갔는데 치료한 의사가 아버지에게 애한테서 손 떼지 않으면 경찰에 신고할 거라고 으름장을 놨어요. 아버지는 다시는 저를 건드리지 않았어요. 그리고 전 떠날 수 있게 되자마자 집을 떠났어요.
문제는 전 누구도 사랑을 할 수 없다는 거예요. 아무도 믿지 못하겠어요. 전 누구도 저를 만지는 게 싫고 진저리가 나요. 저 좀 도와주세요.

수의 대답 // 좋아요. 도움은 이미 시작됐어요. 당신은 스스로를 돕는 아주 위대한 한 발자국을 뗀 거예요. 당신은 무슨 일이 일어난 건지 잘 알고 있고, 아주 가까운 사람과 관련된 일이라 아무

것도 할 수 없었다는 것도 알고 있으며, 그 사실을 저에게 밝혔어요. 이건 당신이 희생자에서 생존자로 옮겨갈 준비가 되었다는 신호예요. 결코 만만한 일은 아니겠지요. 너무 많은 상처에, 배신과 불신이 존재하니까요. 자고 나면 잊혀질 일은 아니지만 당신은 훌륭한 시작을 했어요. 근친에 의한 성폭력을 떠올리고 종이에 적어 내려 가는 건 몹시 고통스러운 일이었을 거예요. 이것만 봐도 당신이 얼마나 강인한 사람인지 알겠고, 거뜬히 이겨낼 거란 것도 잘 알겠어요.

이제 전투 계획을 짜봅시다. 제일 먼저 할 일은 좋은 상담가를 찾는 일이에요. 의사나 강간위기센터*에 물어보세요. 여성 클리닉이나 가족생활 상담소 등에서도 적합한 상담가를 소개해줄 수 있을 거예요. 혹은 인터넷으로 '가정폭력'이나 '심리상담'으로 검색해보세요.

매일 일기에 감정, 반응 그리고 그 대응을 적어보면 도움이 될 거예요. 아버지에게 그가 한 짓 때문에 당신이 어떤 고통을 겪고 있는지 정확하게 편지를 쓰세요. 한 주 동안 편지를 놔두었다가 다시 읽어보고, 부칠지 말지 결정하세요. 어머니에게도 역시 편지를 써야 해요. 어머니는 부모로서 마땅히 해야 할 보호를 하지 않았어요. 부칠지 말지는 접어두고, 그냥 적어 내려가세요. 부모의 행동을 보호하지도, 변명하지도, 정당화하려고도 하지 말고 적어요. 당신이 당한 성적 학대에는 어떤 변명도 통하지 않아요. 부모에게

* 강간위기센터 rape crisis center, 강간위기센터는 비영리단체지만 24시간 전화상담, 상담서비스, 법률 및 의료 자문을 해줍니다. 또한 우리나라와 달리 단체 내에 SANE(sexual assault nurse examiner, 성폭행 검사 간호사)라는 제도가 있어 성폭행으로 연락을 하면 신속하게 전문 간호사가 도착해, 의료진이나 경찰력과 동조하여 법의학적 증거수집, 긴급 정신 상담, 성병 검사, 임신 예방 처치, 약물 검사와 더불어 정신적인 지지 등을 해줍니다. 우리나라에는 한국성폭력상담소(02-338-5801~2), 한국성폭력위기센터(02-883-9284)가 있습니다.

그들이 대체 무슨 일을 했는지, 그리고 당신이 어떻게 느끼는지 정확하게 말하세요. 수많은 감정이 교차하고 눈물이 쏟아지는 어려운 일이겠죠. 그런 아픔을 겪고 난 후 당신은 다음 단계로 넘어가 좋은 자기개념을 개발하고, 자존감을 높이고 신뢰감을 키워가면서, 당신 삶 속에서 섹스의 자리를 만들어갈 수 있을 거예요.

상담과 치료가 마냥 빠르고 쉬운 돌파구는 아니라서 시간이 걸리고 퇴행도 있을 거예요. 하지만 굳건히 버티세요. 그 노력은 분명 가치 있을 거고, 당신은 결국 승자가 될 거예요.

이런 상처를 치료하지 않고 그대로 둔다면 이후로도 정상적이고 행복하고 생산적인 삶을 살기 어렵습니다. 어떤 여자들은 폭행의 기억을 그냥 묻어두는데 그 영향은 다른 형태로 불거져요. 우울증, 자해, 심한 두통으로 나타나기도 하고, 사랑하는 사람과의 성적인 관계 중에 불현듯 기억이 떠올라 친밀한 행위를 거부하게 됩니다. 심한 경우 자살을 시도하기도 하죠. 약이나 술에 의지하는 사람도 있고요.

근친 성폭력의 희생자였던 여자들은 자신의 아이를 보호하기 위해 심하게 참견하고 아이 스스로 무언가를 하도록 두지 않아요. 혹은 아이에게 바깥세상 준비를 시킨다거나 어릴 때부터 독립적이며 스스로 돌볼 수 있는 사람으로 만들어야 한다며 정을 주지 않고 혹독하게 대하기도 합니다.

근친 성폭력을 이겨낸 사람을 도와주는 단체를 찾아보는 것도 좋아요. 단체에 참여하면 원조를 받을 수 있고 당신이 혼자가 아니고, 당신이 겪은 일은 당신의 잘못이 아니며 친구들로부터 조금만 도움을 얻으면 헤쳐 나갈 수 있다는 사실도 알게 될 거예요.
남자들 역시 부모, 나이 많은 형제들, 혹은 확대가족으로부터 성적으로 추행을 당하는 경우가 있어요. 가족의 친구나 피해자가 잘 알고 있는 나이 많은 남성으로부터 폭행을 당하는 경우가 가장 흔합니다.

금욕 CELIBACY

엄밀히 따지자면 금욕은 자신이나 타인을 포함하여 어떤 형태의 성적인 자극도 하지 않는다는 의미입니다. 다른 사람과 섹스를 하지 않겠다고 결심하였지만 혼자서 자위를 하는 사람은 부분적으로 금욕을 하고 있다고 할 수 있어요.
사제나 수녀들은 신에게 모든 열정과 사랑을 쏟기 위해 금욕을 맹세하지요. 평범한 여자와 남자들도 여러 가지 이유 때문에 자발적으로 그런 성적 금욕기간을 지내요. 사랑하는 사람이 없다거나 관계가 불안정해서, 병이 두렵다거나 계획 없는 임신을 바라지 않기 때문일 수도 있고, 병을 앓고 있거나 지쳤거나 스트레스를 받고 있거나 과거에 성적인 학대나 폭행을 당해서 혐오감을 지니고 있거나 하는 이유이지요.

수에게 / 저는 20년 동안 행복한 결혼 생활을 하다가 그냥 사이가 멀어져 그 다음 10년 동안 섹스나 친밀감 없이 지내다가 남편과 헤어져 저 혼자 이사를 나왔어요. 그리고 한 남자를 만났고 불꽃같은, 다 태워버릴 듯한 섹스를 했어요. 그런데 우리가 섹스만을 위해 만나는 것 같아서 그와 헤어졌어요. 저는 그와의 섹스를 미친 듯이 그리워할 줄 알았어요. 그런데 아니더라고요. 8년이 지난 지금은 다행스럽게도 그냥 잘 지내요. 저는 스스로 성적 만족을 얻을 수 있고, 괜찮은 직업도 있고, 다른 일들도 순조로워요. 제 친구와 가족들은 모두 껴안는 일을 아주 좋아하는 사람들이어서 신체적 접촉을 전혀 하지 않는 것도 아니죠. 저는 일반적인 섹스를 하지 않고 있으며 그냥 파트너를 두고 싶지 않아요. 다른 사람들은 저를 이상하다고 생각해요. 제가 이상한가요?

수의 대답 // 어떤 치료사들은 당신이 자신의 상황을 설명하기 위해서 합리화하고 있거나 자신의 진짜 감정들을 승화하거나 숨기거나 부정하고 있다고 말할지도 모르겠군요. 하지만 제가 볼 땐 당신은 일, 사회적인 삶, 가족 관계 등의 균형을 근사하게 맞추는 법을 찾으신 것 같아요. 파트너나 성적인 관계는 당신 삶의 우선순위 밖에 있고요. 생각 깊고 의식 있는 어른으로서 당신의 행동과 느낌에 다른 사람이 계속 참견하도록 두실 건가요? 당신의 나이가 몇이든 실존심리학자 롤로 메이가 말했듯이 "반추 없는 삶은 진정한 삶이 아닙니다." 개인적인 성장은 절대 멈추지 않아요.

수에게 / 저는 제 아내와 가족들과 함께 아주 충만한 삶을 살고 있지만 잠시 동안 섹스는 뒤로 제쳐두었으면 해요. 제가 섹스를 싫어하거나 바람을 피우고 있는 건 아닙니다. 관계 거부로 아내에게 벌을 주겠다는 마음에서 이러는 것도 아니에요. 전 그저 제가 부서지고 있고 희미해지고 있다는 느낌이 들어서인데, 아내는 이해할 수 없다며 진짜 기분 상해합니다. 제가 비정상인가요?

수의 대답 // 어느 부분도 비정상은 아니에요. 당신은 그냥 혼자서 차분히 지낼 시간이 필요한 거 같아요. 스트레스 때문이거나 새로운 삶의 단계로 이행 중이겠지요. 지금 상태가 영원히 지속되는 것도 아니고, 아내가 자기 자신, 당신, 둘 간의 관계, 그리고 당신이 섹스를 회피하는 걸 비난해도 된다는 뜻도 아닙니다. 별 이유 없이 그냥 그럴 때도 있는 거예요. 아내는 딱히 섹스가 아쉬운 게 아니라 친밀감, 따뜻한 온기가 그리운 것일 수도 있어요.
당신은 여전히 아내에게 다정하게 대하고 있나요? 그렇지 않다면 매일 밤 잠들기 전에 보듬고 껴안아주고, 아침에 일어나서도 냉장고 앞에 있는 그녀를 가볍게 안아주거나, 출근할 때 퇴근할 때 한 번씩 안아준다면 아내의 반응은 누그러질 거예요. 그림이 그려지나요? 많은 여성들이 섹스를 사랑의 등가물로 여겨요. 아내에게 다른 방식으로 당신의 사랑을 보여주세요. 그러면 상황은 훨씬 나아질 겁니다.

그도 아니라면 두 사람은 아주 소원한 상태가 아닐까 하는 느낌도 드네요. 그런 상태라면 두 사람은 서로의 느낌을 이해하지도, 이유를 알지도 못해요. 좋은 결혼 상담가와 두어 번 상담을 하면 어느 정도 서로에 대한 이해가 생기고 섹스를 하지 않는 데서 일어나는 불안, 두려움, 분노가 줄어들 거예요.

기대 EXPECTATIONS

수에게 / 때로 드라마를 보면, 거긴 모든 상황이 섹스 위주로 돌아가는 것 같아요. 우리 삶에서 섹스가 그토록 중요한가요?

수의 대답 // 우리가 어릴 때는 많은 아이들이 섹스에 대해서 완전히 비현실적인 기대를 가지고 있어요. 십대가 되어도 아직 성에 대해 많이 몰라요. 정보는 '어디서, 언제, 왜, 무엇이 어떻게 일어나는지'가 아니라 오로지 친구들이나 주로 인체 부분만 다루는 학교 성교육, 야동 같은 데서 입수하죠. 엄마는 딸에게 "자, 이제 너는 여자가 되었으니 조신해야지." 아빠는 아들에게 "절대 임신은 시키지 말아"라고 하죠.

아주 어린아이일 때 자위를 하면 기분이 좋다는 사실을 발견하겠지요. 어쩌다 이를 들키면 부모님이 무지 화를 낸다는 것도요. 그리고 "씹할 fuck"이란 말을 쓰면 안 된다는 것도 배우지만 그게 뭘 뜻하는지는 알지 못했죠. "제기랄 shit(똥)"이란 단어 역시 함부로 쓰면 안 되는 용어지만 그게 무슨 뜻인지는 알아요.

여러분은 사랑하는 사람끼리 섹스하는 거라고 배웠어요. 하지만 엄마하고 아빠는 분명 사랑하는 사이인데 그걸 하지 않아요. 이 모습 어디가 잘못된 걸까? 만약 엄마 아빠가 그걸 하는 걸 보게 되더라도 모른 척하죠. 부모님의 섹스에 대해선 말을 하지 않는 것이 불문율인 것 같아요.

남자아이라면 젊음이 무슨 죄라고 발기가 저절로 거의 끝도 없이 당혹스럽게 일어나는 것만 같아요. 잠잘 때도, 깰 때도 솟아 도저히 가라앉지를 않아요. 당신은 성욕 과잉이거나 변태임이 틀림없다고 결론을 짓죠.

여자아이라면 사춘기라는 장애물이 떡하니 나타나 거기 아래가 가만있지 못하고 온통 '축축한' 느낌이 들게 되지요. 당신은 역겹다고 생각을 해요. 그리고 평생 색정광으로 살아야 하나 싶겠지요.

그런 후 당신은 지금 성적인 전성기에 있으며 곧 모든 게 내리막길이 될 거라는 말을 들어요. 그리고 남자애들한테는 이 말이 사실인 것 같아 보여요. 여전히 발기는 하지만 한창 때처럼 잦지는 않고 아주 단단하지도 않아요. 때로 시작하기 전에 힘을 잃거나 어떤 때는 조절 못 하고 발사되기도 해요.

여성은 성의 전성기가 20대 후반에 올 거라는 말을 듣지요. 열여덟에 이렇게 흥분을 하는데 스물다섯이면 손을 못 쓸 정도로 불쌍한 지경에 빠질까 두려운 생각이 들겠지요.

여기 흔한 비현실적인 기대를 적어볼게요.

- 만약 사랑에 빠진다면 그 열정은 영원히 계속될 것이다.
- 파트너가 당신을 일깨우는 법을 정확하게 알고 있을 것이다.
- 섹스를 할 때마다 지축을 뒤흔드는 오르가슴을 같이 느낄 것이다.
- 절대 우연히 임신이 되지는 않을 것이다. 만약 임신을 원한다면 바로 될 것이다.
- 여자들은 울어도 되지만 섹시해서는 안 되며 남자들은 섹시해도 되지만 울어서는 안 된다.
- 영원히 젊고, 아름다운 상태로 남아 평생 매혹적일 것이다.

우리는 평생 성적인 상태에 있어요. 변화하고 진화하면서요. 의지가 있으면 좋은 방향으로 변화하죠. 이 책이 말하고자 하는 바가 그거예요. 쉽진 않을 거예요. 성장은 고통 없이 오지 않아요. 늘 새로운 생각에 마음을 열고 있어야 해요. 오래된 가치관—성적 활동을 통제하고 간섭하려는 부모, 사회, 종교—이 형성한 가치체계를 끄집어내야 됩니다. 새로운 정보와 비교하여 스스로 묻고 답해보아야 합니다. "나는 왜 이런 일이 불편할까? 이게 틀린 거라고 누가 내게 알려주었나? 그들은 왜 그게 틀렸다고 했을까? 정말 틀린 걸까? 나는 남의 사고방식과 가치를 그냥 수용하고 있었던 건 아닐까? 이제 나는 어떤 기준으로 생각하고 판단해야 할까?"
개인의 성장에는 세 가지 요소가 있어요. 지식과 정보 그리고 새로운 정보의 결과로 나타나는 당신 행동의 변화예요. 변화는 어렵고, 두려운 일이지요. 만약 파트너가 있다면 변화하는 당신의 생각에 대해 같이 이야기 나누면서 함께 성장할 수 있겠죠. 만약 공유하지 않으면 파트너는 변화를 눈치는 채겠지만 당신이 왜 그러는지 이해하지 못하고 위협감을 느끼며 예전에 하던 방식, 그리운 옛적에 안주하며 집착하죠. 당신의 파트너는 당신의 사고 과정을 따라잡지 못하고 당신의 결론에 동의하지 못할 수도 있어요. 여기까지는 그래도 괜찮아요. 적어도 상대는 당신의 변화를 알고 이해하고 있으니까요.
파트너에겐 선택권이 있어요. 이런 새로운 당신을 받아들이고 좋아할 수도 있고 더 이상 당신과는 같이 하기 힘들다고 깨닫고 떠날 수도 있어요. 이게 두려운 점이긴 하지만 꼼짝없이 정체되어 있는 일은 더 무서운 일이에요.

저는 가치중립적이 되려고 노력해요. 제 역할은 여러분들에게 정보를 전달하는 일입니다. 실제 변화하고 성장하는 당사자는 여러분이에요. 하지만 저는 여러분을 떠밀고 위협할 거예요 이 정보를 가지고 어떻게 할지는 여러분이 결정할 문제입니다.

낙태 ABORTION

수에게 / 저는 종교적인 집안 출신이에요. 저는 낙태는 살인이고 범죄이며 죄악이라고 믿고 자랐어요. 그런데 대학교 2학년 때 임신을 하게 되었어요. 결혼은 생각도 할 수 없었고 아기를 낳아 입양 보내겠다는 생각은 더더욱 없었어요. 결국 낙태를 했고, 2년쯤 죄의식에 시달렸어요. 다행히 낙태했던 병원에서 낙태 후 상담과정을 제공했는데, 거기서 큰 도움을 얻었습니다. 저는 무사히 졸업을 해서 괜찮은 직업을 얻고, 결혼을 했어요. 지금은 사랑스러운 아이가 둘 있어요. 때로는 슬픔에 잠겨 그때의 임신을 떠올리지만 그 결정을 후회하지 않고 죄의식도 느끼지 않아요. 저는 운이 좋았어요. 다른 사람들에게도 도움을 찾아보라고 권하고 싶습니다.

수의 대답 // 제가 덧붙일 말이 없네요. 낙태로 인한 후회와 죄의식이 삶을 망가뜨릴 수도 있었지만 당신은 상담으로 이겨냈군요. 보통 이런 상담은 상담자의 가치 체계를 점검하고 어렸을 때 어떤 가르침을 받았는지를 살펴봅니다. 상담자들은 정확한 정보를 제공 받고서 자기가 처한 상황에서 무엇이 제일 좋을지 결정을 내릴 수 있게 되지요. 당신의 경우는 그런 상담으로 죄의식을 벗어나 현재의 삶을 누릴 수 있게 되었군요.
불행하게도 많은 여성들은 낙태 후 죄의식을 경험해요. 그런 분이 계시다면 잠깐이라도 꼭 상담을 받으라고 권하고 싶어요. 감정을 추스르는 데 도움이 됩니다. 저도 낙태란 문제가 상당히 논란이 많다는 걸 알지만, 개인의 선택에 맡겨야 된다고 생각해요. 누구도 자신의 도덕을 다른 사람에게 강요할 권리는 없어요.

난소 낭종 OVARIAN CYSTS

수에게 / 저는 배에 통증이 있어요. 한 달에 일정 시기만 되면 더 아파요. 섹스할 때도 극심한 고통을 느껴요. 그러다 괜찮아지기는 해요. 병원에서 난소에 낭종이 있다고 하네요. 그게 뭔가요?

수의 대답 // 난소는 자궁 위에 달린 난관 끝에 위치한 작은 장기예요. (복숭아씨만하죠.) 어딘지 아시겠어요? 난소는 필수적인 여성 호르몬 에스트로겐과 프로게스테론을 생성하는 분비샘이며 이 호르몬들은 월경 주기를 조절하고 난자를 한 달에 한 번 내도록 자극을 하죠. 난소는 아주 소량의 남성 호르몬 혹은 안드로겐도 생산해요.
조금 어리둥절하기도 하겠지만 남성 호르몬은 여자를 양성으로 만들어요. 말하자면 여성성에 살짝 남성적인 요소를 가미하여 경이로운 조합으로 나타나죠. 그리고 남자들은 소량의 여성 호르몬을 만들어요. 이로써 남자들은 부드럽고 온화한 사람이 됩니다. 이런 다양한 구성 성분을 지니고 있는 당신의 개성과 싸우지 마세요. 이런 것들이 모여 당신은 개성 있는 사람이 되죠. 이런, 길을 벗어났네요.

난소는 성숙할 때까지 호르몬을 만들지 않아요. 약 50세 전후 폐경을 맞을 때까지 상당히 규칙적인 주기를 그리며 제 기능을 하죠. 임신 가능 기간 동안 약 3퍼센트의 여성들이 난소에 낭종이 생겨요. 보통은 과도한 안드로겐 생산의 결과입니다. 이런 낭종은 가끔 불쑥 포도알만하게 부풀어 올랐다가 가라앉기도 합니다. 불규칙하고 양이 많은 월경 주기, 주기적인 요통, 불임, 성교 중 불편감이나 통증을 유발하고 가끔씩 얼굴이나 팔, 가슴에 과도한 털이 나기도 하며 잘 낫지 않는 여드름이 나는 증상과 징후도 나타나요.

의사는 혈액의 호르몬 수치와 초음파로 낭종의 위치와 크기 등을 통해 확진을 할 겁니다. 진단을 내리고 나면 의사는 피임용 약이나 안드로겐에 반대작용을 하는 프로게스테론만 든 약을 처방하기도 해요. 혹은 마지막 방책으로 낭종을 수술로 제거하지요.

일단 생리주기를 기준으로 통증이 나타나는 시기를 정확하게 기록해보세요. 섹스할 때 자지러지게 아프면 다른 자세를 취해보세요. 무릎과 가슴을 댄 자세, 혹은 후배위도 괜찮아요. 이런 자세를 취하면 자궁이 복강 앞쪽으로 쏠려 페니스가 자궁경부에 부딪히지 않아요. 그러면 자궁이 위로 밀려 올라가며 난소를 잡아당기지 않게 되니까 통증을 일으키지 않지요. 아니면 여성 상위 자세로 시도해서 당신이 삽입 깊이를 조절하여 통증을 피할 수 있어요. 한번 과감하게 바꿔보세요.
만약 도저히 견딜 수 없다면 섹스를 하지 마세요. 서로 진하게 애무를 하며 자위를 해주거나 아니면 오럴 섹스 같은, 모두 아주 즐거우며 만족스럽지만 통증은 유발하지 않을 만한 다른 방법을 찾으세요.
혹시 걱정할까봐 덧붙이자면 난소 낭종은 암 전 단계는 아니에요. 하지만 규칙적으로 1년마다 검진을 해야 합니다. 작은 위안이라면 난소 낭종은 보통 월경 시작과 함께 가라앉습니다.

남성 갱년기 MENOPAUSE, MALE (ANDROPAUSE)

수에게 / 전 요즘 제가 너무 이상해서 두려울 지경입니다. 제 인생은 꽤 괜찮았어요. 전 56세의 남자입니다. 결혼을 했고, 4명의 손자들이 있어요. 하지만 무언가 어긋난 것 같아요. 기분이 울적하고 조그만 일에도 발끈하고 섹스에도 도통 관심이 안 가요. 대체 무슨 일이 벌어지고 있는 건지요?

수의 대답 // 여자들이 폐경기를 치르는 데 도움을 주는 책은 산더미처럼 많지만, 여러분은 일종의 갱년기가 남자에게도 영향을 줄 수 있다는 이야기는 들은 적이 없을 겁니다. 많은 남자들에게 실제로 일어나는 일인데도 말이죠. 오십이 넘으면 언제든지, 남성의 테스토스테론(남성 성호르몬) 수치는 변동하고 점차 떨어져요. 어떤 의사들은 이를 andropause(남성 호르몬 중단)라고 불러요. 이런 시기에 있는 남자의 삶은 다음과 같은 변화를 보여요.

- 기분의 변동. 상황과 상관없이 변덕스럽고 예측 불가능한 기분의 변화. 그동안 이루어놓은 것이 자기가 계획했던 것만큼 성공적이지 못하다고 느끼며 우울해지고 실패감이 든다.
  섹스가 시들해지고 "가진 게 이게 다인가?" 같은 생각이 든다.
- 파트너와 시도할 때 발기부전을 경험하기도 하지만 아리따운 젊은 여성에게 끌린다. 새로운 여성에게 애정공세를 펼치거나 차지하려고 시도하기도 한다. 잘된 경우 그는 그녀와 한 6개월간 훌륭하게 잘 지내지만 다시 빛이 바래버리고 다른 파트너를 찾아 옮겨가려고 시도한다.
- 머리가 세고 주름이 지고 근육이 늘어지는 등, 몸에 생기는 변화들을 혐오한다. 아이들이 어른이 되고 집을 떠난 뒤에 생기는 외로움과 함께 갇히거나 혹은 궁지에 몰렸다는 느낌, "끝도 머지않았다"는 느낌이 나타난다.
- 늙어가는 게 분하고, 정상적인 노화를 미친 듯이 거부한다.
  젊게 지내려는 노력으로 어떤 남자들은 지나칠 정도로 운동이나 식이조절을 한다. 종합비타민과 로열젤리를 먹거나 포르셰를 산다.

변화를 받아들이기 어렵고 불행하다고 느끼지만, 남자들은 보통 이를 다른 사람에게 말하지 않습니다. 남성 갱년기의 위험에 대해 쓴 책은 거의 없어요. 아마 외롭고 무서운 생각이 들 거예요. 당신에게 무슨 일이 일어나고 있는지 이야기할 만한 사람을 찾을 수 있으세요?
건강검진을 받아보세요. 성적인 능력이 염려가 되면 성기능 장애나 남성병학 클리닉을 방문하거나 좋은 성치료사를 찾으세요. 아마 당신의 행동 때문에 같이 혼란에 빠졌을 파트너 역시 관계 상담에서 도움을 받을 수 있을 겁니다.
만나서 경험을 나눌 수 있는 남자들의 지원단체를 찾아볼 수도 있어요. 이들은 당신은 괜찮다는 안도감을 주고 늙어가는 자연스러운 과정을 받아들이도록 도움을 줍니다.
자신의 상태를 그냥 무시하려고만 하지 마세요. 지금 겪고 있는 일은 실제상황이고 장기간 영향을 받으면 부부관계에 상당한 해를 미칠 수 있어요. 특히 파트너가 같은 시기에 폐경기를 지나고 있다면 더하겠지요. 재앙의 화약고가 될 수 있어요. 부부가 함께 행복한 미래를 맞이하는 게 꿈이라면 헤쳐 나갈 수 있도록 도움을 받는 일이 급선무예요.

낮은 성욕동 LOW SEX DRIVE

수에게 / 우리가 정상이라고 얘기해주세요. 우리는 결혼한 지 4년 되었어요. 신혼에는 매일 섹스를 했고 그런 후 일주일에 한 번씩 하다가 이제는 안 한 지가 한 달은 넘었던가, 헤아려보아야 할 정도예요. 남편은 괜찮다고 하고 저도 그래요. 하지만 다른 사람들 말을 들으면 적어도 하루에 한 번은 하는 것 같더라고요.

수의 대답 // 당신은 정상입니다. 다른 사람들이 무엇을 하는지는 신경 쓰지 마세요. 성욕동 혹은 성욕은 식욕과 마찬가지예요. 어떤 사람은 먹는 걸 몹시 좋아하지만, 먹는 게 별로 중요하지 않은 사람들도 있잖아요. 섹스도 그래요. 누군가 〈선데이 나이트 섹스 쇼〉에 전화를 걸어 자기들은 하루에 스물한 번 섹스를 한다고 말했는데 아무도 믿지를 못했죠. 생각해보세요, 하루는 스물네 시간이니까 거의 한 시간에 한 번 꼴로 하는 거죠. 생활은 언제 꾸리냐고요!
자신을 다른 사람과 비교하지 마세요. 당신들 둘 다 만족하고 행복하다면 정상입니다. 우리의 성욕은 우리 삶의 변화에 따라 계속해서 진화해요. 삶의 역학과 관계들은 모두 성욕이나 흥분에 영향을 줘요. "부러지지 않을 거면 고치려 들지 말라"라는 말이 있죠. 삶이 흡족하다면 그냥 두세요.

노화와 성 AGING AND SEX

성에 관한 잘못된 통념 중의 하나는 성이란 젊은 사람 그리고 커플 간의 특권이라는 생각이에요. 젊은이들이 성에 대한 독점권을 지니고 있으니 마흔다섯을 넘긴 사람이나 파트너가 없는 사람은 그냥 신경 끄는 게 낫다는 거죠.

진실은, 여러분은 태어나기도 전부터 성적이며 죽는 그날까지 성적인 존재란 겁니다. 여러분의 성적 충동, 욕망, 활동은 바뀔지 몰라요. 하지만 여전히 성적인 존재라서 다양하고 광범위하게 성적인 행동을 충분히 즐길 수 있어요. 만지는 일, 껴안는 일, 안아주기, 열정적으로 키스하기도 여기에 들어 있어요. 애무, 어루만지기, 스스로 하든(홀로 자위), 파트너와 하든(상호 자위) 생식기의 자극들을 즐길 수 있고 구강-생식기 성적 접촉이나 바이브레이터를 사용하여 즐길 수도 있고요. 이런 행위들은 삽입 섹스만큼이나 즐거우며 만족스러울 수 있으니, 절대 차선으로 간주해서는 안 돼요.

수에게 / 건강하지만 주위에 남자들이 없는 일흔 살 여자의 경우에는 할 만한 게 무엇이 있을까요?

수의 대답 // 이건 진짜 문제예요. 60을 넘어서면 남자 한 명당 여자는 여덟이에요. 왜냐면 여자가 더 오래 살고 더 건강하기 때문이죠. 하지만 몇 가지 선택이 있어요. 꺼리지 마시고 자위하는 법을 배우세요. 혹은 같은 성끼리 사랑하는 관계를 개발해볼 수도 있어요. 해봐서 잃을 것도 없잖아요.

저는 최근에 68세 된 신사분에게서 놀라운 편지를 받았어요.

수에게 / 제 아내는 60이에요. 그리고 우리는 여전히 함께 하는 게 좋아서 어우르곤 해요. 하지만 저는 관계를 할 만큼 발기가 되지 않아요. 제가 그걸 만지작거리면 서기는 서지만 아주 금방 시들해져버려요. 제 아내는 그곳이 건조하기 때문에 삽입을 거의 원치 않아요. 아무리 애무를 해봐도 촉촉해지지가 않아요. 수 선생님, 우리의 성생활은 우리의 남은 인생에서 뒷전으로 물러나는 건가요?

수의 대답 // 절대 아니에요. 그냥 바뀐 것일 뿐이죠. 예전처럼 교합을 안달 내던 일이 줄어들겠지만 성행위는 성기 결합 이상으로 훨씬 더 많아요. 먼저 우리 몸에 일어나는 노화과정과 변화들을 살펴볼까요. 노화를 이해하고 나면 부담감에서 벗어나 느긋하게 즐길 수 있을 거예요.

남자의 경우 우선 외관 변화가 또렷해져요. 머리가 세고 벗어지며 몸의 지방이 재분배되어 널따랗고 남자답던 가슴이 허리로 흘러

내리고 두둑하니 술배가 나와요. 동맥이 딱딱해지는 질환 때문에 심장이 몸 전체에 피를 펌프질하는 게 점점 더 어려워져요. 페니스도 여기 포함되어서 서는 데 더 오랜 시간이 걸리죠. 발기되더라도 아무래도 젊은 시절보다 덜 단단합니다.

여러분은 간헐적으로 임포텐스, 즉 발기부전(질을 통과할 만큼 충분하게 단단하게 발기가 되지 못하거나 유지하는 못하는 경우)을 경험하기도 하고 조기에 사정(삽입한 지 3분 이내에 혹은 스트로크 횟수가 10번이 되기 전에 사정)하기도 해요. 나이 지긋한 분들은 종종 더 이상 사정이 시원하게 쭉 뻗지 못하고 똑똑 떨어지기만 한다고 해요. 안달 내던 흥분감도 더 이상 들지 않아요. 발기부전에 대한 두려움 혹은 충분하지 않다는 느낌에 '그냥 덤벼보는' 시도도 망설이게 되죠.

25년 동안 같은 파트너와 결혼을 유지하고 성생활을 하고 나면 어느 정도 단조로워지기 마련이에요. 섹스는 의례로 변해 항상 금요일 밤에 뉴스가 끝난 뒤, 정상 체위에서 불은 다 끄고 일어나는 일쯤으로 바뀌죠. 최근 들어 혹은 한 번이라도 마음 가는 대로 성관계를 하지 않았다면 파트너와의 섹스가 흥분되거나 갑자기 획기적으로 좋아지기는 어려워요.

과거에는 매번 사정을 하지 않으면 마음이 불편했겠지요. 지금은 절박감은 줄어들고, 그래서 만약 사정을 하게 되면 대단한 일이지만 못 했다고 문제되진 않아요. 당신이나 파트너나 섹스 중에 행복하다면 문제가 아니에요. 하지만 만족스럽지 않다면 의사와 상담해 비아그라 사용이 가능한지 혹은 이런 성기능장애에 더 새로운 약이 있는지 물어보세요.

이제 여성이 늙어가면서 발생하는 성생활의 변화를 살펴보도록 하죠. 여자들은 마흔다섯에서 쉰다섯 사이에 갱년기를 경험하고 월경이 끊겨요. 주름이 지고 가슴은 축 처지고 기분은 들쑥날쑥하며 얼굴이 화끈 달아오른다는 사실은 잘 아시겠지요. 그에 더해 눈에 덜 띄지만, 성적인 행위나 즐거움에 직접적으로 영향을 주는 변화도 생겨요.

나이든 남자들처럼 나이든 여자들도 성적으로 흥분되는 데 더 오랜 시간이 걸려요. 그리고 좀 더 직접적인 자극이 필요하죠. 오르가슴에 이르는 데 덜 긴박하며 오르가슴에 이르지 못한다고 해도 그렇게 불편하거나 불만족스럽지 않게 됩니다. 남성이나 여성이나 파트너 역시 즐겼다고 느껴지면 스트레스, 불안 혹은 행위 압박감이 줄어들 수 있어요.

나이가 들어감에 따라 자극 양식에 확실한 변화가 생겨요. 충분히 윤활이 되지 않으면 여성은 섹스가 고통스러울뿐더러 방광염에 걸리기도 쉬워요. 그리고 질의 염증이 반복되거나 만성이 되면 상당히 불편해서 성생활에 대한 열의까지 떨어지지요. 질을 덮고 있는 점액질의 막은 점차 얇아지고 건조해져서 찢어지기 쉬워 질 감염이 되기도 합니다. 이런 불편을 줄이려면 시중에 파는 윤활제를 넉넉하게 사용하세요.
항우울제나, 고혈압약제, 바비튜리트(신경 안정제 일종), 일부 심장약 같은 약제들은 성충동을 감소시킬 수 있어요. 약을 먹는 게 있으면 의사에게 이야기하고 혹시 성충동에 영향을 주는지 물어보세요.
폐경 이후에 호르몬 대체요법을 받고 있는 경우에는 이런 변화가 덜 두드러져요. 호르몬을 먹고 있지 않거나 윤활제를 써도 마르는 증상이 해결되지 않으면 부인과 의사에게 이런 변화를 설명하고 호르몬 요법을 써도 되는지 알아보는 것도 좋아요. 연구에 따르면 폐경기 증상이 정신적 혹은 신체적 건강에 영향을 줄 정도라면 호르몬 요법을 권고할 수 있다고 하네요. 증상이 줄어들 때까지 짧은 기간 호르몬을 쓰도록 권합니다. 여성 호르몬 패치나 매일 성기 부분에 바를 수 있는 호르몬 크림을 달라고 할 수도 있어요.
여성이 비아그라를 사용하는 데에 대중 매체의 관심은 많았지만 성공적이라고 증명된 것은 없었어요. 성적 충동이 낮아진 여자들을 위해 테스토스테론 대체요법의 연구가 광범위하게 시행되고 있으니 의사에게 물어보세요.
당신이나 파트너 중 한 명이 몸무게가 엄청나게 늘거나 개인위생에 신경을 쓰지 않거나 너무 심하게 술을 마시면 성생활에 흥미가 딱 끊어질 수도 있어요. 혐오감만 들고 거들떠보고 싶지도 않은데 하고 싶어지기는 어렵겠지요.

만약 상호관계가 분노와 후회를 왔다 갔다 하는 태풍과 같다면 적개심을 거두고 격정에 휩싸이는 일은 어려울 거예요. 여러분의 감정을 분석하기 위해 함께 상담가를 찾아가보자고 말 꺼내기도 망설여지겠죠. 실제 많은 커플들이 점차 늙어감에 따라 성생활에 대해 상담을 통해 도움을 받아요. 여러분 자신의 감정을 이해하기 시작하고 파트너가 왜 현재처럼 반응하고 응수하는지 어느 정도 알기 시작하면 적의는 줄어들고 더 많은 친밀감을 가지게 됩니다. 그러면 보통 성적인 즐거움의 상승으로 이어지게 되죠.

사랑하는 사람과의 관계를 개선하고 즐거워지는 데 허심탄회한 대화는 핵심 키예요. 신뢰 수준이 올라가고, 친밀감을 느끼면, 여러분을 자극하는 것은 무엇인지, 즐겁지 않은 일은 무엇인지 말 꺼내기도 쉬워지겠죠.

로맨틱한 물품들도 시도해보세요. 촛불, 부드러운 음악, 섹시한 잠옷도 좋아요. 시간을 내서 슬쩍 만지고, 가볍게 안거나 꼭 껴안거나, 키스를 하거나, 애무하세요. 여러분을 일깨울 수 있는 것들을 활용해보세요. 성적 판타지를 실현해볼 수도 있고, 에로틱한 책을 읽거나, 에로 영화를 같이 보거나, 〈플레이보이〉 혹은 〈플레이걸〉 같은 잡지를 보는 일도 괜찮겠지요. 단, 파트너가 받아들이는 경우에만 해당해요. 일부 성적 판타지를 여러분 성관계에 접목시켜보세요. 만약 흔들의자에서 혹은 난로 앞에서 담요를 깔고 해보고 싶었다거나 옷벗기 벌칙이 있는 스트립 포커를 하거나 휘핑

크림으로 파트너를 뒤덮고 싶었다거나 가볍게 엉덩이를 찰싹 때리고 싶었다거나 하면 진짜 한번 그렇게 해보세요. 획기적으로 도전해봐요. 무엇보다 유머 감각은 빼놓지 마시구요.
그리고 잊지 마세요. 파트너가 지금 당장 섹스에 관심이 없다고 전혀 희망이 없는 것은 아니에요. 여러분은 충분히 스스로 만족에 이를 수도 있어요. 자위는 차선책이 아니에요. 많은 사람들에게 그건 파트너와의 섹스만큼 흡족한 일이에요. 여러분은 완전히 파트너 의존적인 사람이 아닙니다. 행위 압박이 제거되면 좀 더 느긋해질 거예요. 이건 남성 여성 모두에 해당됩니다.
섹스는 자전거를 타는 것과 같아요. 한번 배우면 결코 까먹지 않아요. 하지만 아주 오랫동안 타지 않았다면 약간 서툴고 비틀대기도 하겠지요. 기억하세요. 여든 살에 스무 살 때 하던 것처럼 할 수는 없어요. 하지만 모든 가능성이라는 면에서 스무 살 때 역시 그렇게 대단치 않았다는 사실도 꼭 기억하세요.

다음 편지는 여러분이 오랫동안 파트너가 없었을 경우 일어날 수 있는 전형적인 문제예요.

수에게 / 저는 올해 예순다섯이고요, 제 아내는 5년 전에 세상을 떠났습니다. 최근에 저는 멋진 여성을 만나게 되었어요. 우리는 손을 잡고, 포옹을 하고 키스를 하지만 아무래도 그분은 그 이상을 바라는 것 같기는 한데…….

하지만 전 문득 그분이 저를 지저분한 늙은 남자로 여길까 하는 두려운 생각이 들어 걱정입니다.

수의 대답 // 한 세대 이전만 해도 사람들은 성에 대해 이야기하지 않았어요. 그래서 당신이 말로 꺼내지도 않고 입에 올리는 것을 곤란해하거나 부끄러워하는 것도 이해가 됩니다. 당신은 하고 싶은 얘기를 곰곰이 짚어보고 마치 외국어처럼 들리지 않도록 말하는 연습도 해봐야 할 거예요.

당신이 어떻게 느끼는지 '나'라는 주어를 사용하여 말한다면 훨씬 쉬워요. 다음과 같이 말문을 터볼 수 있겠죠. "저는 당신과 함께 있는 게 정말 즐거워요. 그냥 편안하고 자연스럽게 느껴져요. 전 정말 당신이 좋아지기 시작했어요. 당신도 그렇게 느꼈으면 좋겠어요." 이쯤 되면 그녀는 아마도 그런 감정이 상호적이라는 확신을 심어줄 거예요. 그렇다고 하면, 다음과 같이 말을 계속하세요. "저는 당신에게 키스하는 게 좋아요. 하지만 더 이상 가는 건 조금 쑥스러워서, 그래서 생각해본 건데 당신은 어떤가 확인을 해보는 게 낫겠다 싶어서……." 이 정도 되면 그녀는 어떻게 느끼는지 말을 할 거예요. 섹스는 오로지 결혼한 사이에서만 해야 한다고 믿을지도 모르죠. 혹은 당신이 자신의 몸을 당신의 아내와 비교할까 두려워할 수도 있어요. 그녀는 섹스가 즐겁지 않아서 피하고 싶을 수도 있고, 어쩌면 아주 열성을 갖고 있을 수도 있겠지요.

하지만 당신이 일단 말을 꺼내야 상황을 알게 되고 그래야 두 사람 관계의 미래를 위해 어떻게 할지 결정할 수 있어요.

만약 당신이 오랫동안 성교도 자위도 하지 않았다면 당신의 성적 충동에 다시 시동을 거는 데 어려움이 있을 수도 있어요. "사용하지 않으면 녹슨다"는 미신은 사실은 아니지만 시간이 걸릴 수는 있어요. 파트너의 사랑과 배려에서 우러난 격려도 필요하고요. 이 말은 진짜 꺼내기 힘들겠지만 안전한 성관계도 상의해야 해요. 혹시라도 포진이나, 성병사마귀, 임질이나 다른 성병이 있을 수 있지요. HIV/에이즈까지도요. 그리고 섹스를 하거나 그냥 진한 애무만 한 경우에도 방광염증이나 감염을 일으킬 수 있다는 사실도 꼭 알아두어야 해요. 그건 병이 아니에요. 갑자기 섹스를 다시 시작하는 모든 여성에게 대부분 생기는 일이에요. 부끄러워하거나 너무 화내지 마세요.

만약 방광 감염이 의심된다면 즉시 병원을 찾아가 이른 아침, 중간에 보는 소변을 받아 검사를 하세요. 만약 뿌옇다면 의사는 소변을 검사실에 보내고 항생제를 처방해줄 거예요. 보기에 모두 깨끗해진 것 같아 보여도 처방 받은 대로 약을 꼬박 먹어야 돼요. 그리고 치료를 하는 동안 섹스는 자제하세요. 어떤 의사들은 물을 많이 먹으라고 말하기도 해요. 크랜베리 주스가 도움이 되기도 합니다. 마지막으로 특히 방광 감염에 걸리기 쉬운 여성에게 중요한데 섹스 후에는 바로 소변을 보도록 하세요. 십중팔구는 다시 감염되지 않을 거예요. 더 많은 정보를 원하신다면 84쪽을 보세요. 즐기세요. 우리는 그걸 허니문 방광염이라고 불러요. 친구들에게 말하면 아마 질투할걸요.

수에게 / 저의 60살 된 남동생은 항상 사리분별이 밝은 사람이었어요. 그런데 갑자기 32살 먹은 애 딸린 여자와 어울리기 시작하더군요. 대체 무슨 생각을 하는지. 제가 보기에 동생은 자기 나이에 맞는 다른 사람을 찾아야 될 것 같아요.

수의 대답 // 남동생이 젊은 여성과의 관계를 즐기는 걸 당신은 아주 못마땅하게 여기고 있는 것 같군요. 당신은 혹시 남동생이 중년의 위기를 겪고 있다거나 잃어버린 젊음을 되찾으려 발버둥 친다거나 많은 남자들이 갖고 있는 판타지—들볶이는 일도, 요구도, 비난도 없이 환상적으로 여성과 섹스를 한다는—를 실행하고 있다고 생각하나요?
단지 잠깐 즐기고 더 이상 흥미가 동하지 않으면 동생이 자기 나이대의 여자와 데이트하기를 바라시는지. 그 젊은 여자는 이런 연애에서 무엇을 얻는 걸까? 사랑, 동지애, 위신, 혹은 돈? 혹은 그녀가 이용 당하고 있다거나 바보가 아닐까 궁금하신 건가요?
남동생이 나이는 생각 않고 젊은 사랑을 즐긴다는 데 분개하고 있지는 않은지요. 반대의 시나리오를 한번 볼게요. 요새 새로 나타난 현상은 아니긴 하지만 현재 이런 여성들에게 쿠거cougars라는 명칭도 붙었어요. 자신보다 더 젊은 남자를 유혹하기 위해 밖으로 쿠거(퓨마의 일종)처럼 어슬렁거리며 돌아다니는 나이든 여성들을 가리키죠. 하룻밤 정사를 즐길 수도 있고 장기간의 관계로 발전할 수도 있어요. 일반적으로 이런 여성들은 성에 관해 대단히 열성적이고, 터부가 거의 없으며 상당히 혁신적이에요. 물론 쿠거와 엮이게 된 남자들의 어머니들이나, 아내들에게 환영 받을 만한 일은 아니지요. 대부분 여자들은 이들을 매춘부나 '난잡한 년'으로 여기며, 비도덕적이라며 혐오감과 경멸을 드러내요. 아내들이나 어머니들 역시 실제 위해를 느끼고 있을 수도 있고 그들의 아들이나 파트너가 이런 '화냥년'하고 엮이게 될까봐 두려워하죠.

사실 쿠거는 대체로 좋은 커리어를 가진 똑똑하고 원숙한 여성들이에요. 그들은 세련된 사람이며 지금은 별거를 하거나 이혼했을 수도 있고 아이는 원치 않지요. 독립적이며 스스로 통제하는 삶을 좋아하며 권력이나 지배의 느낌을 좋아해요. 그들은 섹스를 원하면 밖으로 나가 어슬렁거려요. 그래서 쿠거라는 이름을 얻었죠.

형제를 걱정하고 염려하는 마음은 알겠으나 시간을 내서 동생의 새로운 관계에 대한 당신의 반응을 돌아보는 건 어떠세요? 당신의 반대가 정말 타당한가요? 개인적인 판단은 배제하고 당신의 반응을 두고 동생과 상의를 하고 그런 후 동생에게 무엇이 그를 위해 최선의 방법인지 결정하도록 그냥 둘 수 있으시죠? 그 결과에 따라 당신은 새로 형성된 애정관계에 대해 동생과 그 여인, 둘 다 축복해야 할지도 모르죠.

동성애 HOMOSEXUALITY

레즈비언과 게이 공동체에는 "우리는 퀴어예요. 우리는 여기 있어요. 익숙해지도록 하세요. We're queer, we're here, get used to it"라는 슬로건이 있어요. 세계 어느 곳이라도 남자의 2~10퍼센트가 게이, 여자들 1~4퍼센트가 레즈비언으로 추정됨에도 우리 사회는 동성애를 받아들이는 데 어려움이 있어요.

부모들은 〈비버는 해결사〉*에 나오는 부모에 견주어도 손색없는 좋은 부모가 되고 싶어해요. 다른 부모와 경험을 나누고 비교를 하며, 아이가 평균 이상이 아니라면 정상이라는 조짐을 찾아 헤매고, 아이가 '다르다'고 느껴지면 충격으로 무너져 내리죠.

저는 사람들에게 최대한 동성애에 대해 배우라고 부추깁니다. 우리가 게이를 대하며 느끼는 편견이 줄어들도록, 결국엔 편견 자체를 제거할 수 있도록 하기 위해서요. 부모가 퀴어queer, 팬지pansy, 레지lezzie 같은 용어를 써가며 경멸하는 투로 동성애를 이야기하지 않는다면 인간적으로 더 포용할 수 있을 거예요. 학교에서도 동성애 공포증을 줄이기 위해 성교육 교과 과정에 이런 주제를 포함한다면 한층 낫겠죠.

수에게 / 전 정말 다섯 살짜리 아들이 걱정스러워요. 아이가 꼭 계집애 같거든요. 아들은 트럭보다 인형을 더 좋아해요. 아들은 다른 아이들이 법석

* Leave it to Beaver, 비버라는 소년을 중심으로 진행되는 50-60년대 미국 중산층 가정의 시트콤.

을 떨며 난장을 벌일 때 춤을 추고 사뿐사뿐 걸어 다녀요. 고함도 치지 않고 빽빽 소리를 지르지도 않아요. 아이가 너무 여성스러워서 가족 모임에 가면 어찌나 창피한지 몰라요. 저는 아이를 게이로 기르고 있는 건가요? 아들을 제대로 만들기 위해 제가 할 수 있는 일이 있을까요?

수의 대답 // 아이는 이제 겨우 다섯 살이에요! 어느 남자애가 그 나이에 마초처럼 굴겠어요. 그리고 당신은 왜 아이가 그렇게 되길 원하세요? 아이를 개조하려는 시도는 엄두도 내지 마세요. 제대로 되지 않을뿐더러 아이만 완전히 엉망으로 만들어요. 당신은 아이를 게이로 '기르고' 있는 게 아니에요. 몇 가지 정보를 알려드릴게요. 부디 긴장을 풀고 당신의 멋진 아들을 받아들이고 행복해지길 바랍니다.

우리는 무엇이 동성애를 '일으키는지' 모릅니다. 한때 강한 어머니와 약한 아버지 밑에서 자란 소년은 어머니를 흉내 내고 남성의 전형은 거부한다고 믿었어요. 반대로 강한 아버지와 약한 어머니를 가진 소년은 자신을 아버지와 동일시한다고 했었죠. 사실은 그렇지 않아요.

그런 후 연구자들은 남과 '다른' 남성들은 남성 호르몬이 부족할 거라고 추론하고 테스토스테론 주사를 놓았어요. 어떻게 되었을까요? 그 남자들은 더욱 여자처럼 변했어요. 그 다음 이론은 동성애는 정신과적 질환이라는 것이었어요. 그래서 사람들은 행동 수정과 혐오 요법을 시도했지만 이 치료 역시 성공하지 못했죠. 종교적인 근본주의자들은 여전히 동성애자들이 "신을 영접한다면" 성적 지향을 돌릴 수 있다고 주장해요.

최근 연구에 의하면 게이 남성의 뇌에 있는 시상하부(뇌의 기저부에 있는 작고, 동그란 분비선으로, 많은 신체 체계를 조절하는 기관)가 여성의 시상하부와 비슷하다고 해요. 레즈비언의 뇌를 가지고 한 연구는 없어요. 또한 동성애는 가족, 보통 모계 쪽으로 전달된다는 의견도 있어요. 한 가족 안에서 두 명, 세 명 혹은 전부 다 게이거나 레즈비언인 경우도 드물지 않아요. 하지만 이는 아직 잘 입증되지 않았어요.

개인적으로 전 동성애를 일으키는 원인이 무엇인지 상관하지 않습니다. 일으킨다는 말은 무언가 비정상을 암시하니까요. 게이인 사람은 노란 머리나 푸른 눈처럼 비정상이 아니에요. 원인을 찾기 위해 노력한다는 것은 또한 '동성애를 치료'해야 한다는 의미이기도 해요. 하지만 대부분 레즈비언이나 게이들은 '치료'되기를 원치 않아요. 이들은 사회 속으로 편입되기를, 공포나 거부와 비난 없이 개인으로서 성장할 수 있는 자유를 원해요. 수용, 인정, 공감, 관심, 이 네 가지 사항은 우리 모두가 원하는 바가 아니던가요?

아이가 게이라면, 어른이 되어 노련하게 대처하고 편안함을 느낄 수 있는 공동체를 발견할 때까지 사회, 학교, 그리고 세상은 아주 힘든 곳이 될 거예요. 그렇다면 더욱 아들에겐 당신이 부모로서 줄 수 있는 모든 사랑과 지지가 필요하겠지요.

많은 부모들은 아이가 조금 다르게 발달하는 것을 지켜보고는 안테나가 곤두서죠. 아이가 세 살가량 되면 의심이 가긴 하지만 아무 말도 하지 않고 교묘하게 그를 좀 더 '남자다운' 활동과 친구로 이끌려고 시도해요. 여섯 살쯤 되면 아이들 스스로가 '다르다'고 느끼지만 보통과 다른 게 무엇인지 말로 할 수는 없어요. 열 살이 되면 친구들은 여자아이와 '슴가'를 두고 낄낄거리고 때로는 〈플레이보이〉를 훔쳐보지만 아이는 여자아이에게 관심이 없어요. 그래도 적절하게 이성애적인 농담을 던진다거나 여자아이에게 수작을 걸기도 해요. 아주 여성스럽다면 아이는 다른 소년들에게 괴롭힘을 당하거나 외면을 받겠지요. 하지만 여자들은 아이를 좋아할 거예요. 왜냐하면 다른 남자애들처럼 얼간이가 아니니까요. 불행하게도 이 때문에 곧잘 다른 남자애들에게 두드려 맞게 되지요. 초기에 아이는 동성애자 학대를 처음 경험하게 될 수도 있어요.

열네 살이 되면 그는 이제 여성에게 끌리지 않으며 다른 남성과 섹스하는 공상을 하면 흥분한다는 사실을 아주 확실히 알게 됩니다. 하지만 거의 대부분 여전히 '벽장 안에 숨어' 있죠. 그냥 누구라도 다른 사람에게 밝힌다는 게 아주 위험해 보이기 때문이에요. 큰 도시에서 자라거나 큰 도시로 옮겨가면 그는 게이 공동체를 발견하게 될 겁니다. 그곳에서 레즈비언과 게이 그룹을 만나고 편안함을 느끼고, 데이트를 하고 여러 가지 섹스를 실험해보겠지요. 남자들에게 끌리는 많은 남자들이 단지 어떤지 비교해보려고 여자와 섹스를 해봅니다. 그러곤 확실히 알게 되지요. 그렇기 때문에 성교육과 안전한 섹스에 대한 교육이 이루어져야 합니다.
십대 후반이 되면 청년은 자신이 동성애자임을 깨달아요. 아직 부모에게 밝힐 준비가 안 되었을 수도 있어요. 하지만 가까운 몇몇 친구에게는 밝히기도 합니다. 아마 집을 떠날 때나 사랑하는 사람이 생길 때만 그는 동성애라는 단어를 꺼낼 수 있을 거예요.
어떤 부모는 아들을 압박하는 게 필수적이라고 느껴요. "언제 여자친구를 사귈 거냐? 교회에서 만난 여자 예쁘던데 데이트 해보는 건 어떠냐?"
언젠가는 부모들이 자신의 아이들이 커밍아웃이 고통스런 과정이 되지 않도록 사랑과 지지를 보여줄 수 있을 거라 희망해봅니다. 가족 중에 동성애자를 둔 사람들에게 정보와 지원을 제공하는 레즈비언과 게이들의 부모와 친구들(Parents and Friends of Lesbians and Gays(PFLAG))이라는 훌륭한 단체*가 있어요.

다음 편지를 쓴 소년의 불안을 상상할 수 있으세요?

수에게 / 저는 열다섯 살 남자입니다. 전 제가 게이일지도 모른다는 생각에 무서워 죽겠어요. 저는 여자와는 전혀 발기가 되지 않아요. 절친한 친구로

* 사이트는 www.pflag.org 입니다. 국내에는 한국게이인권운동단체 '친구사이'에서 운영하는 성소수자 모임이 있습니다. 사이트는 chingusai.net

는 여자를 좋아하지만요. 저는 저보다 나이 많은 소년들과 섹스하는 공상을 해요. 전 '펨' femme(동성애 여자역) 혹은 '계집애'라고 불려요. 제 가족들은 저를 비웃고 남자처럼 행동하라고 야단을 쳐요. 제가 퀴어로 살아남을 수 있는 방법은 어디에도 없어요. 저는 정치가가 되고 싶은데 아무도 패그 fag(동성애자)를 뽑지 않을 거잖아요. 저는 정상적으로 결혼을 하고 가족을 가지고 싶어요. 제가 게이가 아니라고 말해주세요.

수의 대답 // 열다섯 살이라면 성적 지향성을 완전히 확신할 수 없어요. 일단 잠시 동안 그대로 두고 보라고 말하고 싶군요. 이런 일은 두부 자르듯 자를 수 있는 그런 종류의 일이 아닙니다. 언젠가 때가 되면 모든 게 명확해지고 당신도 알게 되겠지요. 자신이 확신이 설 때까지 동성애자라는 꼬리표를 붙이지 마세요.
자신이 게이라고 두려움에 떨거나 고등학교에서 동성애자라는 딱지가 붙는 일은 재난이 될 수 있어요. 아이들은 당신을 따돌리고 짓궂게 굴고 어쩌면 폭력을 휘두를 수도 있어요. 고등학생으로서는 감당하기 힘든 일이지요. 상당히 무시무시한 통계가 있어요. 모든 아이들의 10퍼센트가 자살을 시도하는데 그들 중 3분의 1이 성적 지향성에 대한 근심 때문이라고 해요.
그러니 정말 당신이 해야 할 일은 믿고 이야기할 수 있는 누군가를 찾는 일이에요. 이해해줄 교사, 혹은 양호교사나 성직자, 게이에게 우호적인 가족 성원 누군가라도 좋아요. 만약 그들의 지지에만 의존할 수 없다면 전화번호부를 펼쳐들고 게이 혹은 레즈비언 상담 서비스를 찾아보세요. 이런 서비스는 공짜이며 비밀을 보장합니다. 게다가 이 사람들은 가르치려 들거나 설교하거나 당신을 바꾸려고 하지 않을 거예요.

수에게 / 오늘날 세상은 온통 동성애 공포증을 앓고 있는데 왜 굳이 사람들은 게이가 되려고 하나요?

수의 대답 // 간단해요. 여러분은 여러분의 성적 지향성을 고르지 않아요. 여러분은 그냥 게이거나 이성애자이거나 양성애자예요. 가만히 생각해보세요. 자신이 생의 어느 때즈음 곰곰이 생각하고 "어디 보자, 난 이성에 매혹을 느낄 테야"라고 결정을 했었는지. 그러지 않았죠. 그냥 알았어요. 사춘기 때 호르몬이 활동을 시작하고 갑자기 당신은 반대편 성의 어느 아이돌 가수에게 정신을 못 차렸잖아요. 혹은 같은 성일 수도 있고. 가끔 동일한 성의 누군가에 대해 에로틱한 꿈을 꾸거나 판타지를 가진다고 해서 동성애자라는 의미가 아니에요. 그건 여러분이 정상이란 뜻입니다.

수에게 / 저는 동성애에 대해 별로 신경을 쓰진 않지만, 그들이 지하철에서 키스하는 모습을 보면 아무래도 불편해요. 왜 이들은 대중 앞에서 과시를 하나요?

수의 대답 // 훌륭한 질문이에요. 왜 사람들은 대중 앞에서 애정을 드러낼까요?

- 자신들이 사랑을 하고 있으며 그리고 세상이 어떻게 생각하든 눈곱만치도 상관하지 않음을 보여주기 위해.
- 서로에게 푹 빠져 한시라도 떨어져 있기가 아까워서. 이는 이성애자 세계에서도 일어나는 일이지요.
- 사랑을 과시하고 다른 사람을 거북하게 만들며, 반항의 형태로 자신의 성적 지향성을 공공에 선언하기 위해.

이들이 지하철에서 목을 껴안고 애무를 주고받는 이성애자 커플이었다면 당신은 같은 식으로 느꼈을까요? 십중팔구 불편했겠죠. 우리는 대중 앞에서 노골적인 애정 표시를 하는 건 부적절하다고 배웠어요. 이런 감정들은 사적이니까요.
이들이 이성애자였다면 당신은 어떻게 했을까요? 아마 눈살을 찌푸리고 시선을 피했겠죠. 당신이 못마땅해 한다고 이성애 커플이 애정행각을 그만두었다거나 동성애자 커플들에게 영향을 미쳤을 거라는 생각은 들지 않네요. 그러니 그냥 무시하세요. 안 되면 다른 칸으로 옮겨가면 그만입니다.

수에게 / 립스틱 다이크* 가 뭐예요?

* dyke. 남성적인 성격의 레즈비언을 경멸적으로 이르는 말. 요근래는 레즈비언을 지칭하는 용어로 사용된다고 합니다.

수의 대답 // 많은 레즈비언들은 이걸 자신들의 명칭으로 받아들이고 자랑스럽게 사용해요. 더욱 더 많은 레즈비언들이 거리낌 없이 자신들을 다이크, 부치 다이크butch dyke(남자 같은 레즈비언), 비치 다이크bitch dyke(암캐 레즈비언)라고 부를 거예요. 문제될 거 없어요. 다이크로 부르는 것을 비하로, 여성성을 혹평하는 것으로, 혹은 여성성이 결핍되었다고 받아들이는 것은 이성애 사회예요. 그러니 우리에게나 문제가 되는 거죠. 저는 누구도 "다이크"라고 불러본 적이 없어요. 똑같이 아마 어느 누구도 "패그"라고 부르지 않을 거구요. 제가 이성애자이기 때문에 동성애자를 깔보는 의미로 해석할 수도 있다는 생각이 들어서요. 그들이 자신들을 그런 식으로 부르는 건 괜찮겠지만 저는 그런 용어를 쓰는 게 불편합니다.

립스틱 레즈비언은 아주 매혹적이며 잘 차려입은 섹시한 여성으로, 짧은 머리에 작업화, 격자무늬 셔츠를 입은 전형적인 레즈비언처럼 보이지 않는 사람을 말해요.

보통 레즈비언들은 화장을 하는 이유가 남자를 끌기 위해서라고 느낍니다. 그리고 이들은 남자들 시선을 모으려고 밖에 나가진 않죠. 반면 립스틱 레즈비언은 화장을 하고 예뻐 보이는 걸 좋아해요. 동전의 양면인 셈이에요.

십대 여성들은 선머슴처럼 입기를 좋아하고 낡고 편안한 차림의 그런지 패션을 하기도 하지만 여성에게 끌린다고 공개하지 않는 이상 레즈비언이라고 단언할 수 없어요. 어른인 경우는 '다이크'임을 과시할 수 있지요. 부모들이 환영하지는 않겠지만, 어떤 사람도 이래라저래라 간섭할 순 없어요. 하지만 십대 때는 데이트할 만한 그 나이대의 다른 여성을 찾는 데 어려움이 있기도 해요. 어떤 여성들은 사춘기 때 자신이 레즈비언이란 사실을 확신하지만 대부분 여성들은 성인이 되어 결혼하고 아이까지 낳은 후에 자신을 받아들이기도 합니다.

수에게 / 페기와 저는 9년 동안 커플이었어요. 저희는 둘 다 전문직 여성이고 각자의 집을 소유하고 있으며 적극적으로 사회 활동을 해요. 우리는 둘 다 직장에서 아직 '벽장 속에 있는' 상태예요. 아무도 우리가 레즈비언인 걸 몰라요. 만약 우리가 친구나 동료들에게 커밍아웃을 하면 우리 경력에 손상을 입을까요?

수의 대답 // 그건 아주 개인적인 선택이에요. 두 분 다 신중하게 논의를 거친 후 결정하세요. 레즈비언이나 게이 공동체에 있는 많은 이들이 동성애자들은 자신의 성 선호도를 대중적으로 알릴 의무가 있다고 신념에 차서 단호하고 강경하게 주장합니다. 벽장 속에 숨어 지내는 짓은 동성애가 '틀렸다', '가족의 가치를 위협한다'는 미신을 부추기고 있는 일이라고 믿어요.
어떤 동성애자들은 자신의 일부를 부정한다면 온전한 자신이 될 수 없다고 비난하지만, 다른 한편 대부분 게이나 레즈비언들은 거부와 편견을 경험해요. 만연한 동성애 공포증을 아주 잘 알고 있어서 자신의 성 지향성은 어느 누구도 상관할 바 아니라고 생각하고 번거로운 일을 피하려고 꽁꽁 싸매둡니다.

커밍아웃으로 당신의 경력을 희생시킬 것인가, 결정은 오로지 당신만이 할 수 있어요. 어떤 사람들에게 커밍아웃을 할지 골라서 할 수도 있어요. 신중하게 생각하세요. 저지르긴 쉽지만 무르기는 어려워요.

수에게 / 저는 4년간 결혼생활을 했어요. 아기가 태어난 지 얼마 안 되어서 남편이 바람을 피우는 것 같더라고요. 어느 날 밤 친오빠가 그를 미행했는데 남자들과 외출을 하더래요. 예, 남자들과 나간 거 맞대요. 그는 게이 바에 가서 이리저리 돌아다니며 잠시 잡담을 나누다가 어떤 남자의 아파트로 갔어요. 그는 호모, 뭐 그런 걸까요?

수의 대답 // 최종결론으로 비약하기 전에 몇 가지 생각해봅시다. 오빠는 믿을 만한 사람인가요? 그가 당신 남편을 싫어하진 않는지? 오빠가 당신 속을 뒤집어 놓으려고 이야기를 꾸며낸 거라면? 오빠를 진짜 믿는다고 해도 아직은 결론을 내리지 마세요. 당신은 그 아파트에서 확실하게 무슨 일이 일어났는지 몰라요. 차분하게 가라앉히고 증거를 모으세요. 남편을 다그치거나 비난하지 마세요. 그에게 당신이 불안하게 여기는 게 무언지, 확실하게 알고 있는 사실을 말하세요. 이때 오빠는 제외하고 이야기하는 게 좋겠지요. 그리고 그의 말을 들으세요. 진짜로 귀담아 들으세요. 그가 설명을 끝마치고 나면 그에게 당신이 속이 상했으며 생각할 시간이 필요하다고 말하세요.

그가 감언이설로 설득하려 해도 곧이곧대로 듣지 말고 그와 무방비의 섹스를 하지 마세요. 그가 친구들과 나간 것에 대해 거짓말을 한 거라면 당신의 안전이나 아기가 생기는 데 대한 책무를 지는 것은 당신입니다.

반드시 안전한 섹스를 해야 해요. 그리고 그가 그걸 받아들이지 않으면 당신이 101퍼센트 안전하다는 확신이 들 때까지 소파를 전전하게 하세요. 이건 당신의 삶이에요. 그를 기쁘게 하기 위해 자신을 재물로 삼지 마세요.

두통 HEADACHE

수에게 / 우리는 "여보, 오늘 밤은 안 되겠어. 머리가 아파"라는 구실을 대면 웃으며 넘기죠. 하지만 이런 일이 항상 있다면 우습지가 않지요. 이런 두통이 실제로 있을 수 있나요?

수의 대답 // 어느 쪽이든 파트너에겐 우습지 않지요. 두통이 실제이든 꾸며낸 것이든요.

파트너가 진짜 두통이 자주 있다면 원인을 알아보아야 하며 치료나 예방법이 있는지 살펴보세요. 두통은 다양한 원인으로 생겨요. 스트레스, 알레르기, 피로, 눈의 피로부터 좀 더 심각한 (다행히 덜 흔한) 질환에서 발생하죠. 두통의 치료는 다양한 원인만큼 다양해서 통증약을 먹거나 요가를 하거나 혹은 침을 맞기도 합니다.

섹스가 두통의 치료에 효능이 있다고 밝혀졌어요. 미국의 어느 연구에 따르면 머리가 아플 때 섹스를 한 여자들 삼분의 일에서 이분의 일이 오르가슴으로 통증이 없어졌다고 합니다. 이론적으로 질을 자극하면 진통 물질이 분비가 되어 두통이 치료되거나 완화된다고 해요. 이제 "나 머리가 아파"라는 말은 다른 의미로 변형될 수도 있겠지요. "자기야, 치료 좀 해줘"라면서 파트너에게 바싹 다가서는 거죠.

또한 여성분이라면 자위를 하면 두통이 가신다는 사실을 많이 깨우치고 계실 텐데 아내 분이 이를 고려해볼 수도 있지 않을까요? 여성의 자위가 생리통을 덜어준다고도 잘 알려져 있죠. 섹스의 힘을 절대 얕보지 마세요!

파트너의 두통이 섹스를 피하려는 구실이라면 "나 너무 피곤해." 혹은 "애들이 듣겠어." 혹은 이 달에 벌써 두 번째 "나 생리 중이야"와 같은 핑계에 속한다고 할 수 있어요. 가장 우스웠던 섹스 회피 방법은 남편이 가까이 오지 않도록 코며 가슴팍에 빅스 베이럽(기침완화크림)을 온통 바르는 것이었어요.

당신의 파트너가 이런 범주에 든다면 두 분 관계가 어떻게 진행되고 있는지 알아내야만 해요. 해결되지 못한 갈등이나 분노가 있나요? 아내에게 힘이나 통제권이 필요하다거나 동등한 위치가 되겠다는 표현일까요? 아니면 당신의 부당함에 항거하고 있는 걸까요?

두통이 여자들의 전유물은 아니에요. 수 세대에 걸쳐 "딱 한 번만이라도 여자가 먼저 움직여줬으면 원이 없겠다"고 불평하던 남성들이, 이제 여자들이 섹스를 시작하는 경우도 잦기 때문에 그녀가 움직여주려고 하면 도리어 몸을 뒤로 빼고 있어요. 똑같이 구태의연하게 지쳤다, 스트레스다, 술을 너무 많이 마셨다, 혹은 "아랫도리에 신경 쓸 겨를이 없어." 같은 구실을 대죠.

종종 여성이나 남성이나 섹스 후에, 수 시간 혹은 며칠이 가는 머리가 쪼개질 것 같은 두통을 경험하기도 해요. 성적으로 자극이 되면 혈관이 확장되고 성기로 가는 산소 공급이 늘어나게 됩니다. 그러면 머리로는 피가 적게 가게 되고 산소 공급이 부족해 편두통과 비슷한 통증이 생깁니다. 성교 후에 혈액 순환이 제자리로 돌아오면 두통은 묵직하게 욱신거리며 자리를 잡아요.

이럴 경우는 의사를 찾으세요. 메스꺼움, 구토를 느끼거나 힘이 없거나 저리거나 하면 지체 없이 진료를 받으세요. 눈을 못 뜰 정도로 터질 듯이 아픈 경우는 응급실로 가세요. 혈관이나 동맥류가 터져서 그럴 수도 있어요. 드물긴 해도 아주 심각한 질환의 두통입니다.

만남 MEETING "SOMEONE"

수에게 / 저는 모든 것을 다 해봤어요. 데이트 정보 업체의 소개, 동반자 구인 광고, 바에서 즉석 만남, 어느 하나 운이 따르지 않았어요. 저는 꽤 괜찮은 외모에 직업도 나쁘지 않아요. 제가 여성을 만나 한 번 데이트를 하면 "저기, 우리 친구로 지내면 안 될까요?"로 끝이 나버려요. 제가 뭘 잘못하고 있는 걸까요?

수의 대답 // 당신은 아무 잘못을 하고 있지 않을 수도 있어요. 당신은 그냥 그 아가씨들에게 맞는 사람이 아닌 거죠. 때가 중요해요. 그 여자는 당신을 좋아할 수도 있지만 깊은 관계는 원하지 않을 수도 있어요. 어쩌면 그 여자는 방금 나쁜 관계에서 벗어난 참이어서 당신이 전달하는 강렬함이 부담이 될 수도 있죠. 데이트를 한창 하고 당신이 깊이 빠져든 다음 늦게야 꽁무니 빼는 것보다 지금이 낫죠.

당신은 혹시 엄청나게 매력적인 여성이나 대단히 독립적인 여성만 고르고 있는 것은 아닌지요? 당신의 수준을 벗어난 바로 그런 여자? 제가 너무 속물 같다고요? 아니요. 전 학교에 가면 딱딱 구별되는 그룹들을 집어낼 수 있어요. 있는 집 애들, 겉도는 애들, 까불이들, 똑똑이들, 딱 표가 나요. 파트너에게 바라는 점들이 완전히 비현실적인 기대로 가득 차, 똑똑하고 크게 성공도 하고, 재미

있고 같이 있으면 당신을 돋보이게 하는 사람을 바라는 건 아닌가요?

혹은 당신의 필사적인 마음이 적나라하게 드러나는 건 아닐까요? 척 봐도 애정에 굶주린 사람처럼. 그럼 여자는 무서워서 도망가요. 당신이 모든 면에서 여자에게 의존적이 되고 관계에 거의 기여하지 않을 거란 걸 느끼는 거지요. 그러니 당신의 결핍에 질색하고 서둘러 달아난 것은 아닐지?

그냥 어쩌다 계속 운이 나빴을 수도 있어요. 그랬다면 다른 방향을 시도해보세요. 시간을 내서 새로운 운동이나 취미생활을 시작해보세요. 컴퓨터나 미식가 요리 강습을 듣거나 초보자용 자동차 정비 등을 해보는 거죠. 그 안에서 만난 사람과 같이 커피를 마시러 가세요. 천천히 그리고 편안하게, 대화와 경청의 기술을 연습하세요. 그런 것들이 도움이 될 겁니다.

매춘 PROSTITUTION

수에게 / 매춘에 대해 몇 가지 말씀해주시면 안 될까요? 우리는 사람들이 생각하는 만큼 지저분한 여자들이 아니에요. 우리는 섹스산업의 섹스 노동자들일 뿐이에요.

수의 대답 // 개인적으로 저는 매춘에 도덕적인 불만은 없어요. 시장에 새롭게 등장한 서비스도 아니고요. 하지만 몇 가지 우려는 합니다. '프로'들은 많아요. 책임감 있고 똑똑한 프로 신사숙녀들은 안전한 섹스를 하고 자신의 건강과 안전을 돌봐요. 그런 사람들은 전문가들이라고 할 수 있죠.
아내를 사랑하고 섹스도 모자라지 않게 나누는 유부남으로부터 편지를 받은 적이 있어요. 대부분 사람들이 매일 아침 출근길에 커피 한 잔을 들고 가듯이 이 남자는 어느 특정 장소에 주차를 하고 단골 "아침 아가씨"를 태워요. 이 아가씨는 그에게 펠라치오를 해주고 남자는 돈을 지불하고 둘은 내일까지 헤어진답니다.
구강 섹스가 위험이 낮은 행위란 건 이제 다 아실 터이니 아마 큰 위험은 없을 겁니다. 하지만 매일의 시작 시동을 꼭 그렇게 걸어야 하나 그 필요성에 대해 의아함이 들더군요. 서둘러 가야 할 일이 있어 조급하게 굴다가 경찰에 체포라도 된다면 그의 신뢰도는 추락하겠죠.
그런 것은 차치하고 더 염려되는 이들은 십대들입니다. 보통 가출을 한 십대들은 잠깐 한 판하고 받은 돈 몇 푼으로 살아가고 콘돔을 꼭 고집하지도 않아요. 이들 중에는 약값을 대기 위해서 매춘으로 들어선 경우도 있지요. 남자든 여자든 이런 아이들은 쉽사리 폭행을 당하고 포주에게 휘둘려요. 포주들은 이들을 약으로 꾀기도 하고 벌이가 시원찮으면 마구 패기도 해요. 생각만 해도 진짜

분이 터지는 일입니다.

거리봉사 서비스(street Outreach service, SOS), 약속의 집(Covenant house) 그 외 여러 청소년들을 위한 지역사회 협력단체가 있어요.

제가 드릴 대답은 따로 없지만 우려는 많습니다.

발기부전 IMPOTENCE (ERECTILE DYSFUNCTION)

수에게 / 25년을 같이 산 제 남편은 이제 더 이상 섹스를 할 수 있을 만큼 발기가 유지되지 않아요. 비아그라라는 아주 훌륭한 약이 있다고 하던데. 좀 알려 주시겠어요?

수의 대답 // 비아그라는 담당 의사를 통하면 처방 받을 수 있어요. 조금 비싸긴 해도 대부분 남성에게 작용을 하지요. 비아그라는 음경에 피가 흘러들게 하고 두어 시간 머물러 있게 해요. 그래야 일을 치를 수 있어요. 아시겠죠? 하지만 효과를 보려면 남편분이 섹스에 관심이 있거나 섹스할 준비가 되거나 흥분이 되거나 기꺼이 받아들여야 해요. 푸른 알약 한 알을 먹으면 빠르면 20분가량 지나면 작용을 해요. 구애를 하고 상대 역시 자극하여 흥분이 되기에 충분한 시간이지요.

심장질환으로 약을 먹는 남자는 비아그라의 대상자가 아니에요. 어떤 남성들은 사물이 파란색 색조로 보인다든가 하는 시각적 이상을 호소하거나 심한 두통이나 메스꺼운 증상을 보이기도 하죠. 하지만 전반적으로 안전한 약이에요. 발기가 수 시간이 지나도 사그라지지 않는, 드물지만 심각한 경우가 있는데 이때는 병원에 가야만 합니다.

비아그라는 사랑을 하거나 관계를 돌보거나 하는 데 더없이 소중

해요. 저는 섹스는 커플 관계의 필수 요소라고 생각해요. 천국이 다시 올 수도 있는데 커플이 '문제'에 대해 이야기를 꺼내본 적이 없고 내면을 나눌 수 없어서 비아그라를 써보자는 데 동의를 구하지 못하면 곤란해요. 한편 섹스를 결코 좋아하지 않는 여자들도 있죠. 남편이 발기가 잘 안 되면 그들은 남편을 만족시키기 위해 굳이 섹스를 안 해도 되니까 기뻐해요. 그런데 이제 그가 다시 하자네요. 비아그라를 발견했으니 그분들은 섹스에 참여해야지, 안 그러면 남편이 밖으로 나돌며 섹스에 열렬한 파트너를 찾아 나설 것 같아 촉각이 곤두서요. 그가 발기부전이 있기 전에도 형편없고 배려 없는 파트너였다면 발기가 된다고 그 아니꼬운 사람이 어디 가겠어요? 그리고 어떤 여자들은 상대가 발기가 될 정도로 흥분시키지 못하는 자신을 자책해요.

이런 이유들 때문에 저는 주치의가 발기부전인 남자에게 약처방을 하기 전에 따로 파트너를 불러 이야기를 들어보고, 필요하면 상담을 권하기를 바랍니다.

비아그라와 비슷한 다른 약 시알리스가 있는데 이게 부작용이 더 적다고도 하지만 꼭 그렇지는 않은 모양이에요. 의사와 상의해보세요.

여기 아주 훌륭한 편지를 소개해드릴게요.

수에게 / 제 남편은 당뇨가 있고 수년 동안 발기불능이었어요. 그는 다른 방식으로 날 만족시키곤 했지만 전 삽입의 근사한 느낌이 그리웠죠. 그래서 우린 온갖 방법을 다 써봤어요. 어떤 건 효과가 있었지만 대부분은 그렇지 않아서 전부 포기해버렸어요.
그런 후 어느 나이 지긋한 의사가 "속을 채우라"는 이야기를 하기에 우리는 그의 음경을 (발기되진 않지만) 질에 밀어 넣어 즐겨요. 무언가 고동치는 것을 느낄 수 있는데 그가 그런 건지 제가 그런지 모르겠어요. 어쨌든 기분은 굉장히 좋아요. 우리는 리듬에 맞춰, 밀어넣거나 부비기도 해요. 우리로서는 이게 딱 좋아요. 전 이게 잘 맞아요. 그냥 여러분도 알았으면 좋을 거 같아서요.

수의 대답 // 제가 무슨 말을 더 보태겠습니까? 고마워요.

방광 감염 BLADDER INFECTION

수에게 / 이게 성 문제가 아니란 것은 알지만, 저는 과부고요, 몇 년 동안 섹스 파트너가 없었어요. 최근에 어떤 남자를 만나고 있는데 성관계를 가졌어요. 그건 다 괜찮았어요. 그런데 이틀 후에 방광 감염에 걸렸어요. 병원에 가는 게 부끄러워 죽는 줄 알았어요. 어쨌든 항생제를 처방 받았고 아직 복용 중이에요. 그 남자 분이 병을 가지고 있는 걸까요? 신혼시절에도 이런 적이

있었어요.

수의 대답 // 우리는 이를 '허니문 방광염'이라고 불러요. 한동안 섹스를 안 하다가 다시 시작하면 여러분 몸에 있는 수년 동안 노출되지 않았던 일반적인 세균들이 갑자기 당신 성기에 앉게 되죠. 질 속을 음경으로 마찰하는 성교는 당신의 요도를 자극하고 세균에 취약하게 만들어요. 또한 당신이 성적으로 흥분되면 당신 성기에서 '위로 안으로 빨아들이는' 운동이 일어나요. 그리고 어떤 전문가들은 이런 과정에서 세균 일부가 요도에 빨려 올라가 방광에 들어간다고 보고 있죠. 짜잔, 이렇게 방광염이 생겨요.

방광염은 남자나 여자들이 하는 섹스와 연관된 결과이긴 하지만 성적으로 전염되는 병은 아니에요. 당신의 파트너는 증상이 없으면 따로 병원에 가지 않아도 돼요. 당신도 진료를 받았다고 부끄러워할 필요 없어요. 의사는 당신을 비판해서도 안 되고, 아마 그러지도 않을 거예요. 그런 건 의사의 역할이 아니니까요. 치료 받지 않고 놔두면 방광염은 만성이 되거나 아주 치료하기 힘들어져요. 방광 감염을 무시하면 요로계에 심각한 손상을 줄 수도 있어요. 검사를 받아보고 의사의 처방에 따라 치료하고 있다니 잘하고 계신 거예요.

방광염을 앓으면 어떻게 될까요? 소변이 잦고, 아주 다급하게 소변을 보고 싶어지는 증상이 있어요. 정작 소변을 보려고 하면 두어 번 찍 나오다가 똑똑 떨어지기만 할 수도 있죠. 바로 그래요. 소변을 보고 난 뒤에도 방광에서 느껴지는 압박감이 전혀 해결되지 않아요. 아, 맞다. 그리고 오줌을 눌 때마다 어찌나 따끔하고 아픈지. 미열이 있기도 하고, 몸이 두드려 맞은 거 같고 사타구니에 묵직한 느낌이 들기도 해요. 소변색이 뿌옇기도 한데 소변을 작은 유리 용기에 받아 가만히 두면, 바닥에 침전물이 쌓이는 것이 보일 거예요.

비뇨기과 진료예약을 잡으세요. 그리고 아침 중간 소변을 샘플로 받아 가면 의사는 이를 검사실로 보내 어떤 세균이 감염을 일으키고 있는지, 또 어떤 항생제가 가장 잘 들을지 살펴볼 거예요.

그러는 사이 당신에게 설파제나 다른 항생제를 처방할 거예요. 설파제를 처방 받으면 약이 신장 결석을 일으킬 수도 있으니까 물을 많이 마셔서 계속 씻겨 내려가도록 하라고 할 거예요. 크랜베리 주스*도 많이 마시고 감염이 다 없어진 것처럼 보이더라도 처방약을 모두 복용하세요. 지시를 잘 따르지 않으면 재발하기도 해요. 만약 화끈화끈 타는 증상이 심하면 피리듐이나 더 강한 진통제를 처방 받을 수 있는지 물어보세요.

* 서양에서는 요로 감염이 있으면 크랜베리 주스를 많이 마시지만 실제 감염 치료 효과는 없으며 일부 젊은 여성에게서 예방 효과의 결과들이 들쭉날쭉하긴 해도 중간 정도로 있다고 합니다. 이조차도 효과가 없다는 연구도 있으며 항생제와의 상호작용을 염려하는 사람들도 있습니다.

불임 INFERTILITY

수에게 / 우리는 결혼한 지 3년 되었어요. 결혼 첫해에는 달력으로 날짜를 봐가며 콘돔을 쓰거나 피임약을 먹었어요. 그런 후 가족을 꾸려나가자는 바람이 생겼지요. 아직 운이 없어요. 얼마나 있다가 불임검사를 시작해야 하는지, 그리고 어떤 일들이 포함되는지요?

수의 대답 // 피임을 하지 않고 1년 동안 정기적으로 섹스를 해왔다면 주치의는 아마 무슨 일이 있는지, 혹은 없는지 알아내기 위해 검사를 시작할 거예요. 이런 검사를 위해 전문의를 소개하거나 불임클리닉을 안내할 수도 있어요. 불행하게도 불임은 드문 일이 아니에요. 여섯 쌍 중 한 쌍이 불임을 겪으며, 33퍼센트는 남성 요소, 33퍼센트는 여성 요소, 그리고 나머지는 여러 복합요소들이 작용을 하거나 원인을 알 수 없는 경우들이지요. 불임검사는 일부 의료보험에서 보장을 하지만 자기 돈을 들여야 된다면 아주 비싸요.

첫번째 진료에서 여자들은 모든 이학적 검사를 다 거치고 혈액검사, 소변검사를 합니다. 그리고 깊이 있게 개인과 가족의 의학적 과거력을 조사합니다. 남자들도 이학적 검사를 하고 정자 수가 낮은지 보거나 다른 문제를 배제하기 위해(244쪽을 보세요) 정자 샘플을 제공해야 해요. 남성에 대한 검사는 비교적 간단하고 치료가 대체로 효과적인 반면에 여성 원인들은 좀 더 다양하고, 진단하거나 치료하기가 어렵습니다. 여성 문제는 규칙적으로 배란하지 못하거나, 혹은 전혀 못하거나 호르몬 불균형, 골반 염증성 질환이나 자궁내막증으로 생식기관이 폐색되었거나 경부점액 분비물에 정자에 대한 항체가 있거나 자궁이나 경부에 구조적 혹은 기능적으로 문제가 있는 경우 등이 있어요.

여자 쪽 검사는 생리기간의 시작과 끝, 커플이 성교를 가질 때마다, 이때 남자가 사정을 했는지 정확하게 달력에 작성하라는 지시부터 시작을 해요. 여자들은 매일 아침 체온을 재서 도표로 그려요. 배란을 하게 되면 체온이 1도 올라가는데 그 기간을 체크하기 위해서예요. 또한 반드시 하루에 적어도 두 번씩 질 분비물을 체크해야 합니다.

생리를 하고 나면 질 분비물은 두껍고 많으며, 크림 색깔의 초 같아요. 이 분비물은 며칠은 차이가 있을지 모르겠으나 한 일주 동안 이렇게 남아 있어요. 그러다가 분비물은 얇고, 투명하고 끈적한, 마치 익지 않은 달걀흰자같이 변해요. 막 배란을 하려는 참이라는 걸 가리키는 신호죠. 그 상태가 한 4일간 지속된 후 배란이 되고 나면 다음 생리가 시작될 때까지 분비물 없는 나날을 보내게 되어요. 일반적으로 다음 생리가 닥치기 14일 전에 배란을 해요. 생리주기와 배란이 14일 기준으로 진행되는지 알아내기 위해 3개월 동안 아주 정확한 월경 차트를 적어야 합니다.

일단 배란이 확인되면 의사는 여자가 배란을 하기 이틀에서 엿새 전 진료예약을 잡으라고 해요. 예약이 잡힌 그날 아침에 커플은 섹스를 해야 합니다. 물론 여자는 그 후에 목욕을 하면 안 돼요. 병원에서 자궁경부 점액의 샘플을 모아 현미경으로 검사해서 정자가 살아 있는지 그리고 움직이는지 살펴봅니다. 이 검사로 경부 점액에 거부반응이 있어 정자를 살상하는지 여부를 알 수 있어요. 자궁 내벽의 조직검사를 해서 착상이 가능한지도 확인합니다.

여자가 배란을 하면 의사들은 난관에 막힌 데가 있는지 찾기 시작해요. X선검사 처방이나 초음파검사 처방을 하기도 하고 자궁관조영hysterosalpinogram 검사*를 처방하기도 하지요. 이름이 무섭더라도 겁내지 마세요. 이 검사는 생리가 끝나거나 배란 직전에 시행해요. 작은 관을 경관에 넣고 X선 영상에 보일 수 있도록 조영제를 천천히 집어넣어요. 조영제가 자궁을 지나 나팔관에 들어가는지 투시기 아래에서 확인하거나 동시에 X선 영상으로 찍어요. 만약 나팔관이 막혔으면 의사는 끝에 풍선이 달린 잘 휘는 철사를 관에 넣고 확장시켜 열 수도 있어요. 부풀린 풍선은 관의 직경을 넓히고는 다시 천천히 빼내요. 이런 검사는 어쩌면 불편할 수도 있어 미리 설명을 해주어야 하며, 검사 후 집에 데려다 주는 사람이 있어야 합니다. 그리고 몇 시간이 지나면 끈적끈적한 분비물이 나오는데 기겁하지 말고 패드를 준비하고 계세요.

모든 게 다 깨끗하면 의사는 아마 복강경검사laparoscopy**를

* hystero-는 자궁, salpingo-는 나팔관이며 -gram는 그림이라는 뜻입니다.
** laparo-는 배 안 쪽이라는 뜻이며 -scopy는 무언가를 볼 때 사용하는 기구란 뜻입니다.

하자고 할 겁니다. 이건 또 뭔가 놀라지 마세요. 이런 검사를 할 즈음에는 당신은 어지간한 프로 못지않게 이런 의학용어들을 줄줄 꿰게 될 거예요. 복강경(길고 가는 관으로 광원, 작은 칼, 집게 등을 넣었다 뺐다 할 수 있는 장치)은 혹시 있을지 모를 난소 낭종이나 근종, 자궁내막증의 위치를 확인하거나 성숙하여 막 방출하려는 난자를 찾기 위한 검사입니다.

환자는 전신마취를 하고 의사는 배에 작은 절개를 내 복강경을 집어넣어요. 복강경은 광원, 광섬유 렌즈와 들어갔다 나왔다 할 수 있는 수술 기구들로 이루어져 있으며 이를 통해 의사는 생식기관들을 들여다볼 수 있어요. 마취가 되어 있는 동안 자궁경검사를 하기도 해요. 자궁경부를 통해 내시경을 넣고 자궁강을 눈으로 직접 확인하는 검사입니다.

이런 검사에서도 모두 정상으로 나왔지만 배란을 하지 않는 경우도 있어요. 그러면 배란을 유도하는 약물치료를 시작해요. 호르몬 수치는 정상이지만 뇌가 배란에 필요한 만큼의 신호를 뇌하수체에 보내지 않으면 이 문제를 해결하는 약을 처방해요. 이런 약을 생리 시작 5일째부터 먹기 시작합니다. 얼굴이 달아오르고, 어지럽거나 배가 아프거나 가슴이 아릿하기도 하고, 두통, 메스꺼움, 구토와 피곤한 증상이 있기도 해요. 호르몬이 부족한 경우에는 다른 약들이 사용되지요. 이 약은 난자의 성숙을 도와요. 난자가 다 준비되면 배란을 촉발하는 호르몬을 주사해요.

배란은 보통 마지막 처방약을 먹은 뒤 닷새에서 여드레 사이에 일어나요. 그러면 커플은 마지막 약을 먹은 뒤 3일째부터 적어도 이틀에 한 번씩 섹스를 해야 해요. 재밌을 거 같다구요? 이런 과정을 6개월 동안 반복할 수 있어요. 그런 후 이 과정은 약물로 인한 부작용을 피하기 위해 멈춥니다.

아직 다 끝난 게 아니에요. 여자가 정상적으로 배란을 하는데 어떤 이유가 있어 수정이나 착상이 안 되면 불임전문가는 난자가 하나 이상 배란이 되도록 약을 주기도 해요. 이런 약은 인공적인 정자 주입(인공수정)과 함께 종종 시행됩니다. 이런 절차가 성공하지 못하면 커플은 불임치료의 첨단기술 영역으로 옮겨갈 것인지 결정해야 합니다. 그러겠다 마음먹으면 의사는 체외수정을 진행해요. 여자에게 다수의 배란을 촉발하는 약이 투여되고 배란 바로 직전에 복강경으로 난자들을 채취해서 실험실에서 수정을 시키죠. 수정은 가능하면 파트너의 것으로, 혹은 필요하거나 요청이 있으면 기증자의 정자를 받아 원심분리로 농축해 사용합니다. 작은 관을 여자의 자궁에 집어넣고 하나 혹은 그 이상이 성공적으로 착상되길 빌면서 수정란을 넣지요.

생식세포 난관내이식술(GIFT: Gamete IntraFallopian Transfer)이라는 새로운 시술이 있어요. 기본적으로 약을 사용해 배란을 자극합니다. 성숙한 난자를 채취하고 남자 파트너에게서 정자를 얻지요. 세척하여 원심 분리한 정자는 도관(길고 속이 빈 부드러운 플라스틱 재질의 관으로, 동그랗게 끝이 막혀 있으며 끝 쪽으로 몇 개 구멍이 나 있어요)에 난자와 함께 넣어요. 이 혼합물을 여성 파트너의 섬유다발 같은 나팔관 끝쪽으로 주입합니다. 여기에서 수정이 자연적으로 일어나고 이때 생긴 배아는 아래로 내려가 자궁에 착상하지요.

과정을 아주 단순하게 설명했지만 죄송하게도 실제로는 그리 간단하지 않아요.

- 이런 과정은 아주 비싸요.
- 약물로 인한 부작용이 있을 수 있어요.
- 시술 과정은 시간이 소요되고 불편을 야기해요. 감염과 출혈이 일어나기도 합니다.
- 다른 위험으로 다태 임신, 자궁외임신, 유산 등이 있어요.
- 아주 긴 시간이 걸리기도 합니다.
- 불임은 관계에 피해를 가져올 수 있어요. 치료 성과가 좋지 않거나 유산이라도 하게 되면 여자들은 우울증에 빠질 수 있어요.

시술을 하려고 마음먹기 전에 의사나 클리닉에 성공률이 정확하게 얼마인지 물어보아야 합니다. 이때 실제로 살아 있고 건강한 아이를 달을 채워 낳은 임산부의 수를 물어보아야지, 임신한 수를 물어서는 안 돼요. 임신을 했을 수도 있지만 유산되거나 임신 기간을 다 채우지 못하는 경우도 있으니까요. 클리닉을 고르는 데 아주 신중을 기하세요.

그리고 불임이나 불임 치료가 두 사람에게 끼치는 어마어마한 심리적인 부담을 간과하지 마세요. 임신이 어렵다는 것을 깨닫는 순간부터 거의 누군가 죽거나 죽어가는 경우 겪게 되는 슬픔과 비슷한 과정을 거치게 돼요. 처음에는 충격과 놀라움이 오고 그런 후 "이런 일이 우리에게 생길 리가 없어!"라는 부정이 뒤따르죠.

커플은 외따로 떨어져 가족이나 친구들과 그들의 문제를 나누려고 하지 않게 돼요. 이들은 자기들이 어딘가 "잘못되었다"는 생각을 하고 부끄러워하죠. 애는 안 가질 거냐는 질문을 받지 않으려고 어느새 가족 모임을 피하게 돼요. 그리고 아이들을 바라보는 일은 즐거움이 아니라 고통이 되지요. 다른 사람들의 아이들은 "우리는 결코 이런 아이들을 가질 수 없을 거야"라는 두려움과 상실감을 상기시키니까요.

이런 슬픔의 감정 위에 절망이나 좌절, 애도 등으로 죄책감이 더해져요. 커플들은 과거의 성생활 때문에 벌을 받는다는 생각도 하고 너무 오랫동안 피임약을 먹어서 그런 건 아닌지 의심을 하죠. 또한 당연히 커플들은 이런 상황에 분노도 경험해요. 여자들은 너무 오랫동안 피임약을 썼다느니, 예전부터 오랫동안 생리통으로 고생했는데 왜 그냥 참고 넘겼을까 자책을 하지요. 이들은 너무 늦게 임신 시도를 했다고 화를 내기도 합니다. (수정 능력은 30대는 어느 정도 감소하고 40대는 눈에 띄게 줄어들지만 어떤 여자들은 50대에도 그 능력이 남아 있기도 해요.) 불임의 스트레스는 여자와 남자에게 상당히 다르게 영향을 줄 수 있는데, 여자에게 더욱 힘든 일이에요. 사회 통념상 이런 일은 여자의 잘못이라고 생각하니까요. 대부분의 검사나 치료가 여성 중심으로 돌아가죠. 그리고 생리가 어김없이 돌아오면 그녀는 실패를 떠올리고 비탄에 빠져요.

남자들은 그들만의 문제를 가지게 돼요. 이제 여자가 배란을 할 때마다 "명령에 따라 일을 치러야 하는" 진짜 압력을 받죠. 그 외 시간에는 높은 정자수를 유지하기 위해 섹스를 삼가야 하구요. 섹스는 사랑, 즉흥성, 재미를 잃어버리고 대신 내키지 않는 일, 더럽지만 누군가는 해야만 하는 일이 되어버려요.

다른 대안이 있을까요? 어떤 여성들은 6개월 간 마크로비오틱* 식사를 하면 체질이 개선된다고 주장하기도 해요. 스트레스는 불임의 큰 원인 중 하나죠. 아기를 원하는 일이 스트레스가 되어서 도리어 임신을 방해하게 됩니다. 커플이 임신을 하려고 이리도 해보고 저리도 해보고, 또 다른 것도 해보고는 남은 방법이 바닥을 드러내면 입양을 결정하는 것도 드문 일은 아니에요. 아니면 둘이서 행복하게 살자고 결심하죠. 그러다가 헐, 이게 뭐야. 아홉 달 후에 아기를 안게 되기도 해요.

여러 감정을 겪게 될 텐데 그 감정들은 결국 해소되어야 합니다.

* macrobiotics diet: 유기농 채소를 뿌리부터 껍질까지 전체 섭취하는 식생활.

모든 노력이 실패하게 되면 상담을 받으세요. 당신이나 파트너는 이제 그만하자고 결정하고 아이 없는 삶을 고려하거나 입양을 생각해보겠지요. 하지만 그런 결정을 내리는 일은 쉽지 않아요. 이런 갈등은 다음 편지에서 고스란히 드러납니다.

수에게 / 우리는 아기를 가질 수 없어서 검사니 치료니 안 해본 것 없이 다 해봤어요. 그 마지막 결과 아기도 없고, 섹스도 없고 관계도 막다른 골목에 도달했습니다. 임신을 하려고 온갖 노력을 쏟는 동안 다른 일들은 모두 제쳐두었어요. 우리가 이야기하는 거라곤 '아기'뿐이었고, 섹스는 '아기를 만드는 일'이었지요. 아내는 혹시 유산을 할까봐 자전거 타러 나가려고도 않고 혹시 임신했을지 모른다며 술도 마시지 않았어요. 우리는 치료에 너무 많은 돈을 써서 만약 아기가 태어났더라도 제대로 기를 수 있었을지 모르겠어요. 지금 아내는 가치 없는 사람이란 생각에 우울증에 휩싸여 있고 제가 아들을 바란다고 생각하고는 저더러 아이를 낳을 수 있는 아내를 찾아야 한다고 우기네요. 저는 다만 우리 삶을 되돌리고 싶을 뿐인데.

수의 대답 // 얼른 그렇게 하세요. 결혼과 가정 상담사를 찾아 긴급 상담예약을 잡으세요. 또한 아내의 우울증이 어떤 상태인지 점검하세요. 두 분이서 함께 삶을 재건하세요. 생리주기나 다음 번 진료소 방문 날짜 같은 데서 생각을 돌리세요. 지역 내에 도움 받을 만한 모임이 있으면 찾아보세요.

불임법 STERILIZATION

수에게 / 아내와 저는 아들 셋을 두었는데, 지난달에는 막내딸이 태어났어요. 우리는 이제는 그만 낳자고 합의를 했어요. 어떤 방법이 가장 간단하고 효과적인지 궁금합니다.

수의 대답 // 모든 점에서 축하를 드려요. 대단한 가족이네요. 남편이 나서서 조사하고 의논하고 동의를 했다는 점이 인상 깊어요. 자 이제 시작합니다.

여성 불임법은 나팔관 결찰술이라고 합니다. 전신마취를 하고 병원에서 시술하죠. 의사는 두 군데를 1센티 남짓 절개해요. 하나는 배꼽에 하나는 충수자리에 넣죠. 복강경을 사용하여 난관을 찾아요. 양쪽을 자르고 묶거나 전기 소작기로 '지지직' 지집니다. 절개부위를 꿰매고 병원에서 하룻밤 자고 퇴원해요. 별 문제는 없지만 며칠은 불편할 수도 있어요. 월경이 한 번 끝나기 전까지는 섹스 금지입니다.

정관절제수술은 남자에게 하는 불임법이며 진료실에서 부분 마취를 하고 이루어지는 아주 간단한 시술이에요. 15분밖에 안 걸려요. 의사는 고환 양쪽의 국소 부위를 마취하고 각각 작은 절개를 넣어요. 정관(고환에서 요도로 연결되는 작은 관) 위치를 확인한 후 의사는 관의 두 군데를 묶은 뒤 그 사이를 잘라요. 그리고 그 끝을 고환 속으로 돌려 넣은 뒤 절개 부위를 봉합하지요.

환자는 시술이 끝나면 집에 갑니다. 불편이 느껴지기도 하는데 그러면 가랑이 사이에 아이스 팩(냉동콩 봉지도 괜찮아요)을 넣고 빈둥거리는 게 제일 좋아요. 고환에 일부 멍이 들기도 하는데, 보라, 오렌지, 노랑, 초록, 파랑 같은 알록달록한 색깔들로 변해요. 멍은 열흘에서 보름 정도면 없어집니다.

하지만 정관절제술 이후에 커플은 한 달 동안은 일반적인 피임방법을 계속해야 합니다. 그런 후 의사는 남자의 사출액을 검사하고 정자가 하나도 없는지 확인을 하지요. 검사에서 남자가 '공포탄만 쏘는' 게 확인되면 다른 피임법은 중단해도 됩니다. 오늘날 정관절제술은 현미경수술로 재건할 수 있어요. 성공률은 약 50퍼센트 정도고요.

1993년에 정관절제술을 받은 남자는 전립선암의 위험이 높아진다는 논란이 많은 연구가 있었어요. 이 연구는 이후 부인되었죠.

의학적으로 정관절제술이 난관절제술보다 훨씬 싸고 쉬워요. 하지만 어떤 남자들은 이 시술을 받으면 고자가 되거나 다시는 발기가 되지 않을까 걱정하죠. 아무리 안전하다고 말해도 계속 이렇게 믿고 있다면 정관절제술은 아마 권해드리지 못하겠지요. 자기암시가 현실로 나타날 테니까요.

수에게 / 약 3년 전에 난관절제술을 받았는데, 지금은 정말 아기가 또 갖

고 싶어졌어요. 그래서 복구 수술을 하고 몇 달이 지났는데 임신이 안 되네요. 무엇이 잘못 되었을까요?

수의 대답 // 흐음, 몇 가지 가능성이 있어요. 질문자의 나이가 서른이 넘었으면 매달 배란을 하지 않을 수도 있어요. 그러니 아직 아기를 포기하지 맙시다.
나팔관의 안쪽은 연필심만한 두께밖에 안 돼요. 복원수술 중에 가운데 지나는 통로를 막지 않고 두 끝을 봉합하는 일이 얼마나 어려울지 상상해보세요. 아주 섬세한 현미경수술이 필요하죠.
난관이 얼마나 손상 되었는지 얼마나 남았는지 이런 측면도 살펴봐야 해요. 정상적인 난관 길이는 13센티미터 정도예요. 의사가 5센티미터를 살릴 수 있었으면 성공률이 아주 높지만 3센티 아래의 경우는 성공률 18퍼센트랍니다.
확률이 어느 정도인지 궁금하면 의사에게 물어보세요. 포기하지 마세요.

수에게 / 전 복통이라고는 모르고 살았는데 난관절제술을 받은 뒤에 믿을 수 없을 정도로 배가 아파요. 복통이 완전 사람을 잡아요. 어째서, 왜죠?

수의 대답 // 이런 일은 드물지 않습니다. 불임시술을 받은 여자들 중 약 10~20퍼센트가 심한 생리통을 겪어요. 수술이 프로스타글란딘의 생성에 변화를 주어 자궁이 수축해 복통을 일으킨다고 추정하고 있어요. 의사에게 말하면 복통이 멈추도록 항프로스타글란딘*을 처방할 겁니다.

빈도 FREQUENCY

모든 사람들은 자신들을 '정상'이라고 생각하고 싶어해요. 특히 모든 걸 비교하고 경쟁하려 드는 남성들은 더한 것 같아요. 그래서 이런 종류의 질문을 받아도 별로 놀랍지가 않네요.

수에게 / 대부분 커플들은 얼마나 자주 섹스를 하나요?

수의 대답 // 초심자들 보세요. 먼저 10년 동안 미국에서는 섹스 활동의 횟수가 줄어들고 있다는 사실을 말씀드립니다. 10년 전 연구에서는 커플들이 일주에 2.2회의 섹스를 했다고 나왔지만 오늘날 커플은 섹스를 하기에 너무 지쳐 있거나, 수입은 두 배로 늘었지만 섹스할 시간은 없어요. 그래서 운이 좋으면 일주일에 한 번 섹스를 합니다. 같은 연구에서 대부분 커플들은 토요일 밤이나 일요일 아침에 섹스를 하고 아주 적게 '하오의 연정'을 즐긴다고

* cyclooxygenase-2 inhibitor 종류의 진통제, 항염증약

나왔네요.

성활동의 빈도는 관계의 단계에 따라 달라져요. 여러분이 방금 사랑에 빠졌다면 친밀감은 극도로 높고 기분도 최고조로 달떠요. 아무리 많이 해도 물리지 않죠. 버스에서도 애무를 하고 빈틈만 있으면 서로 올라타고, 섹스하고 싶어 안달해요. 격정적인 광란의 단계라 할 수 있죠. 어떤 사람들은 이를 '욕정과 리머런스limerance'* 라고 하는데 약 여섯 달가량 지속됩니다.

그런 후 점차 진정이 되고 우애적 사랑compassionate love으로 옮겨가요. 아주 흥분되지는 않지만 더욱 의미 있고, 편안하고 만족스러워요. 가끔씩 예전 열정들이 되살아나 불꽃으로 젖고, 격렬했다가, 경이로웠다가 기다릴 가치가 있는 일들로 변하죠.

커플 사이에 욕구의 정도 차이를 겪고 있는 경우는 대화를 많이 해야 합니다. 그래야 서로 오해를 살 두려움 없이 둘 다 자유롭게 감정을 표현하게 되지요. 그리고 여러분은 파트너의 성적인 신호에 마음을 열어두어야 합니다. 윙크, 옆구리 찌르기, 톡 치기, "할래?" 같은 신호는 물론, 거부반응이나 묵살로 보이는 일 없이 "안 된다"는 신호 역시 할 수 있어야 합니다.

여러분이 다른 사람들보다 성에 덜 허기를 느끼는 것처럼 여겨져도, 많은 남자들과 여자들은 진짜로 달아올랐기 때문이 아니라 다른 이의 요구에 응하기 위해 섹스를 원한다는 점을 염두에 두세요. 강렬한 욕구 없이도 섹스하는 데는 다음과 같은 상황이 들어

* 다른 사람에게 푹 빠져 있거나 사로잡힌 인지적인 감정적 상태. 전형적으로 자기도 모르게 경험하며 감정에 대한 보답을 강하게 바란다는 특징이 있으며 근본적으로는 성적인 관계는 아닙니다. 하지만 성적 관계로 상황이 강화되기도 하며 보답이 없다고 사라지지 않습니다. 이 용어는 심리학자 도로시 테노프가 제일 처음으로 궁극적인, 거의 강박적인 형태의 낭만적 사랑을 설명하기 위해 썼습니다. 때로 '열병infatuation'이라고 해석할 수 있으며 이는 미성숙하며 부족한 정보로 추론을 하며 보통 오래 가지 않는 특징이 있고 구어로 crush(홀딱 빠진 상태)로 알려졌지만 크러시는 육체적으로 이끌린다는 점 등에서 상당히 다릅니다.

가겠지요.

- 자신은 여전히 섹스할 수 있으며 아직 완벽한 여자 혹은 남자라는 안심.
- 파트너가 혼외정사를 원하는 일이 없기를 바라는 희망.
  하지만 빈도가 높다고 정절을 지킨다는 보장은 없어요. 아내와 자주 만족스런 섹스를 하지만 매일 아침 출근길에 자신의 차에서 매춘부에게 미리 약속된 펠라치오를 받는다는 상담자도 있었어요.
- 외로움, 따분함, 우울함, 게으름의 미봉책. (분명 부엌 바닥을 닦는 것보다야 구미가 동하지요.)

수에게 / **제 남자친구와 저는 둘 다 섹스를 무지 좋아해요. 밤새 자지 않고 서로 깨우고, 일 가기 전에 두어 번, 점심 먹다가도 하고, 일 끝나고 집에 오면 섹스를 해요. 우리는 공중 화장실에서, 극장에서, 비행기에서, 카누에서, 식탁 아래서 섹스를 해왔어요. 하루에 스물한 번 하는 게 정상인가요?**

수의 대답 // 자, 나머지 우리는 모자라도 한참 모자란 사람으로 느끼라는 겁니까, 뭡니까? 그냥 진이 빠지지도 않나 하는 생각만 드네요! 하지만 두 분이서 동의를 하고 어떤 술책, 강요, 착취가 없다면, 두 분 다 원하는 거고 깔끔하니 괜찮다면, 아랫도리가 젖고 즐겁다면, 계속 하세요. 그냥 그대로.

이런 흥미로운 상황도 있네요.

수에게 / 제 파트너가 뭐가 잘못된 걸까요? 그녀는 결코 섹스를 하고 싶어하지 않아요. 그녀는 우리가 하지 않아도 상관하지 않아요. 저는 낭만적인 주말, 포도주, 선물, 할 수 있는 건 모조리 해봤지만 안 되네요. 그녀는 예전에는 섹스를 좋아했어요. 무슨 일이 일어난 걸까요?

수의 대답 // 우리는 여기에서 누가 문제를 가지고 있는지를 먼저 살펴봐야 해요. 그녀는 괜찮을 수 있어요. 그녀는 섹스가 없다는 데 별 고통을 느끼지 않는 거 같군요. 하지만 진짜 고통스러운 것은 당신이겠지요. 첫 번째 당신이 문제라는 점을 인정해야만 하겠어요. 당신 자신의 성적인 만족의 책임자는 당신이에요. 당신 파트너가 하고 싶지 않다면 그냥 자위를 하는 걸로 만족할 수도 있어요. 당신 둘 어느 쪽도 이에 대해 나쁘게 느껴서는 안 돼요.

음식에 대한 식욕이 다 다르듯, 어떤 사람들은 섹스에 대한 욕구가 커서 아주 많이 필요하지만 어떤 사람들은 아주 조금으로도 충분히 영혼과 육체를 채워요. 그리고 사람의 식욕이 때에 따라 달라지듯 성욕 역시 일정하지 않고 변합니다. 어떤 시기에는 돼지처럼 먹기를 원하지만 어떤 때는 더 적은 양에도 배가 부르다고 느껴요. 이런 문제는 서로 털어놓고 대화를 잘하는 관계에서는 문제가 되지 않지요. 아니면 실제 인연을 맺기 전에 당신과 같은 성주기 파장을 가진 사람을 만나는 꿈같은 일이 벌어지길 바라야죠. 적절한 상담을 받으면 효과를 볼 거예요. 상담치료사는 섹스가 그녀에게 고통스런 일인지 알아보고 그게 아니라면 그녀가 피임 방법의 하나로 섹스를 기피하는지 알아보겠지요. 그녀가 어릴 때 성적 폭력을 경험했다면 자꾸 떠올라 괴로워하고 있을 가능성도 있어요.

제가 한때 여자들이 남편이 더 이상 섹스를 원하지 않는다고 불평하는 편지를 아주 물밀듯이 받았던 적이 있다는 이야기를 한다면 귀가 솔깃해지시겠죠? 재밌게도 그 편지의 주인공들은 이런 일이 생기면 다 자신에게 책임을 돌렸어요. 남편이 더 이상 자신을 사랑하지 않으며 자기가 충분히 섹시하지 않아서 누군가 다른 사람과 사랑에 빠졌을 거라고요.

지금은 이전보다 적은 수의 편지를 받긴 하지만 여전히 꽤나 이런 편지가 와요.

수에게 / 남편이 저에게 손을 대는 유일한 때는 그가 섹스를 원할 때예요. 제가 안아달라고 하면 몸을 더듬거리는 통에 전 모든 접촉을 피하고 있어요.

수의 대답 // 참 슬픈 일이네요. 우리 모두는 어떤 성적인 뉘앙스 없이 따뜻하게 살포시 안아주거나, 바싹 다가앉거나, 토닥이거나, 쓰다듬는 신체 접촉이 필요해요. 그냥 따뜻하고 폭신한 곰돌이처럼요.

파트너에게 애정 어린 포옹에서 나오는 친밀한 감정이 그리우며 이런 것들이 요즘 아주 부족하다고 설명하세요. 그런 후 둘 다 다른 편이 하고 싶다는 의사전달을 오해 없이 명확하게 할 수 있는 성적인 신호를 정해놓아야 해요. 그리고 일단 경계하던 마음이 수그러들면 당신은 얼마나 자주 방금 한 섹스가 황홀했는지 놀라게 될 거예요.

사내 연애 OFFICE RELATIONSHIPS

수에게 / 남편과 저는 사이가 엄청 좋아요. 전 어느 회사 간부로 일하고 있는데 여러 프로젝트를 하며 한 남자 동료와 아주 밀접하게 일을 하고 있어요. 우리는 진짜 한 팀처럼 움직여요. 생각도 같고, 문제도 쉽게 풀고. 순간순간 번뜩이는 재기도 공유하고 있어요. 그러다가 전 막 솔솔 피어오르는 기운이 고개를 내밀고 있다는 사실을 깨닫게 되었구요. 결코 서로 말을 꺼낸 적은 없지만 그도 저처럼 느끼는 것 같아요. 전 여전히 집으로 돌아가 남편과 완전히 즐거운 생활을 누리지만 그 남자 동료와 제가 얼마나 궁합이 잘 맞는지 남편이 안다면 어떻게 생각할까 궁금해요.

수의 대답 // 과거에는 남자들이 모두 경영진의 힘을 누리고 여자들은 그저 조력자였죠. 현대의 평등한 사무실 환경에서 일하는 남자와 여자는 공통점을 많이 가지고 있어요. 대등한 교육수준과 사회경제적 배경을 가지고 있으며 비슷한 관심사, 사고방식, 가치관에 더해 공동 목표와 이해와 동의의 새로운 감정들을 나누게 되었습니다. 이들은 종종 상대와 경쟁하고 서로 의견을 나누고 반응을 보며 묘안을 짜내고 상상력을 북돋고 혁신적으로 즐거이 일을 해나가지요. 아주 흥미롭고 자극적이에요.

신뢰가 싹트고 이와 더불어 친밀감도 생기죠. 동료를 잘 안다고 느끼고 그를 신뢰하고 좋아합니다. 어느 순간 시선이 마주치고 그러곤 갑자기, 펑 하고 무언가 이상한 걸 깨닫게 될 가능성이 있는 거죠.

이제 여기서부터 다시 생각해봐요. 섹스 없이도 사람들 사이에는 활력과 협력의 감정이 생길 수 있으며 이런 친밀함에 반드시 섹스가 뒤따르지는 않는다는 사실을 직시해야 해요. 만약 당신이 느끼는 대로 그가 느낀다는 확신이 든다면 당신의 감정에 대해 동료에게 말할 수 있으면 가장 좋겠지요. "당신에 대한 내 감정에 변화가 생겼다는 걸 깨달았어요. 당신이 좋고 당신은 아주 매력(흥미로운)적인 사람이에요. 같이 일하는 게 즐거워요." 같은 말을 건네보세요. 정직이 최선의 정책이에요. 부정하지 말고 다음과 같은 말을 할 수 있겠죠. "이건 인정해야 할 거 같아요. 내가 행복한 결혼생활을 하고 있기 때문에 이런 다른 감정이 두려워요. 나는 진심으로 남편을 사랑하고 그 관계를 위태롭게 하는 일은 바라지 않거든요."

여기서 당신은 '나'라는 용어를 사용했어요. 이게 더 안전해요. '나' 화법은 그/그녀가 어떻게 느끼는지 말할 수 있도록 대화를 개방형으로 두는 것이고 핵심은 당신에게 달렸다는 사실을 아주 명확하게 밝히는 표현입니다.

당신은 우정을 뛰어넘는 이 관계에 경계를 명확하게 그었어요. 이 관계는 정사로 발전하지 않을 것이다. 그러니 어떤 신체적 접촉도 없고 '연인의 대화'도 없을 것이라고. 두 분 다 각자의 사생활과

독자성을 존중하는 데 동의를 하고 이런 경계를 지켜야 해요. 동료 간의 우정을 당신의 남편에게 숨기려고 하지 마세요. 그도 당신이 여자 남자 들과 어울려 일하는 걸 알아요. 그는 상호협력을 이해하고 당신의 진실성을 믿는다면 위협을 느끼지 않을 거예요. 사무실에서의 당신 상황을 정직하게 이야기해서 숨기는 게 없다는 걸 알려주면 죄 지은 게 없기 때문에 죄의식을 느끼지 않는다는 것도 알게 되겠죠. 두 상황 사이에 다른 점은 당신은 남편을 사랑하고 동료와는 역동적인 직장 동료 관계를 즐긴다는 겁니다. 당신이 남편과 동료에게 털어놓으면 흥분, 생산성, 상호존중과 존경은 계속될 수 있어요. 양쪽 관계에서 나오는 화학작용을 즐기세요. 끌리는 일은 함께 즐길 수 있고 당신이나 동료에게나, 또 당신 일에도 도움이 되어요. 그러니 그 정도가 좋아요.

수에게 / 저는 큰 회사 인사부서의 중간관리자로, 다섯 명의 직원들과 일해요. 상관은 제가 정말 좋아하던 남자였어요. 처음에는 일하면서 점심을 같이 했고 그러다 '오후의 정사'*로 옮겨 갔어요. 영리하지 못했죠. 같은 부서 직원들이 우리가 너무 오래 나가 쉰다고 분개하며 상관이 저만 편애한다고 비꼬고 비난을 했어요. 우리가 비품실에서 섹스를 하고 있다고 넌지시 내비치고(거기서 키스하다 들킨 적은 있어요) 부서 책임자에게 일렀어요. 또한 그들은 부당한 편애로 제가 쉬운 일만 맡는다고 불평을 했고요. 그 결과 전 해고를, 그는 좌천을 당했고 우리는 끔찍한 파경을 맞았지요. 제발 사람들에게

* afternoon delight 낮에 하는 성교, 우리말로 '낮거리'에 해당하거나 혹은 점심시간에 짬 내어 하는 성교를 이릅니다. 70년대 유행한 노래의 제목이기도 합니다.

회사 내 로맨스에 끼어들지 말라고 해주세요. 정말 끔찍한 일입니다.

수의 대답 // 이 편지는 직장에서 끌리는 상대와 성적인 관계로 발전할 경우 일어나는 일을 오롯이 다 드러내고 있어요. 하지만 사랑과 욕망에 휩싸였다고 완전 무력한 건 아니에요. 여러분은 상황을 통제하고 서로 허락된 그 경계 안에 머무를 수 있어요.

사후 피임약 MORNING AFTER PILL

〈선데이 나이트 섹스 쇼〉에 걸려온 어느 두서없던 전화에요.

수에게 / **오, 수 선생님! 우리는 너무 무서워요. 어젯밤에 여자친구하고 섹스를 했는데 콘돔이 벗겨져버렸지 뭡니까. 우리가 할 수 있는 일이 있을까요?**

수의 대답 // 허둥대지 마세요. 여자친구가 응급 피임약, 정식 명칭 성교후피임약, 별칭 모닝 에프터 필을 사용해볼 기회는 있어요. 수정란이 자궁에 착상하는 걸 막는 약이에요. 당장 행동에 돌입해야만 해요.

아침이 밝자마자 제일 먼저 할 일은 산부인과에 가서 사후피임약을 처방 받는 거예요. 서두르세요. 이 약은 섹스 후 72시간, 즉 3일 이내에 먹어야만 해요. 그렇지 않으면 수정된 난자의 착상을 막지 못해요. 이 약은 98퍼센트 효과적이지만* 시한을 넘겨버리면 효과가 없을 수 있어요. 의사는 섹스 당시 여자친구가 배란을 하고 있었는지 밝히기 위해서 마지막 생리 시작일을 물어볼 거예요. 72시간이 경과한 후에는 수정과 착상이 이미 발생했을 가능성이 크기 때문에 의사에게 정확하게 이야기해야 해요.

오전 8시에 두 알을 먹으라는 지시를 받을 거예요. 토할 것 같은 증상이 있을 수 있으니 20분 전에 미리 그라볼**(어지럼증약, 멀미약)을 먹으라고 할 거예요. 그날 저녁에 다시 그라볼을 먹고 20분 후에 마지막 사후피임약을 두 알 먹게 됩니다. 종일 속이 안 좋겠지만 아마 임신은 하지 않겠지요. 복용 후 열흘이나 2주 이내에 생리를 시작할 거예요. 이보다 더 늦어지면 의사를 찾아가거나 클리닉을 다시 찾아서 반드시 임신검사를 해야 해요.

생리를 기다리는 동안에 섹스를 하려고 한다면 믿을 만한 피임 방법을 사용해야 합니다. 사후피임약은 피임의 방법이 절대 아녜요. 그러니 반드시 콘돔을 사용하고 그 밖에 효과적인 피임 방법을 꼭 알아두어야 합니다. 이런 종류의 스트레스나 골치 아픈 상황을 남은 인생 동안 다시 겪을 필요는 없겠지요.

* 레보노르게스트렐이라는 프로게스테론 일종의 약에 대한 설명입니다. 정확한 기전은 알려져 있지 않지만 배란을 막는 것으로 되어 있으며, 배란이 되었거나 수정이 되거나 착상/임신이 된 경우에는 효과가 없다고 합니다. 3일 이내 복용을 권고하지만, 효과가 떨어지긴 해도 5일까지 복용은 가능합니다.

** 우리나라에는 없습니다. 성분명 dimenhydrinate로 된 제제가 같은 약입니다.

상호 관계 RELATIONSHIPS

수에게 / 여자친구와 저는 지금까지 멋진 관계를 맺고 있어요. 하지만 제 주위 친구들은 온통 다 깨지고 있네요. 우리의 사랑을 지속하려면 무엇을 해야 할까요?

수의 대답 // 질문이 만만찮네요. 하지만 당신은 원하는 걸 알고 있고 일체감을 유지하는 데 애를 쓸 각오도 있어 보여요. 당신은 이미 사랑의 친교를 유지할 능력이 충분하다는 사실을 여자친구와의 관계를 통해 증명했어요. 아래의 사항을 마음에 새긴다면 당신의 파트너와 좋은 관계를 유지할 수 있어요.

- 파트너를 당연한 사람으로 여기지 말라.
- 규칙적으로 상태를 점검하라.
- 초대나 가족 관련 일 같은, 파트너가 포함되는 일을 결정할 때는 항상 먼저 상의하라.
- 파트너가 무엇을 필요로 하는지 배려하고, 늘 생각하고 잘 감지하라.
- '나'라는 용어를 사용하여 좋은 의사소통의 기술을 연습하라. "당신이 내 기분을 망쳤어." 대신에 "나 기분이 상했어"라고 말한다면 파트너가 방어적인 태도를 취하지 않게 도와준다.
- 공감하는 듣기 기술을 익히고 지속하라.

- 상대를 조종하거나 마음대로 부리려고 하지 마라.
- 서로의 삶에 너무 얽혀 들어가는 일은 피하라. 자신의 일을 할 수 있는 파트너만의 공간과 시간을 주어라. 자신의 가치와 개성을 유지하기 위해서는 일체감과 분리의 균형을 맞출 필요가 있다. 안 그러면 당신이 관계를 통제하는 게 아니라 관계가 당신을 통제한다.
- 파트너가 성장하고 발전할 수 있도록 인정하고 용기를 북돋워주어라. 그동안 당신도 같이 성장하라. 변화는 두렵다. 앞으로 어떻게 될지, 새로운 상황에 적응할 수 있을지, 새 상황이 위협적이진 않을지 모르기 때문이다. 하지만 모든 사람은 변한다. 그러니 새로운 행동양식을 시험해보고 자신에게 잘 맞으면 받아들이고, 맞지 않으면 거부하라. 관계는 항상 진화한다. 그래야 단조롭지 않고 따분하지 않다. 다가오는 어려움은 타협하고 풀어나가라.
- 해결되지 않은 갈등은 사라지지 않는다. 갈등을 숨기려고만 든다면 점차 쌓이고 쌓여 험악한 언쟁으로 터지고 만다.
- 계속해서 로맨틱한 일을 시도하고 파트너에게 애정을 펼쳐라. 당신이 그녀를 특별하게 생각하고 있다는 사실을 잘 알도록 따뜻하고 부드럽게 애정을 담아 감정을 표현하라.
- 다시 말하지만 사랑하는 관계의 필수 항목은 네 가지 '관심, 승인, 인정, 공감'이다. 어느 관계에나 일어나기 마련인 상승과 하강에 준비하라. 근심이 생기고 두려운 일이 있으면 파트너에게 이야기하고 당신이 우울한 일을 이겨낼 최상의 방법을 논의하라.

- 상황이 결딴이 나고 있다고 깨달았다면 그냥 문제가 사라지려니 바라고만 있지 마라. 관계 상담을 받고 필요한 책을 같이 읽어라.
- 파트너를 믿어라. 관계를 믿어라. 그리고 관계가 끝까지 갈 거라는 신념을 나누어라.

당신이나 당신 파트너가 이런 제안을 일상에서 다 실천한다고 해도 여전히 언쟁과 충돌이 있겠지요.

수에게 / 저는 25년간 결혼생활을 해왔으며 얼마 전까지는 좋았어요. 하지만 지금은 자주 남편에게 화가 치밀고 비난조에 트집을 잡게 돼요. 남편은 들은 척도 안 하고요. 제가 변화를 원한다는 점을 어떻게 해야 알아먹을까요?

수의 대답 // 우리 모두는 갈등을 해결해야만 하는 상황이 닥치면 회피하려는 방어기제를 개발해요. 그런 회피기법은 많습니다.

- 싸움도 없이 항복하고 짧은 기간 행동 변화를 보이지만 그 다음에 차츰 예전 방식으로 미끄러지듯 되돌아간다.
- 문제가 있다는 사실에는 동의하지만 이를 해결할 행동은 뒤로 미룬다.
- 엄포를 놓고, 허세를 부리고 과잉 반응을 해 파트너를 위협하거나 겁을 주

어 말도 못 꺼내게 한다. "옳거니, 바로 그거야. 그냥 관두자고, 확 이혼해버리자고."
- 딱 눈감고 귀 막고 폭풍이 지나기만을 기다린다.
- 바보짓을 하거나 파트너가 무슨 말을 하는지 이해를 못 하는 척한다.
- 비난을 퍼붓고 파트너를 깎아내린다. "멍청하긴."
- 자신은 쏙 빼고 파트너나 다른 사람들에게 비난을 돌린다.
- 순교자 같은 태도를 취한다. "당신 말이 백번 맞아. 난 몹쓸 놈이야. 당신은 더 좋은 사람을 만났어야 되는데."

사람들은 이런 회피기술들을 개발하고 이것저것 섞고 짜맞추어 어떻게든 파트너가 버티지 못하고 항복하게 만들어요. 그래서 이들은 힘의 균형을 해칠 수 있는 변화가 찾아오지 못하도록 부정하고 지연하고 피해요.
1970년대 초에 나온 〈사람들이 잘하는 게임들〉* 이라는 책에서 에릭 번은 대부분의 사람들이 자신도 모르게 갈등을 다룰 때 쓰는 전략들을 정리해 놓았어요. 만약 당신이 게임의 이름을 알게 된다면 게임에 대응하는 안티테제나 해결책을 찾고 이를 이용할 수 있어요. 약은 수법이지만 효과는 있어요.
좀 더 정직하게 접근해야 게임의 본질에 다가가겠지만 상대선수에게 허물을 뒤집어씌우지 마세요. 당신의 파트너가 부리는 회피의 전술이 무엇이든 간에 당신은 간단히 "나는"이라는 용어로

* The Games People Play by Eric Berne (Penguin : 2010년 개정)

가로막고 쓸 수 있어요. “나는 이 문제를 논의하기가 버거워.” 혹은 “나는 내가 조종을 당하는 거 같아서 논쟁에 끼어들고 싶지 않아.”
“당신은 항상 어떠어떠해”라는 말은 아무 쓸모가 없어요. 왜냐면 상대편이 “아니, 난 안 그래”라는 말을 듣고 나오면 그걸로 끝이거든요. 그리고 당신은 서쪽 마녀처럼 잔소리로 쪼아대겠죠. 반면에 당신이 “난 이렇게 느끼거든”이라고 말을 꺼내면 파트너는 “바보같은 소리 하지 마라”고 하겠지만 당신의 감정을 무시할 수는 없을 겁니다. 이 전술은 당신의 것이니 잘 활용해보세요.

성관계 후에 AFTER SEX

수에게 / 남자들은 어떻게 여자 마음을 그렇게 모를 수 있나요? 남자친구와 저는 근사한 성관계를 가져요. 저는 완전히 만족스럽고요. 하지만 그는 떨어져나가자마자 담배를 한 대 피우고는 그대로 잠에 떨어져요. 저는 말똥말똥한 정신으로 그가 잠깐만 나를 안아주길 바라는데 그는 코만 고네요. 정말 고맙다, 요 녀석아. 그도 어쩔 수 없대요. 남자는 다 그렇다나요.

수의 대답 // 성에 대한 기대가 남자와 여자 사이에 어떻게 다른지 살펴보죠. 대부분 여성들은 성을 사랑과 동일시해요. 어떤 남자와 처음으로 성관계하기 전에 여성들이 진심으로 듣고 싶어 하는 몇 가지 마술 같은 표현들이 있어요. "당신을 사랑해." "당신이 필요해." "당신을 원해." "자기가 최고야." 그리고 "당신을 결코 떠나지 않겠어." 같은 말이죠. 남자들도 그걸 잘 알아요. 그들은 왜 이런 말을 사용하느냐? 잘 먹히니까. 하지만 남자들은 훌륭한 성관계 후에(그저 그런 성관계 이후엔 더욱더) 많은 여자들이 사랑을 받고 있고 제대로 알게 되었다는 확신을 주기 위해 무언가 비非성적인 신체 접촉이 필요하다는 사실은 좀체 몰라요. 가볍게 안거나 혹은 바싹 다가가 눕거나 가볍게 부비부비 하는 정도면 되는데.

반대로 남자들은 성관계를 할 때는 엔돌핀이 아주 높게 치솟았다가 사정 이후 거의 곧바로 불응기에 빠지게 되죠. 즉 발기가 가라앉고 거의 모든 시스템의 기어가 내려가요. 남자들은 이런 단계가 이내 일어나는 반면에 여자는 천천히 사그라지죠.

협상기술로 들어가보죠. 그를 깔아뭉개거나 둔감한 멍청이라고 몰아세우지 않고 당신이 바라는 바를 파트너에게 말할 수 있겠죠? 파트너가 그때그때 껴안고 토닥이는 일이 왜 힘든지 해명하고 나면, 그에 따라 당신도 타협하고 흥정을 해야 할 거예요. 한 5분간 껴안고 있다가 그가 당신 품 안에서 잠드는 것도 괜찮아요. 제가 보기엔 그럴 듯한데.

성별 선택 GENDER SELECTION

대부분 커플들은 "우리는 아기가 건강하다면 아들이든 딸이든 상관없어요"라고 입에 발린 말을 하죠. 하지만 이들은 비밀스럽게 완벽한 '백점짜리 가족'을 상상해요. 첫째는 아들로 가족의 성과 사업을 물려받고, 그리고 한 2, 3년 지나 엄마가 야단스럽게 쫓아다니는 여우 같은 예쁜 딸이 있었으면 바라죠. 어떤 문화권에서는 노년에 부모를 봉양하고 논밭을 갈기 위해 남자아이를 낳는 것을 필수로 여겨요. 중국에서는 산아제한으로 오직 한 아이만 허용하는데 아무래도 남자아이를 선호합니다. 이런 문화권에서는 아내에게 아들을 낳으라는 압박을 강하게 주지요. 아이의 성별은 아버지의 정자 속에 든 염색체로 결정이 되는데도 아들을 가지지 못하면 비난을 받는 건 어머니예요. 한편 북미에서는 다음과 같은 상황이 아주 흔해요.

수에게 / 제 아내와 저는 아들이 셋이에요. 우리가 딸을 가질 수 있다는 보장이 있다면 다시 한 번 기꺼이 시도해보고 싶어요.

수의 대답 // 성별을 고르는 방법에는 수많은 이론들이 있어요. 더 가볍고, 더 천천히, 움직이며 더 오래 견디는 X염색체 정자보다 Y염색체를 나르는 정자는 더 무겁고 빨리 움직여요. 남자아이를 원하면 배란 초기에 성관계를 가지세요. 이 시기에는 Y염색체 정자가 저돌적으로 몰려 들어가 난자에 먼저 도착을 할 테니 아들을 낳을 확률이 더 커요. 만약 딸을 원하면 난자가 나오기 2~3일 전에 성교를 하세요. 배란을 할 때즈음이면 먼저 도착한 Y염색체 정자가 아무도 없는 집에서 기다리다 먼저 죽어요. 그러면 더 느리고 끈질긴 X염색체 정자가 남아 난자를 수정시키게 되지요. 솔직히 많은 부분 운이에요.
최근 연구에 적극적이며 독립심 강한 여자들은 테스토스테론 수치가 더 높아 아들을 임신할 가능성 역시 더 높다고 해요. 연구자들은 테스토스테론 호르몬 수치가 더 높으면 난자가 X염색체 정자를 거부하고 Y염색체 정자를 받아들이기 때문이라고 보고 있어요. 보통은 스트레스나 여러 요소들이 테스토스테론 수치에 영향을 주기 때문에 평균 수치의 여자들을 보면 아들이나 딸 둘 다 임신할 수 있을 정도로 호르몬 분비가 들쑥날쑥해요. 하지만 여자의 남성 호르몬 수치가 항상 높으면 모두 남자로만 된 가족을 이룰 수도 있어요. 이는 성별 선택에 완전히 새로운 전환점이지요.
옛사람들 속설에 아들을 원하면 섹스하고 2시간 후에 약한 식초로 뒷물을 하라고 하지요. Y염색체를 나르는 정자는 이미 거기에 다다랐기 때문에 모든 느린 X염색체 정자를 죽일 수 있다는 게 근거라지만, 미신이에요. 질만 식초에 절이는 꼴밖에 안 됩니다.
약간 더 과학적이고 엄청나게 비싸지만 성별 선별 서비스란 게 있어요. 의사들이 정액에서 더 무거운 Y염색체 정자를 걸러서 여자의 배란기에 인공적으로 수정을 시키는 거죠. 보통 세 번에 걸쳐 시도를 하는데 각 시도마다 육백 달러 이상 비용이 들어요. 이런 서비스는 의료보험이 안 되고 실패에 대한 보상 책임도 없습니다. 아들을 가지라고 아내에게 엄청난 압력이 가해지는 문화권에서는 특정 성별의 아기를 가지는 일이 커플에게 아주 절실해서 부도덕한 산부인과 의사들의 의술에 의지하기도 해요. 산모가 임신 14주될 때까지 기다렸다가 태아의 성별을 가늠하는 양수천자나 초음파를 해요. 원치 않는 성별의 아기면 즉시 치료적 낙태를 시행합니다.

우리 사회에서는 아들을 낳지 못해 여자들에게 지워지는 서러움이 없도록 뒷받침을 해줘야 해요. 그리고 여자아이보다 남자아이를 더욱 중요하게 생각하는 사고방식이 변하도록 노력해야 하고요. 그에 더해 이들에게 동등한 교육의 기회를 제공해야 합니다.

성병 SEXUALLY TRANSMITTED DISEASES

– B형 간염 HEPATITIS B

수에게 / 남자친구가 세계 일주를 하고 이제 곧 돌아올 건데 그는 B형 간염에 걸렸대요. 저도 걱정해야 되나요?

수의 대답 // 걱정하지 마세요. 하지만 간염백신 주사를 맞으세요.* B형 간염 바이러스는 음식이나 음료나 일반적인 키스로 잘 전염되지 않아요. 하지만 성적 접촉이나 바늘을 나눠 쓰는 정맥주사 약물 사용자들 사이에 퍼질 수 있어요. 감염된 환자를 치료하는 의료진 혹은 치과 의료진들도 걸릴 수 있죠. 보균자인 어머니에게서 난 아이도 감염될 수 있으므로 태어나자마자 바로 치료해야 합니다. B형 간염 바이러스 혹은 급성 HBV는 드물게 심각한 질환을 일으킵니다. 4주~6주 정도 쉬어야 할 수도 있어요. 만성적으로 피곤하고 황달이 생기거나 속이 울렁거릴 수도 있으며 토하기도 하고 입맛이 없어 그 결과 몸이 축나기도 하지요. 그런 후 좋아지긴 하지만 바이러스가 신체에 남아 당신을 감염시킬 가능성이 작지만 남아 있어요. 소수의 환자들은 만성 활동성 간염이 되는데 이는 심각한 문제를 일으킵니다. 그러니 자신을 보호하기 위해 예방주사를 맞으세요.

* 우리나라는 각 지역 보건소에서 3회 접종할 수 있습니다. 일반 가정의학과, 내과, 산부인과 등에서도 접종 가능합니다.

HIV/AIDS나 B형 간염 같은 바이러스는 피에 아주 많이 몰려 있어요. 그러니 만일 주사바늘이나 주사기를 나눠 쓰면 아주 큰 위험에 처해요. 어느 모로 보나 심각한 약물을 하는 일은 위험천만한 일입니다.

– 매독 SYPHILIS

수에게 / 제 파트너는 고환에 기묘한 모양의 눅눅한 궤양이 하나 있어요. 저도 걱정을 해야 하나요?

수의 대답 // 매독은 박멸되었다고 생각했었지만 성병의 하나로 재등장하고 있어요. 매독은 피부 대 피부 접촉, 보통은 성적인 접촉으로 전달됩니다. 하지만 어느 한쪽이 굳은궤양(경성 하감, chancre: 성병에 의해 성기 주위에 생기는 통증 없는 궤양)이 있는 경우 구강 접촉으로도 전달돼요. 굳은궤양은 질 바깥이나 안, 성기 혹은 항문, 젖꼭지, 입에서 발견되지요.
굳은궤양은 5원 동전만한, 통증 없이 솟은 궤양이에요. 가운데는 오목하고 세균이 득실거리는 장액성 액체가 있어요. 매독의 첫 징후는 굳은궤양의 출현이에요. 그런 후 낮은 열, 전신권태가 나타나고 가끔 발진이 보여요. 궤양은 깨끗하게 없어지지만 세균은 몸 안에 남아 신경, 시력, 청각, 뇌 혹은 심장을 침범해요. 이를 잠복기라고 하며 혈액검사를 하지 않으면 진단이 되지 않지요.

약 20년이 지나면 3차성 매독의 증상과 징후가 나타날 수 있어요. 정신병적(혹은 과대망상) 전신불완전마비라는 정신과적인 문제나 척수매독 때문에 퍼덕거리는 발걸음 등을 보입니다. 실명을 하거나 심장 질환을 일으키기도 하지요.

임신이 확인이 되면 여자들은 매독에 대한 피검사를 반드시 합니다. 진단과 함께 바로 매독을 치료하지만 이미 손상 받은 부위는 되돌리지 못해요. 임신한 여성이 매독을 치료하지 않으면 아이는 눈이 안 보인다거나 물집이 있는 발진으로 덮여 있거나 사산될 수도 있어요.

치료는 공짜이며(우리나라는 아닙니다) 매독 단계에 따라 항생제 치료를 받아요. 매독을 예방할 가장 좋은 방법은 파트너의 성적인 과거사를 알고 둘 다 혈액검사를 해보는 거예요. 콘돔은 매독균을 완전히 차단해주지 못합니다.

– 성기사마귀 VENERAL WARTS

수에게 / 저기요, 파트너가 손가락 마디에 사마귀가 있으면 성기사마귀가 생길 수 있나요?

수의 대답 // 성기사마귀는 성병사마귀 혹은 곤지름이라고도 해요. 사람유두종 바이러스 중 특정 균주가 원인이에요. 이는 손가락사마귀나 발에 나는 발바닥사마귀를 일으키는 바이러스와는 달라요.

성기사마귀는 성적 접촉으로 전염이 됩니다. 변기에 앉는다고 옮지 않아요. 이 바이러스는 피부 대 피부 접촉을 통해 퍼져요. 그러니 감염된 파트너와 밀접한 섹스를 가졌다면 위험에 처하겠지요. 문제는 한 명 이상의 파트너가 있다면 누구에게서 감염되었는지 모를 수 있다는 거예요. 바이러스는 휴면상태로 숨어 있을 수 있기 때문에 걸린 지 얼마나 되는지를 정확하게 알기 어려워요.

성기사마귀를 가지고 있는지를 스스로 진단하기가 어려운 경우도 있어요. 그러니 의사의 진료를 받으세요. 이미 가지고 있다면 이들이 언제 심해지는지 알 겁니다. 성병사마귀는 작고 약간 솟아 통증이 없고 불그스름한 회색조의 불룩한 모양으로 여자의 음순이나 항문 주위, 혹은 질 안에 있기도 해서 보이지 않을 수 있습니다. 이들은 페니스의 줄기나 꼭지에 나타나기도 하고 포피나, 음낭, 항문 주위에 숨어 있기도 해요. 남자의 성기는 밖으로 나와 있어 쉽게 새로 생긴 기이한 뾰루지를 보고 정체를 확인하러 갈 수 있어요. 만약 성기사마귀로 진단이 나면 반드시 파트너에게 말해야 합니다. 성병사마귀는 여성의 질이나 자궁경부에 위치하게 되면 암으로 발전할 수도 있어요.

아주 효과적인 치료 방법이 몇 개 있어요. 사마귀가 아주 광범위하지 않으면 의사는 포도필린podophyllin*이라는 약을 발라줍니다. 잘 말린 후에 4시간 그대로 두었다가 비누와 물로 용액을 씻어내야 됩니다. 며칠 동안 아물도록 두세요. 섹스는 금물. 당신이 걸렸다면 파트너도 걸릴 수 있거든요.

의사에게 다시 찾아가 확인하세요. 사마귀가 사라지지 않았으면 다시 치료를 할 겁니다. 그런 후 당분간 콘돔을 사용해야 하고 파트너 역시 완치 판정될 때까지 치료를 해야 합니다.

어떤 의사들은 사마귀에 액체 질소를 분무하기도 하고 레이저 치료를 하기도 합니다. 레이저 치료는 특히 질 안에 있는 경우 이용하지요. 또 많이 번져 있다면 수술로 제거하기도 해요.

예방을 보장하는 유일한 방법은 전혀 섹스를 하지 않는 것이겠지요. 하지만 섹스를 하게 된다면 여러분과 파트너 사이에 숨기는 것 없이 솔직하게 터놓으세요. 그래야 감염 질환이 있는지 미리 알 수 있어요. 그리고 콘돔을 사용해 안전한 섹스를 하세요.

* 포도필린은 과하게 사용하면 심각한 신경독성이 있고 발암성 및 기형 발생 가능성이 있어서 제한된 용량만 사용해야 합니다. 자궁경부, 질 같은 점막 부위는 흡수가 높아 사용해서는 안 됩니다. -역자 주

– 임질 GONORRHEA

수에게 / 아, 정말 당황스러워요. 전 바에서 어떤 여자를 만나 제 집에서 섹스를 했어요. 콘돔은 없었죠, 어리석게도. 한 4일이 지나고 아주 약간 분비물이 보이고 살짝 따끔거리더라구요. 오줌을 누면 더했어요. 성병 클리닉에 가서 제가 임질에 걸린 걸 알았어요. 바로 약을 처방받았어요. 그리고 이젠 싹 나았는데 병원에서 저를 다시 보자고 하대요. 한사코 여자의 이름을 알아야 된다고 우기기에 전 그 바에 다시 가서 그 여자를 다시 만났고 이름을 알아내긴 했어요. 그리고 당신한테서 병이 옮았다고 알려줬죠. 그녀는 절대 아니래요. 이건 또 뭡니까?

수의 대답 // 당신은 그 여성과 보호기구 없는 성관계로 병이 걸린 게 맞습니다. 증상이 있었다니 운이 좋았어요. 그 분비물은 실제는 고름인데 소변을 보기 시작하거나 멈출 때 타는 듯한 느낌이 들지요. 어떤 남자들은 '빈뇨증(정상보다 더 자주 소변이 마려운 증상)'이 생기기도 하죠. 많은 경우 증상이나 징후가 없어요. 그 여성의 경우처럼요. 사람들은 걸린지도 모른 채 병을 앓고 그래서 상당히 쉽게 퍼져요.

다행히 당신은 병원에 가겠다는 결심을 해서 진단을 받았죠. 의료진은 검사를 하고 임질 약을 무료로 줍니다. 그리고 치료가 되었는지 확인하기 위해 3주 후에 다시 검사하자고 해요. 페니실린에 저항성이 있는 임질 균주가 퍼지고 있기 때문에 재검사는 아주 중요합니다. 꼭 가세요. 다시 검사를 받고 완전히 깨끗하다는 말을 들을 때까지 섹스는 하지 마세요. 매독에 대한 검사도 2개월에서 6개월 후에 실시할 겁니다. HIV 검사는 말할 것도 없어요.

그래요. 의사나 성병 클리닉 직원들은 당신이 접촉한 사람(들) 소재를 말하라고 강요할 겁니다. 그렇지 않으면 임질균은 즐거운 여행길을 이어가며 다른 많은 사람들을 감염시키겠죠. 당신이 여자의 이름을 대면 병원에서는 아주 신중하게 통고를 하고 검사를 하고 치료를 받아야 한다는 사실을 말할 겁니다. 그런 후 그녀를 감염시킨 사람들의 소재를 파악하고 그녀가 감염시켰을지도 모를 다른 사람들을 찾아 나서죠.

여자들이 임질에 더 잘 걸리는데 보통은 증상이 없을 수도 있어요. 그러니 그녀가 당신을 감염시키지 않았다고 부인하더라도 연락해준 당신에게 고마워해야 할 거예요. 그녀가 스스로 의사나 클리닉을 찾아가기를 바랄 수밖에 없었는데 이제 클리닉이 추적 관찰을 해줄 테니까요. 임질은 치료하지 않으면 골반염증 질환을 일으킬 수 있고 불임을 유발할 수 있으며 심하면 죽기도 해요. 그녀가 임신을 했는데 임질이 있으면 질에 있던 세균이 출산 중 아기의 눈에 들어갈 수 있어요. 이 병을 치료하지 않으면 아기의 눈이 멀 수도 있지요. 아기가 태어나자마자 눈에 안약을 넣는 이유예요.

페니실린에 알레르기가 있으면 다른 항생제가 처방됩니다. 자가 치료는 생각도 마세요. 임질 치료는 병원에 가서 주사 한 방 맞거나 약 1회 복용이면 끝입니다. 그리고 추적을 하죠. 진료를 받거나 클리닉에 가세요.
뭘 잘못한 걸까요? 낯선 사람과 섹스를 하는데 자신을 보호하기 위해 콘돔을 사용하지 않은 일이겠지요. 이제 다시는 그런 실수는 안 하리라 믿어요. 항상 콘돔을 가지고 다니세요. 그리고 안전한 섹스를 하세요.

– 클라미디아 CHLAMYDIA

수에게 / 새로운 남자친구랑 콘돔 없이 섹스를 했어요. 전 피임약을 먹기로 하고 복용 전 클리닉에서 일반적인 검사를 했어요. 며칠이 지나 전화가 왔는데 제가 클라미디아에 걸렸대요. 그게 뭔가요?

수의 대답 // 클라미디아는 임질보다 두세 배는 흔한 성적으로 전달되는 심각한 병입니다. 이는 구강-성기 섹스를 포함해 성적 접촉으로 번져요. 증상은 감염된 지 7~21일 지나 나타나요. 투명한 분비물이 나오고 소변을 보거나 섹스를 하면 통증이 따르죠.

하지만 70퍼센트의 여성과 10퍼센트의 남성들이 보통 증상이나 징후가 없어요. 클라미디아 감염 남성 한 명당 여성은 열 명 꼴로 감염이 됩니다.
여자의 경우 감염을 치료하지 않으면 난관에 감염이 발생할 수 있는데 이를 치료하지 않으면 불임이 됩니다. 이런 감염이 퍼지면 골반염증성 질환이 되기도 하는데 그러면 입원을 해야 해요. 골반염증성 질환이 있으면 자궁외임신이나 불임의 위험이 커져요. 아이를 낳을 때 클라미디아를 가지고 있으면 아이는 눈에 감염이나 폐렴을 일으켜요. 이런 이유 때문에 태어나면 아이에게 눈에 항생제 안약을 투여하라고 법으로 정해져 있어요. 남성이 치료를 하지 않으면 클라미디아는 불임으로 이어질 수 있어요.
클라미디아 검사는 따로 증상이 없거나 특별히 요구하지 않으면 일반적으로 하지 않아요. 검체는 여성의 경우 자궁경부, 남자의 경우 요도 끝에서 면봉으로 채취해요. 파트너 중 한 명이 클라미디아를 가지고 있으면 다른 쪽도 자동적으로 같이 치료를 합니다. 검사는 아프지 않으니 산부인과나 비교기과, 가정의의 진료를 받으세요.
열흘간 경구용 항생제를 먹어야 합니다. 처방 받은 대로 전부 약을 먹고 재검사를 하고 완치되었다고 할 때까지 금욕하세요.
가장 좋은 예방책, 유일한 예방책은 섹스를 안 하거나, 철저하게 일부일처제를 따르거나 콘돔을 사용하는 일이겠지요. 이렇게 했더라도 여자들은 매년 정기검진 때 클라미디아 검사를 요청하는 게 좋습니다.

– 헤르페스 단순포진 HERPES SIMPLEX

막 섹스가 끝났는데 가장 듣기 싫은 말 중에 하나가 뭘까요? "그거? 아, 그냥 물집이야." 기겁을 하겠죠.

수에게 / 음경 끝에 진물이 질질 나고 아파 죽을 것 같은 물집이 생겼어요. 전 한 주 전에 보호 장비 없이 항문 섹스를 했습니다. 피임약을 먹고 있다고 하기에 피임 걱정 없이 콘돔을 쓰지 않았죠. 항문 섹스는 괜찮을 줄 알았어요.

수의 대답 // 보지도 않고 진단하는 일은 불가능하긴 하지만 아마 헤르페스 포진 같네요. 물집이 사라지기 전에 즉시 진료예약을 잡으세요.
헤르페스 바이러스에는 여러 다른 종류가 있어요. 심플렉스 1과 2가 성적 접촉으로만 성기에 감염이 되는 원인이에요. 변기 좌대나 음수대나 문 손잡이를 통해 옮은 게 아네요. 활성기 병변이 있는 파트너와 누드로 성적인 성기 접촉을 하면 바이러스가 전달될 수 있어요. 전구 증상(초기의 경고 증상)을 알아차릴 때까지 3주에서 7주가 걸려요. 처음 헤르페스가 발병할 때가 제일 나빠요. 그야말로 끔찍하지요. 피곤하고, 머리가 아프고 속은 메스껍고 성기 주변에 물집들이 눈에 띄어요. 가렵고 따끔거려서 긁고 싶지만 그러면 덧나기만 하죠.

병변의 위치에 따라 통증을 느끼기도 하고 소변 보는 일이 어렵기도 합니다. 앉아 있는 일은 불편하고 걸을 때 스치기라도 하면 죽을 맛입니다. 정말 사타구니에 선풍기 바람을 쐬며 누워 있고만 싶어져요. 가장 나쁜 시기는 4일이 지나면 끝나요. 하지만 낫는 데는 10일이 걸리죠. 흉터는 남지 않지만 다시 발병하면 같은 자리에 다시 나게 됩니다.

의사는 아시클로버 크림을 처방해주기도 하는데 어떤 이에게는 효과가 있지만 대부분은 그렇지 않습니다. 전구 증상이 있거나 이 병변이 밖으로 보이는 동안에는 모든 성적 접촉은 피하세요. 파트너도 감염시킬 수 있으니까요.

헤르페스는 완치할 수 없는 바이러스 때문에 생겨요. 이 바이러스는 체내에 머물러 있다가 스트레스가 생기거나 삶에 극적인 변화가 발생하면 증상을 일으키지요. 선탠이나 특정 음식이 발병의 계기가 되기도 해요. 어떤 사람들은 한번 발병을 하고 다시 안 나오는 경우도 있어요. 어떤 여성들은 월경을 할 때마다 매번 나오기도 하구요. 첫 번째 발병이 가장 심해요. 그 이후 발병은 덜 심해지고, 기간이 짧아지고 횟수가 줄어요.
경구용 약을 먹을 수 있는데 아주 비싸지만 일부 사람들에게는 아주 잘 듣습니다. 두 가지 방법으로 복용할 수 있어요. 발병을 막기 위해 매일 저용량의 아시클로버를 먹거나 전구증상이 있을 때까지 기다렸다가 보다 많은 용량으로 열흘간 먹는 거죠. 이는 증상과 발병 기간을 극적으로 줄여줘요.
임신을 한 경우, 성기 포진이 심하게 발병한 과거력이 있으면 반드시 의사에게 말해야만 해요. 의사는 아기가 바이러스에 노출되지 않도록 제왕절개 수술을 권유할 겁니다.
이것만은 알아두세요. 입가에 단순포진이 생긴 파트너가 키스를 하면 상대 역시 단순포진이 생겨요. 헤르페스 바이러스는 피부 대 피부 접촉으로 전파됩니다. 또한 구강-성기 섹스를 하는데 입에 단순포진이 있으면 바이러스가 전달되어 성기에 감염이 됩니다. 파트너가 성기에 활동성 성기 헤르페스 병변을 가지고 있고 구강 섹스를 하면 입술에 감염될 수 있어요. 보기 좋은 모양새는 아니에요.
예방이 중요합니다. 섹스에 돌입하기 전에 모든 성병에 관해 꺼리지 말고 허심탄회하게 이야기하세요. 그리고 항상 콘돔을 사용해서 안전한 섹스를 하세요. 여성용 콘돔은 여성의 외부 성기를 거의 대부분 덮기 때문에 여성의 성기를 보호해요. 이는 여성의 성기 주변에 헤르페스 병변이 있는 경우 남성의 성기 역시 보호합니다.

성폭행 SEXUAL ASSAULT

예전에는 강간이라는 말을 많이 썼지만 이제는 성폭행이란 말을 더 많이 쓰는 것 같습니다. 강간은 성폭행의 일종입니다. 강간이라고 하면 낯선 폭행범이 뒤에서 그러잡고 지하주차장으로 질질 끌고 가 피해자의 의지에 반해 억지로 섹스하는 모습을 먼저 떠올리죠. 그래요. 맞아요. 여전히 이런 일이 일어나고 있습니다.
여기 어느 여성이 겪은 일을 이야기 나눠보죠.

수에게 / 저는 혼자 집에 있었어요. 침대에서 깊게 잠들어 있었는데, 제 목에 누군가 칼을 들이대는 느낌이 나서 깼어요. 그는 움직이면 죽이겠다고 위협했어요. 그리고 칼로 제 잠옷을 찢고 페니스를 질에 집어넣으려고 시도를 했지만 축 늘어져 잘 안 됐어요. 그래서 발기가 될 때까지 강제로 오럴 섹스를 시키고 나를 넘어뜨리고는 엉덩이에 성기를 억지로 밀어 넣었지요. 그가 도망간 후 전 욕조에서 울고 또 울었어요. 그리고 응급실에 갔어요. 사람들이 정말 친절했어요. 강간위기센터에서 나온 여자 직원이 계속 제 곁에 머

물러줬어요. 저는 새로운 아파트로 이사하고 정착했어요. 그런 후 개인 상담과 그룹 치료에 참여했고요. 5년이 지난 지금 전 괜찮아요. 하지만 가끔 악몽을 꾸고 밤에 혼자 있으면 신경이 곤두서요.

다행히 제겐 아주 이해심이 넓고 저에 대해 인내심이 많은 훌륭한 남자친구가 있어요. 보통 전 섹스를 해도 괜찮은데 때때로 그가 예전 일이 떠오를 만한 움직임을 하거나, 소리 혹은 냄새가 나면 전 그대로 얼어붙어요. 전 여전히 치료를 받고 있고 점차 나아지고 있어요. 하지만 이 일을 모두 지난 일로 잊어버릴 수 있을지 모르겠어요.

수의 대답 // 당신이 묘사한 끔찍한 성폭행의 공포가 그대로 느껴져요. 무섭고 비참한 일이에요. 무슨 능욕을 당할지 밖에 나가기가 무섭습니다. 섹스 생각만 해도 역겨울 수도 있겠지요. 당신이 상담을 받고 동반자가 지원을 아끼지 않고 돌본다니 얼마나 다행인지 모르겠네요. 당신은 이 모든 걸 극복할 좋은 기회를 가지고 있어요.

학대에 관한 무시무시한 이야기가 엄청 많지요. 대부분은 여자들에 관한 이야기지만 남성들 역시 성적으로 폭행을 당해요. 때로는 부모나 혹은 나이 많은 형제들이나 확장 가족의 구성원이 가해자들이에요. 가장 흔히는 젊은 남자들이나 소년들은 친구로 지내거나 잘 알고 있는 연상의 사람들에게 폭행을 당해요.

수에게 / 전 어느 클럽의 회원이었어요. 우리는 캠핑을 갔는데 다른 아이들의 텐트에 자리가 없어서 전 인솔자의 텐트에서 잠을 자야 했어요. 한밤중에 인솔자는 제 침낭 안으로 기어들어 와 제 페니스를 쓰다듬었어요. 그리고 억지로 오럴 섹스를 시켰고 그 역시 제 것을 빨았어요. 집으로 돌아와 전 엄마에게 이야기했고 엄마는 경찰에 신고했어요. 언론의 관심은 끔찍했어요. 그는 기소당했지만 무죄판결을 받았어요. 그는 단체를 그만뒀고 전 바보가 되어버렸죠. 그 일 이후에 전 어떤 남자도 믿지를 못하겠고 성적인 관계에도 곤란을 겪어요. 불면증과 악몽은 기본이고요. 친구들은 틀림없이 제가 게이일 거라고 생각해요. 하지만 전 동성애자가 아니란 걸 알아요. 도와주세요.

수의 대답 // 남성들은 아무도 자신을 믿지 않을 거라는 생각에, 혹은 겁쟁이로 취급받을까봐 성폭행을 신고하는 일을 피해요. "왜 싸우거나 도망치지 않았느냐." 혹은 "네가 진짜 남자라면 아마 즐겼을 거야." 혹은 "일어난 걸 어째, 그냥 잊어버려"라는 말만 듣습니다.

그래서 남자들은 웬만한 고통이 아니면 좀체 폭로하지 않죠. 하지만 여자들이 겪는 것과 다를 바 없는 징후와 증상을 겪습니다. 게다가 남성들에게만 유일한 몇 가지 증상이 더 있습니다. 이들은 다르다는 느낌을 가져요. 외톨이가 되고 국외자가 되고, 다른 사람들을 믿지 못하고 친밀한 관계가 되는 일을 어려워해요. 섹스는 하기 싫은 일이에요. 즉흥적이지도, 장난스럽지도 않으며 즐길 수도 없어요. 혹은 자신의 성적 지향성에 의문을 가지기도 하고요. 사회성은 형편없고 일부러 다치기를 바라는 자기암시가 현실이 되기도 하고, 사랑이나 친밀함이나 모든 감정을 거부하기도 합니다. 거기에다 또 약물이나 알코올 중독이 문제가 되기도 하죠.
어릴 적에 성적으로 학대를 당했던 남자들을 위한 전문 상담가나 치료사가 있나 찾아보려고 노력해봤는데 엄청나게 힘들더군요. 지원협회는 거의 없고 특별히 남성을 다룬 책도 거의 없어요. 하지만 이 두 책은 당신에게 도움이 될 겁니다. 마이크 루의 〈희생자는 이제 그만〉*, 스티븐 D. 그럽맨-블랙 〈부서진 아이들-고쳐진 남자들〉**을 보세요.

수에게 / **제 남편은 6개월 동안 해외에 파견을 나갔어요. 그리고 몇 주 있으면 집으로 돌아올 예정이에요. 약 한 달 전 어느 날, 일이 끝나고 한 직장 동료와 전 같이 술 한잔을 하러 갔고 그게 저녁식사로 바뀌었어요. 그런 후 우리는 그의 결혼사진을 보러 그의 집으로 갔어요. 어느 것 하나 뜻했던 건 아니에요. 갑자기 그는 제 옷을 벗기기 시작하더니 억지로 섹스를 했어요. 정말이지 어떤 안전 장치도 없이요. 전 너무 당황스럽고 낯부끄러워 아무에게도 말을 하지 않았지만 그나 저에게 다 화가 나고 더럽다는 생각만 들어요. 남편이 돌아와도 저는 결코 남편에게 말을 하지 않을 거예요. 말했다간 그는 평생 나를 나쁘게 생각하겠죠. 섹스 생각만 해도 온 몸이 아파오는데 남편이 돌아와 나에게 손대는 것을 제가 원치 않을까봐 무서워요. 다행히 전 피임약**

* Victims No Longer : Men Recovering from Incest and Other Sexual Child Abuse by Mike Lew (New York : Perennial, 1990)
** Broken Boys-Mending Men: Recovery from Childhood Sexual Abuse by Stephen D. Grubman-Black (West Caldwell the Blackburn Press, 2002)

을 먹고 있지만 이 개자식이 HIV/AIDS를 가지고 있었다면 어쩌죠?

수의 대답 // 아마 앞으로의 행동 계획을 세우거나 시행에 착수하기 시작한다면 훨씬 기분이 나아질 겁니다. 의사를 찾아가서 일어난 일을 설명을 하세요. 성병에 대한 검사를 실시하세요. 진찰을 받는 동안 상담가나 치료사와 상담 일정을 잡고 분노, 죄책감, 수치심, 섹스에 대한 혐오감 같은 감정을 다스릴 수 있도록 도움을 받으세요. 도서관이나 서점에 가서 성폭행에 도움이 되는 책을 모으세요. 당신의 감정에 대한 일기를 쓰는 것도 도움이 될 거예요.

당신은 이 폭행에 대해 남편에게 말하지 않겠다고 분명하게 결심을 밝혔어요. 하지만 그 결정을 혹시 재고할 생각은 없는지요. 그런 마음이 든다면, 일기에 남편에게 무엇이 일어났는지 밝힐 때 벌어질 만한 대화를 적어보세요. 또한 만약 그가 알게 되었을 때 그의 반응을 예상하여 정확하게 열거하세요. 그리고 일어난 일을 그대로 말하는 것이 오랜 시간이 지난 뒤에는 더 쉽지 않을 수도 있다는 점을 다시 따져보세요. 말한 후에는 두 분이서 모든 감정들을 이겨나갈 수 있도록 관계 상담을 받을 수 있죠. 이런 큰 비밀을 가지고 있다보면 더욱 복잡해지는 게 다반사예요. 만약 그가 나중에 알게 되기라도 하면 관계의 신뢰 수준은 심각하게 손상을 입겠지요.

당신이 남편에게 말하지 않는다면, 당신은 HIV에 대한 정확한 검사를 할 수 없어요. HIV 항체는 폭행이 일어난 지 14주가 지나야 나타나기 때문이죠. 남편이 2주쯤 지나면 돌아온다니까 그의 의심을 사지 않고 안전한 섹스에 동의하도록 몇 가지 방법을 찾아야 합니다. 제가 생각해낼 수 있는 한 가지 변명은, 당신이 피임약에 트러블이 생겨서 의사가 몇 주 동안 피임약을 먹지 말라고 했다는 거예요. 지금 임신을 원치 않으니 가장 좋은 방법은 콘돔이라고 이야기하는 거죠.

HIV 감염여부는 항체 미형성기(window period, 160쪽 HIV/AIDS 참조)가 지나야 검사를 할 수 있어요. 2주후 결과가 음성으로 나오면 경보를 해제하고 콘돔 사용을 그만해도 됩니다.

전 관계에서 정직을 더 선호하지만 남편에 대해선 당신이 더 잘 알 테니까 당신이 최선이라고 생각되는 일을 하셔야 해요. 행운을 빌어요. 당신이 결혼생활에서 성적인 요소를 즐길 수 있도록 계속해서 상담을 받으세요.

이 책에서 성폭행에 관한 주제를 깊게 다루기는 불가능해요. 하지만 도움이 될 만한 좋은 책은 많아요. 일기를 쓰는 일을 지속하고 상담을 받고 개인적인 고통에서 벗어날 수 있도록 도와줄 지원단체도 찾아보세요.

섹스 중독 SEX ADDICTION

섹스 중독은 다음 편지와 같은 복잡하고 반론이 많은 강박반응성 행동입니다.

수에게 / 전 스물여섯의 남자입니다. 전 성욕구가 높고 감정조절에 문제가 있어요. 전 2년 동안 엄청나게 멋진 금발의 섹시 미녀와 데이트를 해왔고 우린 둘 다 진짜 섹스에 열광했어요. 그런데, 제 성충동이 제멋대로 날뛰기 시작했어요. 충동이 제 삶을 소진하고 어느 무엇보다 우선순위를 차지하게 되었죠. 그녀는 열기가 식기 시작했고 제가 매순간 그녀를 쫓아다니기 때문인지 열렬함도 덜 했어요. 섹스 후에 그녀는 바로 잠이 들어버리지만 전 팔팔해요. 뭔가 더 없나 게걸대는 동물이 되죠.
그래서 전 일어나서 바에 가서 여자를 골라서 섹스를 더 하곤 했어요. 어느 날 밤 여자친구에게 미행을 당했는데 끝장이 난 거죠. 그녀는 "치료를 받든가 나가라"고 하더군요. 어디에 도움을 청해야 할까요?

수의 대답 // 어떤 치료사들은 섹스 중독은 단순히 조절의 결핍을 정당화하려는 변명이라며 공식명칭으로 수용하려고 하지 않기도 해요.
다른 부류의 정신과 의사나 심리학자들은 섹스 중독이 어린시절에 뿌리를 두고 있으며 여성과 남성 모두를 괴롭히는 강박장애의 하나라고 봐요. 이런 장애를 앓고 있는 사람들은 아이를 제대로 보호하지 못하거나 아이의 자기개념과 자존감을 강화하지 못하며, 가족 간에 신뢰가 없어 제대로 기능하지 않는 가정에서 자란 사람들이 많아요. 아이는 공허하다, 버려졌다, 취약하다고 느껴요. 계속해서 강박적인 섹스를 해야 하는 욕구를 경험하는 사람 중 많은 이들이 어릴 때 신체적으로 혹은 정신적으로 폭행을 당했다는 증거가 있어요.

일반적으로 이런 아이들은 섹스는 부끄러운 짓이며 이를 공상하거나 자위를 하는 일은 받아들일 수 없는 일이라는 분위기에서 양육됩니다. 이들은 또한 사회적 기술이나 데이트 기술을 키우지 못해요.

복잡한 정신심리적인 양식은 어른이 되어야 드러나기 시작하죠. 이런 사람들은 섹스를 하게 되면 일시적인 위안은 얻지만 이내 자신에 대한 혐오감, 수치심, 불안으로 바뀌어요. 그런 후 성적인 접촉을 피하겠다 결심을 하지만 과도한 제재가 뒤따르니 결국 지속될 수가 없어요. 이들은 도저히 감당할 수 없다는 사실을 경험하고 그 결말로 성적인 '고착'을 다시 추구하고 출발점으로 돌아가는 것이죠.

일단 그 양식을 알아보았으니 성적인 강박장애의 특징 일부를 확인해볼게요.

- 관심을 욕망한다.
- 위험을 감수하면서까지 황홀경을 추구하고 곤경, 지루함이나 공허감에서 탈출하기 원하며 감정의 개입이 없는 희락을 찾는다.
- 결핍에 대해 파트너 혹은 자신에게 화를 내고 격분한다.
- "나는 나쁜 사람이다"라고 생각하며 처벌을 열망한다. 그리고 자아상이 낮다.
- 자신의 삶이 엉망이 되어간다고 느끼면 힘과 통제를 열망한다.

그러니 이제 섹스 중독이 단순히 "흥분이 제대로 조종이 안 된" 상황이 아니란 걸 아시겠지요. 이는 심각한 정신심리학적인 문제예요. 그러니 심도 있는 상담을 받는 게 좋겠습니다. 정신과의사들은 고용량의 프로작이 정신치료와 함께 효과가 있는지 알아보고 있는 중입니다.
당신은 관계 관련 문제를 해결해야 합니다. 그냥 포기하고 묻어둘 수 있는 차원이 아니에요. 당신 행동의 원인과 그것이 관계에 미치는 영향을 들여다보아야 합니다. 그런 다음 개인 치유요법을 받으세요. 신뢰를 회복할 수 있도록 용서에 중점을 둔 개인 혹은 단체 상담을 추천합니다. 당신과 파트너 둘 다 이런 중독에서 비롯된 성적인 문제를 다루는 데 도움이 필요할 수도 있어요. 북미의 많은 주요 도시에는 섹스와 사랑 중독자모임*이 있습니다.

* Sex and Love Addict Anonymous (SLAA)

섹스 토이 SEX TOYS

– 벤와볼 BEN WAH BALLS

수에게 / 벤와볼이 뭔가요? 남자도 쓰나요?

수의 대답 // 벤와볼은 새로운 게 아닙니다. 아시아 국가에서 기원했고 최근에 북미로 수입되고 있어요. 2.5센티미터가량의 동그란 스테인리스 스틸 공이며 여성들은 이걸 낮 동안에 질 안에 넣고 다녀요. 공이 움직이면 성적인 자극이 발생하죠. 공을 넣고 다니면 여자들은 마치 케겔 운동의 효과처럼 아주 강한 두덩꼬리근이 발달해요. 이는 자신과 파트너 양쪽에 성적인 즐거움을 증가시키지요. 공은 제거하기가 쉽고 씻어서 계속 사용할 수 있어요.
때로 남자들이 벤와볼을 직장에 사용하는 법에 대해 묻곤 해요. 이걸 다시 빼는 일이 문제가 되기도 하는데 그래서 어떤 남자들은 무릎 길이 나일론 스타킹에 볼을 넣어 사용합니다. 윤활제를 아주 많이 사용하여 공을 아주 부드럽게 직장에 집어넣고 스타킹의 끝은 몸 바깥으로 나오게 하죠. 핵심 단어는 '아주 많은 윤활제'입니다. 그리고 치질이 있으면 권하지 않아요. 공을 뺄 때 치핵이 심해질 수 있거든요.
섹스 토이는 사용 후에 꼭 잘 씻도록 유념하세요.

– 바이브레이터 VIBRATORS

수에게 / 제 남자친구는 해외로 파견을 갔어요. 장난삼아 그는 제게 이별 선물로 바이브레이터를 사줬어요. 전 이제 그걸 아주 능숙하게 다룰 수 있어요. 지금은 남자친구가 돌아왔는데, 이번엔 그가 바이브레이터에 아주 푹 빠졌어요. 그는 우리가 섹스를 할 때 이걸 쓰는 걸 좋아해요. 저뿐 아니라 자기한테도요. 그는 바이브레이터로 고환이나 항문 주위를 자극하면 좋아 죽어요. 어쩔 땐 그가 저보다 바이브레이터를 더 좋아하는 건 아닌지 의심이 갑니다.

수의 대답 // 정말 놀라운 질문이로군요. 당신은 배터리로 작동하는 장비에게 경쟁심을 느끼고 있네요. 당신은 연인으로서 자신의 매력과 능력에 자신감을 잃었어요. 하지만 전체적으로 보면 어째 자랑으로 들리기도 하는데요. 장난기 다분하지만 그는 이런 선물을 당신에게 선물할 만큼 충분히 사려 깊고, 서로의 관계나 성적 기술이 충분히 안정적이어서 바이브레이터를 그의 페니스에 사용하는 일도 편안해해요. 이 점을 생각해보세요. 당신이 그에게 관심이 없다면 당신도 그렇게 바이브레이터에 중독이 될까요? 아니죠. 그런데 왜 당신이 바이브레이터 때문에 쫓겨날 거란 생각을 하세요?
그저 배터리가 방전되지 않도록 주의하세요! 그리고 바이브레이터에 관해 조금만 말을 보탤게요. 좋고 재미있긴 하지만 감염 질환이 전파되는 위험을 줄이기 위해 매번 쓰고 나서 씻어야 합니다. 항문 자극을 위해 쓴다면 콘돔을 덧씌워 사용하거나 질 자극을 하기 전에 아주 잘 씻어야 해요.

원한다면 진짜 페니스처럼 생긴 디자인의 훌륭한 바이브레이터까지 구할 수 있어요. 이는 사랑을 나눌 때 완전히 새로운 느낌을 더해 주죠. 딜도 역시 페니스처럼 생겼어요. 하지만 그건 더 딱딱하고 뻣뻣하며 진동 기능이 없어요.

대부분 남성이 생각하는 것과 반대로 대부분 여성들은 바이브레이터를 페니스처럼 삽입하여 사용하지 않아요. 대부분 여성은 바이브레이터를 유방이나 클리토리스, 질 입구 주변을 자극하는 데 사용합니다.

달려 나가 이런 섹스 토이에 35달러를 투자하기 전에 파트너에게 한번 물어보세요. "직장에서 어떤 사람이 바이브레이터를 가지고 농담을 했거든. 그런데 누군가 자기는 아내와 사랑을 나눌 때 그걸 쓴다는데 재밌을 거 같더라고. 다음번에 혹시 마음내키면 같이 써보는 거 어떨까?" 이런 식으로 말을 꺼내보세요.

이런 건 대부분 섹스 전문 상점이나 부끄러우면 인터넷몰에서 살 수 있어요.

수줍은 남자 증후군 SHY MAN SYNDROME

수에게 / 저는 서른다섯의 남자입니다. 외모도 적당히 봐줄 만하고, 교육도 잘 받았고 MBA 학위도 있어요. 저는 직장에서 엄청 매력적인 여성들을 많이 만나요. 하지만 수줍은 성격 탓에 도저히 데이트 신청을 할 수가 없어요. 정말 결혼도 하고 싶고, 가족도 꾸리고 정상적인 삶을 살고 싶어요.

수의 대답 // 당신은 모든 여자들이 꿈꾸는 이상형처럼 보이는군요. 당신은 우리가 '수줍은 남자 증후군'이라고 부르는 일을 겪고 있는 거 같아요. 그러려면 혹시 당신의 어머니가 남의 기분은 살피지 않는 강한 성격에 모든 사람을 비난하고 교묘한 방법으로 깔아뭉개는 사람인 건 아닌지 알아볼 필요가 있어요.
사랑에 서투른 남자들에겐 이런 특징들도 있어요.

- 부친은 과묵하고, 내성적이며 양육에 그다지 참여하지 않는다.
- 남들과 잘 어울리는 남자형제들만 있고 여자형제는 하나도 없을 수도 있다. 그래서 결국 여자에게 어떻게 접근해야 될지 모른 채 뒤틀린 여성상을 가진다.
- 형제들은 수줍은 형제에게 자기 주장이 없다고 무시하거나 그들 일원이 아니라는 암시를 하며 숫총각으로 죽을 거라고 말하고, 어쩌면 게이일 수도 있다고 떠본다.

- 이들은 학교에서 외톨이이다. 놀림을 당하기 쉽고 다시 거부 당할 거라는 불안에서 친구를 만들지 않는다.
- 이들은 학교에서 탁월해 월반을 하고 그래서 훨씬 나이 많은 아이들 사이에 있게 된다.
- 스스로 아주 높은 기대를 하거나 '꿈같은 데이트'를 바란다. 멋지고, 적극적이며, 자신에게 결핍된 모든 재능을 가진 사교계 유명인으로 거기에다 평생 변치 않는 각선미를 가지고 있는 여자를 기대한다. 실제로 이들은 그런 여자의 유명세 덕으로 사회에 쉽게 편입되거나 인기를 얻기를 바라고 또한 부모와 형제들에게 자신이 성공했다고 입증하기 원한다.
- 관계가 깨지면 숫기 없는 남자는 엄청난 충격을 받고 아주 심각하게 우울증에 빠지기도 하여 자살을 시도하는 지경이 되기도 한다.
- 가족들은 선의로 그에게 댄스장이나 미식가 요리강습에 나가서 여자를 만나거나 대화하는 법을 배워보라고 권한다. 가족들은 그를 괜찮은 파트너와 엮어주려고 주선하지만 그는 사회적인 기술이 부족하기 때문에 제대로 해내질 못한다.

당신의 문제는 혼자서 고칠 수 있는 그런 문제가 아니에요. 당신의 잠재력을 개발할 수 있도록 좋은 치료사를 찾는 일이 급선무입니다. 그러니 당장 찾아보세요.
예약을 기다리는 동안에 당신 스스로 할 일이 몇 가지 있답니다. 글쓰기를 하세요. 생각이나 감정 들을 적을 수 있다면 아무리 오래된 공책이라도 상관없어요. 문장이나, 문법이나 띄어쓰기 등은 걱정하지 마세요. 당신 말고는 아무도 이 글을 안 읽을 거니까요. 글 쓰는 일은 감정이나 반응을 되짚어보도록 도와주기 때문에 치료적인 효과가 있어요. 일단 자신의 불안과 감정을 적어놓으면 아주 갑자기 그 패턴이 선명하게 잡힐 겁니다. 당신 행동의 원인과 결과에 대해 진정한 인식을 얻게 되죠. 그러면 치료사들이 당신에게 무언가 권고를 하면 받아들일 준비가 될 거예요.

가족이나 동거인은 그 기록이 개인적이며 자기들은 읽을 어떤 권리도 없다는 사실을 잘 알고 있어야 해요. 만약 읽는다면 그들 행동에 모든 책임을 져야죠.

버리지 말고 글을 모아 두세요. 나중에 찬찬히 읽어보고 어떻게 변하고 있는지, 얼마나 발전했는지 돌이켜보는 것도 좋은 치료예요. 그리고 퇴행했다면 다시 돌아가 슬럼프를 벗어날 고유의 방법을 고안해내겠지요. 당신의 생각과 감정이 계속 머리에서 빙빙 돌기만 한다면 그걸 적어 내려가보세요. 그러면 심란하게 들볶는 힘발이 약해지고 그런 감정들에 덜 사로잡히게 될 거예요.

아무도 이 일이 쉽고 빨리 해결될 거라고는 하지 않을 거예요. 하지만, 보세요, 가치 있는 일이라니까요. 이게 다 당신의 남은 인생과 관련된 일이잖아요. 그러니 무얼 망설이세요?

쓰리섬 THREESOME

쓰리섬 혹은 메나주 아 트르와(ménage a trois)는 아주 재미있을 것처럼 들리죠. 남자들에게는 상당히 흔한 판타지예요. 어떤 여자들은 사랑을 나누는 데 다른 파트너가 참여하면 정말 흥분을 느낀다고 해요. 또 어떤 사람들은 그들의 파트너가 말하는 것만큼 기가 막힌 일인지 미심쩍어하다가 참여해보고 받아들이거나 즐기기도 해요. 또 다른 여자들은 그냥 생각 자체를 노골적으로 배척합니다.

수에게 / 제 남자친구와 저는 4년을 같이 했어요. 그는 최근에 섹스할 때 다른 사람을 참여시켜보는 게 어떠냐는 제안을 했어요. 그를 기쁘게 하고 싶긴 하지만 제가 그걸 어떻게 느낄지 확신이 없어요. 이런 일은 안전한가요?

수의 대답 // 파트너가 자신의 판타지를 당신과 나눌 만큼 당신을 신뢰한다는 사실은 두 사람 관계의 많은 부분을 이야기해주네요. 그리고 그는 일단 물어본 거지 당신을 압박하고 있는 건 아니에요. 이러면 부담이 덜죠. 또한 당신이 부정적으로 반응하지 않고 타당하지 않은 생각으로 거부하지 않은 걸 보면 당신이 고루한 가치관에 꽉 막힌 사람이 아니란 것도 알 수 있네요. 그러니 우리가 감정 요소를 살펴보기 전에 몇 가지 문제를 한번 생각해봅시다.

누가 다른 사람을 고를 것인가? 당신, 아니면 당신의 파트너? 제삼자는 친구들 중의 한 명으로 할 것인가, 아니면 파트너 구인 광고에서 찾을 것인가? 실행하기 전에 인터뷰를 먼저 할 것인가? 성병의 가능성을 꼼꼼히 확인할 만큼 충분히 적극적인가? 에이즈 문제는? 그 사람이 주사기를 사용하는 약물을 해본 적이 있는가? 무방비로 고위험 섹스 행위에 참여한 적이 있을 가능성이 있는가? (당신 둘은 콘돔을 사용하는 안전한 섹스를 하자고 고집해야 돼요.) 당신과 파트너는 당신이 구강, 질, 항문 섹스 중 어떤 것을 할지 의논하고 확실하게 동의할 것인가? 파트너가 당신이 언제든지 그만하자고 하면 충분히 들어줄 것인가? 제3의 파트너는 여성일지 남성일지 의논했는가?

파트너를 즐겁게 하고 싶다는 마음은 참 착해요. 하지만 이런 제안을 받아들였을 때 진짜로 어떻게 느낄까요? 제3의 파트너인 여자가 아주 멋지거나, 혹은 침대에서 야성의 여자로 변하면 자신이 부족하다고 느끼지는 않을까요? 당신의 파트너가 다른 여자에게 빠져서 당신을 빼버리면 어쩌나 두렵지는 않을까요?

제3의 파트너가 여자라면, 당신이 사랑하는 사람이 당신 앞에서 다른 여자와 섹스를 하는 걸 보면 무슨 생각이 들까요? 그리고 그녀가 당신에게 키스를 하고 당신을 만지고 그는 그녀에게 키스하고 애무하면 당신은 어떻게 느낄까요?

만약 다른 상대가 남자라면 당신의 파트너가 빤히 보는 데서, 그리고 격려까지 받으며 다른 남자와 섹스를 하는 게 어떻게 느껴질 까요? 그가 다른 남자와 관계를 한다면 그에게 동성애 성향이 잠복해 있다고 걱정하진 않을까요?
파트너가 완전 푹 빠져서 항상 이걸 하자고 하면 어쩌나 하는 두려움이 당신의 마음 한구석에 스멀스멀 피어오르고 있진 않은지요? 혹은 이는 단지 시작일 뿐 포섬, 스와핑, 집단 섹스, 신체결박 혹은 사도마조히즘으로 그의 판타지를 만족시키기 위해 점점 심해질까 두렵지는 않나요?
이후에도 서로를 존중할까요? 나중에 자꾸 이 일이 떠올라 당신을 쫓아다닐 가능성은 없나요?
항상 발견하지만 재밌게도 쓰리섬을 해보자고 원하는 남자들은 보통은 남자가 아니라 다른 여성을 원해요. 다른 남자가 적극적으로 참여하는 상상을 해보면, 당신의 남자친구가 테크닉이 부족하다고 느끼고 실패에 대한 두려움을 갖게 되지는 않을까요? 그가 다른 여성을 원하는 일이 전혀 문제가 안 된다면 당신이 다른 남성을 원하는 것도 하등 문제될 일은 없을 텐데 말이죠.
당신들의 관계가 쓰리섬을 한 후에 깨진다면 당신은 어떻게 느낄까요? 그가 당신이 융통성 없는 사람이라고 생각할까봐, 관계를 유지할 마음에 동의를 한다면 어차피 관계는 끝나고 당신의 자기개념과 자존심은 묵사발로 망가져버릴 게 뻔해요. 이런 결정은 그를 기쁘게 하기 위해서가 아니라 무엇이 당신을 위해 최선인지를 기준으로 삼아 철저하고도 조심스럽게 내려야 합니다.

신경성 식욕부진 ANOREXIA

수에게 / **저는 신경성 식욕부진이에요. 제가 계속 피임을 해야 할까요. 남자친구는 제가 어느 정도 몸무게를 다시 늘리지 않으면 결혼을 안 하겠대요. 하지만 몸무게가 느는 속도로 봐서는 한참이나 걸릴 것 같아요.**

수의 대답 // 신경성 식욕부진을 가지고 있는 여자들은 자신이 뚱뚱하다고 아주 단단히 확신하고 있으며 살을 몇 킬로그램만이라도 더 빼면 훨씬 좋아 보일 거라고 생각해요. 우리가 보기에 그들은 해골 같지만 자기들은 뚱뚱보라 생각하지요.

하지만 신경성 식욕부진은 단순히 "다 먹어"라고 말한다고 곧장 해결되는 그런 일이 아니에요. 먹는 일은 이런 섭식 장애를 가진 누군가에게는 시련이에요. 그래서 이런 사람을 억지로 먹게 하면 토하거나 아래로 쏟아 내거나 칼로리를 소진하려고 맹렬하게 운동을 하는 유혹이 항상 따라 와요.

이론상으로 여성의 몸에 일정량의 지방이 없으면 생리를 하지 않고 배란을 하지 않는다고 하지만 이론에만 의존해서는 절대 안 돼요. 제3세계의 많은 여성들이 영양부족이지만 그 여성들은 그럭저럭 임신을 하고 작지만 정상적인 아이를 출산해요. 임신 이야기 이전에 당신의 건강 문제를 풀어보려 노력하라고 말을 하고 싶기도 한데요, 일단 당신이 지금 임신을 원하지 않는다면 절대적으로 피임을 해야 해요.

육체적으로 당신이 피임약을 먹을 수 없을 만한 이유는 없어요. 어떤 여성은 피임약을 먹으면 배고프다는 느낌이 들어 몸무게가 늘기도 해요. 피임약이 아니라면 콘돔과 거품형 살정제, 스폰지, 피임용 격막 같은 장벽 피임법을 추천할 수도 있어요. 주의할 점 한 가지. 몸무게가 2킬로그램 이상 빠지거나 늘면 피임용 격막이 여전히 당신의 자궁경부를 다 막을 수 있는지 의사에게 확인을 해봐야 합니다.

아주 오랜 시간을 들여 당신의 몸을 받아들이고, 나아가 좋아할 수 있도록 심도 깊은 상담을 받는 게 좋을 거예요. 섭식 장애 같은 경우, 종종 어린 시절 가족 간의 갈등, 부모의 비현실적인 기대, 혹은 어쩌면 여러 형태의 학대 같은 데서 비롯된 아주 깊은 문제가 밖으로 표현되는 것일 수 있어요. 당신의 파트너가 위협하거나 회유한다고 해결될 문제가 아니에요. 치료가 필요합니다. 지금 시작하세요. 행운을 빌게요.

신뢰 TRUST

관계가 지속되려면 반드시 높은 수준의 신뢰가 있어야 합니다. 이는 여러분의 파트너가 다른 사람과 '놀아나지' 않을 거란 믿음 이상을 의미해요. 둘 중 어느 누구도 자신들의 친숙한 일상이나 다른 사람과 당신들의 관계를 배신하지 않는다는 사실을 알아야 하죠.

수에게 / 여자친구와 저는 지금까지 4년 동안 같이 살았어요. 잘 지냈는데 최근에 그녀는 '아기'에 대해 말을 꺼내더라구요. 그녀는 서른다섯이고 생물학적인 시계가 자꾸 가고 있으니 이제 둥지를 틀었으면 한대요. 전 아니에요. 지금 당장은 정말로 하고 싶지 않은 일이에요. 그녀는 피임약을 먹어요. 그런데 전 그녀가 '우연히' 약 먹는 걸 까먹고 임신을 해서 아기를 낳겠다고 고집하면 어쩌나 무섭습니다. 제가 콘돔을 쓰자고 하자 그녀는 불같이 화를 냈어요. 그래서 지금은 전 그녀와 섹스하는 게 내키지 않아요. 그녀는 아직도 내가 자기를 사랑하는지 궁금해해요. 전 이 문제에 발언권이 없는 것 같아요. 옴짝달싹 못 하게 붙잡힐 것만 같아 끔찍해요.

수의 대답 // 이 일이 당신을 미치광이로 몰아가고 있네요. 당신은 달리 선택할 여지가 없어요. 차분히 앉아서 아주 솔직하게 이야기해야 합니다. '나 화법'을 사용해서 그녀가 무슨 짓을 하고 있는지가 아니라 당신이 어떻게 느끼는지에 중점을 두어, 당신의 결론이 무엇인지 아주 정확하게 그녀에게 이야기하세요. 무자비하게 들릴 수 있겠지만 그녀도 알아야만 합니다. 당신은 아버지가 되고 싶지 않으며 앞으로도 가족을 꾸리고 싶은 생각이 들지도 확실치 않다고 알려주세요. 그녀는 아이를 갖는 일이 무엇보다 중요한 일이라면 당장 이 관계를 끝내는 게 최선임을 깨달아야 합니다.

하지만 당신의 거절에도 그녀가 임신하기로 결정을 한다면? 당신은 전혀 힘이 없어요. 그녀는 피임약만 끊으면 되죠. 그래도 당신은 절대 몰라요. 당신은 그야말로 힘이 없어요. 그녀는 당신을 압박해서 (혹은 속임수를 써서) 섹스를 하고 당신 (혹은 다른 누군가의 아이를) 임신할 수 있어요. 옛날에도 있던 일이에요. 법적으로 당신은 아이를 없애라고 강요할 수 없어요. 그녀가 아기를 가지면 당신들의 관계는 아마 깨질 거예요. 하지만 그녀는 당신에게 아이가 성인이 될 때까지 양육비를 청구할 수 있어요. 당신이 그녀와 섹스를 원치 않는다고 한 게 놀라운 일도 아니죠.

이런 점을 정확하게 분석했다면 이 관계는 이미 큰 문제에 휩싸여 있다는 사실을 알 겁니다. 신뢰는 거의 존재하지 않고 당신은 이미 몸을 빼기 시작했어요. 당신이 감정에 아주 정직해지면 둘의 관계는 더욱 위태롭게 되겠죠. 그래도 확실히 하려면 콘돔 사용을 고집해야 할 겁니다. 그런다고 위험이 아주 없어지는 것은 아니지만요.

현실은 냉혹합니다. 당신이 완전히 섹스를 멈춘다고 해도 그녀가 임신을 해서 아이 아버지가 당신이라고 한다면, 법적으로 당신은 법정에 갈 수도 있고 친부인지 확인하기 위해 DNA 혈액 검사를 명령 받을 수 있어요. 여기까지 가면 관계는 물 건너가 파경에 이르렀을 거예요.

가까운 미래에 아버지가 되기를 원치 않는 남자라면 이 모든 전개는 많은 남자들을 두려움에 빠뜨리고도 남을 일이지요. 전 많은 남자들이 이런 불안을 마음 깊이 가지고 있다고 확신해요. 계획하지 않은 임신의 마지막 결과에 힘도 없고 통제권도 없으니까요. 이런 사실을 알면 왜 많은 남성들이 관계 맺기에 서툴고, 지연사정, 발기부전, 조기사정 같은 흔한 성적 장애에 시달리는지 이해가 되지요.

'공포'가 가장 중요한 단어예요. 신뢰가 없으면 공포가 틀림없이 뒤따라요. 발부리에 걸리는 다른 장애물도 있어요. 한번 신뢰가 손상을 받으면 정말 다시 되돌릴 수 있을까요? 당신은 무엇이 당신을 위해 최선일지 직감으로 알고 있을 거란 느낌이 드네요. 이를 명확히 하는 데 도움이 되도록 글로 한번 적어보세요.

수에게 / 전 아주 큰 실수를 저질렀어요. 남자친구는 나를 용서했다고 말은 하지만 전 그가 잊지 않고 있다는 걸 알아요. 제 친구들이 그러는데 그가

항상 제가 잘하고 있는지 확인을 한다고 해요.

수의 대답 // 기만을 당하거나 상처를 입은 사람이 그냥 잊어버리는 건 거의 불가능합니다. 하지만 우리는 즐겁지 않은 기억에 대한 반응이나 대응은 제어해야 하지요. 남자친구는 이 실수를 인정하고 당신이 진심으로 미안해하고 다시는 그러지 않을 거라는 걸 받아들이고, 더 나아가 의식적으로 당신의 과오를 과거에 묻기로 결정하고 신뢰를 다시 쌓을 수 있어요. 당신은 자신이 신뢰할 만한 사람임을 증명해야 하고요.

하지만 남자친구가 이를 무기로 사용하고 당신의 바보짓을 자꾸 상기시킨다거나, 꾸짖는다거나 당신이 부족하다고 자책하도록 이용하면 그 실수는 그가 당신을 조종하고 권력을 쥘 수 있도록 하는 카드가 되겠죠.

역으로 남자친구에게 그도 완벽하지 않으며 실수를 핑계삼아 우위를 누리려 한다고 상기시키는 일도 성공하지 못합니다. 그저 당신에게 죄책감이나 울화만 남길 뿐이죠. 동등한 위치가 되려고 그를 비난하는 일은 자연스러운 일이겠지만 이렇게 되면 승부게임으로 돌입해버립니다.

이런 파트너는 실패의 감정을 덧쌓기도 하기 때문에 감정을 서로 소통하기가 어려워요. 관계 상담을 받아보는 건 어떨까요? 지금 당신의 파트너는 관계에서 우위를 점하고 있고, 둘 사이의 힘의 밸런스를 조절할 필요가 있어요. 그렇지 않으면 관계에서 다른 방식으로 문제가 나타날 거예요.
전 당신이 자신의 실수에 대해 남은 평생 되갚아야만 한다고 느끼기를 바라지 않아요.
당신이 고난을 헤쳐 나갈 거라고 굳게 믿어요. 하지만 문제는 과거를 모두 청산했다는 한에서만 풀리고, 과거지사로 변해 함께 벗어날 수 있겠지요.
당신의 실수가 파트너의 무기로 악용이 되면 대충 용서될 수 없다는 감정이 남아 당신의 자기개념이나 자존감에 엄청난 손상을 줄 뿐 아니라 파트너로부터 정신적, 신체적, 혹은 성적 폭행을 당할 수도 있어요. 당신이 이런 일을 당해도 싸다고 감내하기 쉬우니까요. 어쨌든 당신은 실수를 저질렀어요. 하지만 그건 종착역이 아닙니다. 당신은 그로부터 무언가 배울 수도 있어요. 그러니 귀에 딱지가 앉도록 들먹이는 걸 참고 있을 필요는 없어요. 상담을 받으러 가세요.

양성애 BISEXULITY

수에게 / 아내는 제게 "우물짝쭈물짝 앉아서 뭉개고"만 있지 말래요. 우리는 12년 동안 결혼생활을 했고 세 명의 훌륭한 아이들, 좋은 직장을 가지고 있어요. 삶은 더할 수 없이 좋아야겠지요. 하지만 저는 아내와의 섹스를 즐기고 여자와 하는 섹스 판타지도 가지고 있지만 다른 남자와 섹스도 즐겨요. 아내에게도 이 사실을 밝혔고, 안전한 섹스도 잘하고 있어요. 처음에 우리는 그냥 과도기려니, 극복할 수 있으려니 생각했어요. 하지만 저는 여전히 두 가지 사랑을 다 원해요. 제 아내는 제가 동성애자가 되어간다고 확신하는 모양이에요. 우리에게 희망은 있는 걸까요?

수의 대답 // 그래요. 당신이나 당신이 사랑하는 두 사람에게도 희망은 있어요. 하지만 쉽지는 않겠지요. 각자 상담을 받고 그다음 세 사람 모두 받아들일 만한 생활양식에 합의하게 된다면 길이 보일 거예요. 캘리포니아에 거주하는 800명의 양성애자를 대상으로 한 최근 설문에서 20퍼센트가 공존하는 관계를 맺고 있다고 답했어요. 하지만 당신의 행동이 아내나 애인에게 용납되지 않으면 어쩔 수 없이 선택을 해야겠지요.

저는 딱히 당신을 양성애나 동성애로 못 박고 싶지 않아요. 킨제이 연구소에서 1984년에 발표한 조사에 따르면 남성의 37퍼센트가 동성과 경험이 있다고 해요. 우리는 이런 사람들을 다 양성애자로 분류해야 할까요? 킨제이는 이따금씩 보이는 양성애는 우리가 깨닫고 있는 것보다 훨씬 흔하다고 봤어요. 그는 0에서 6까지 숫자로 된 연속 체계를 창안하고 0을 완전한 이성애로 6을 완전한 동성애로 정의했어요. 대부분 사람들, 여성이나 남성이나 이 사이에 어딘가에 해당됩니다. 어떤 사회학자들은 우리 고유의 본능만 남겨두고, 어떠한 부정적인 사회적 제재도 부과되지 않는다면 우리 모두는 이성애의 단계를 거쳐, 그런 뒤 동성애, 어떨 땐 양성애를 거쳐 독신의 금욕단계에 이른다고 주장해요. 굳건한 가치와 신념을 주입 받는 우리로서는 무시무시한 생각이지요.

많은 치료사들이 동의하겠지만 양성애자라고 말하는 여자와 남자 사이에는 몇 가지 차이가 있다고 해요. 남자들은 결혼생활을 유지하며 나가서 바람을 피우는 경향이 있어요. 이들은 그들의 두 가지 삶을 격벽으로 나누듯 분리하는 능력을 지녔어요. 자신을 양성애자로 분류하는 남자 중 30퍼센트가 전통적인 결혼 가정의 테두리라는 '벽장 속에 숨어'* 살고 있어요. 그들은 경제적으로 풍족하며 여행 다니기 쉽고 자유로운 직장을 가진 사람이 많습니다. 여자들은 다른 여성들과 성적으로 엮이는 경우는 적은 편이지만 아주 친밀한 관계를 가지곤 해요. 다른 여성과의 감정적 연결 때문에 결혼을 유지하기 힘들기도 해서 이혼을 하거나 별거하고, 양성애자 여성은 레즈비언 관계에 차츰 참여하게 되죠.

정확히 양성애가 무엇인지 설명할 수 있는 확고한 조사연구는 없

* in the closet '벽장에 숨어'란 뜻은 자신의 성정체성을 드러내지 않는다는 의미로 쓰입니다.

어요. 사람은 그런 획일적인 방식으로 분류할 수가 없어요. 하지만 우리 사회는 불명확한 것은 받아들이기 거북해하죠. 즉 이것 아니면 저것이어야 해요. 양쪽에 걸쳐 있으면서 양쪽 세계의 이득만 볼 수는 없어요.

양성애자들은 자신들이 곤란한 처지에 꽉 끼여 있다고 느껴요. 이들은 죽도 밥도 아닌 상태에서 이성애자 사회에도 끼지 못하고 그렇다고 레즈비언이나 게이 사회의 지원도 받지 못한 채 겉돌아요. 불행하게도 이들에게 양성애자들을 위한 지원, 협력단체, 좋은 책도 거의 없어요. 오래된 책 토마트 겔러의 〈양성애〉* 가 도움이 되는 정도입니다.

이제 전체적인 윤곽은 알게 되었으니 당신의 처지로 돌아가보죠. 지켜보았다시피 자신을 양성애자라고 못 박게 되면 일이 어려워져요. 성적인 이끌림은 고정적이지 않고 요동을 쳐요. 좋은 치료사의 도움을 받으면 성적 판타지, 감정적, 사회적, 성적인 선호도를 파헤쳐볼 수 있어요. 자신을 어떻게 인식하고 있는지, 이성애자나 동성애자 사회의 참여 상황도 점검해보아야 하고요.

상담 후에 당신은 강하게 이끌리는 대로, 어느 하나의 꼬리표에 안착하는 게 더 편하겠다, 결정할 수도 있어요. 그렇게 되면 당신이 새로운 성적 선호도를 폭로하면 쏟아질지 모를 반응들에 대응할 준비를 하고 있어야 합니다.

어떤 사람들은 양성애는 존재하지 않으며 실제로는 동성애자인

* Bisexuality : A Reader and Sourcebooks by Thomas Geller (New York : Times change press, 1990)

데 전환 과정을 거치고 있는 거라고 우겨요.
사람들은 이런 경우 다른 사람들에게 상처를 주기 때문에 배려 없고 이기적이라고 말해요. 한편 양성애는 도덕관념이 없으며 불안정한 존재, 혹은 변태라고 여기는 사람도 있어요. 어떤 사람들은 이들이 HIV/AIDS 혹은 다른 성병들을 퍼뜨린다며 비난하고 양성애자들을 배척해요.
당신 파트너의 반응은 아마 다음과 같을 거예요.

- 나는 이런 일을 견딜 수가 없어.
- 난 다른 섹스 파트너와 싸우지 않을래. 승산이 없어.
- 난 어쩜 이렇게 어리석을까? 왜 못 알아차렸을까?
- 무엇 때문에 내가 매력 없고 중성적이고 전혀 성적이지 않은 존재가 된 거야?
- 아이들은 어떻게 반응할까, 가족들은 그리고 친구들은?
- 어떻게 네가 나한테 이럴 수 있니?
- 나에게 에이즈나 성병을 옮겼을까?
- 이거 혹시 선천적인 건 아닐까? 우리 아이가 양성애자, 레즈비언 혹은 게이가 되는 거 아냐?

사람들은 의식적으로 성적인 끌림을 결정하지 않아요. 그냥 벌어지는 일이에요. 성지향성이 확실하지 않고, 혼란스러우며 불안한 양성애자는 가족이나 동료들이 거부반응을 보이면 위축되고 비밀스럽게 변하고 다른 사람들을 피해요. 도움을 받는 일은 더욱더 힘들어지죠.

언젠가 사회가 남성이나 여성과 똑같이 에로틱한, 애정이 담긴, 친구 같은 감정을 느끼는 양성애자들을 받아들이기 시작하리라고 희망해봅시다. 대부분의 책임감 있는 어른들처럼 많은 양성애자들은 파트너를 신경 써서 선택해요. 이들은 자신들의 생활방식이 다른 사람들에게 어떤 영향을 끼치는지 알고 있어요. 그리고 완전히 없애지는 못하겠지만 다른 사람에게 갈 감정적인 충격을 줄이기 위해 노력해요.

저는 '세상에는 은하수의 별보다 더 많은 종류의 사랑이 있다'는 아름다운 경구를 좋아해요.

대부분 레즈비언과 게이 조직은 공식적인 범주에 양성애자들을 포함하고 있어요.

에이즈 AIDS

수 에 게 / 에이즈에 관해서 너무 혼란스런 정보가 많아요. 깔끔하게 정리된 책 좀 추천해주시겠어요?

수의 대답 // 1980년대 처음으로 우리가 에이즈를 알게 되었을 때 대중매체들은 고통이나 죽음에 집중했으며 안전한 섹스를 해야 된다는 점을 제외하고는 정확한 정보는 많이 다루지 않았어요.

바이러스가 어떻게 전달되는지 설명하기 위해서는 노골적인 표현이 필요해요. 그래서 헷갈리지 않도록 의료인만 알아먹는 용어 대신 가끔은 은어까지 써가며 설명을 하겠습니다.

에이즈는 사람면역결핍바이러스human immune deficiency virus(HIV)로 생겨요. HIV는 아주 약한 바이러스로 열, 추위, 공기, 빛에 노출되면 죽고, 비누와 물, 알코올, 표백제나 모든 소독약으로 문지르면 사멸해요.

바이러스는 감염된 사람의 일부 체액에 고농도로 집중되어 있어요. 예를 들어 베인 데나 상처에서 흐르는 피, 남자의 윤활액(pre-cum)이나 정액, 여자의 젖, 질 윤활액 혹은 생리혈 등이 여기 포함됩니다.

감염이 되기 위해서는 이런 체액이 한 번 이상 헌데, 베인 상처, 심한 여드름, 습진에 닿아야 해요. 최근 연구에서는 바이러스가 표면에 손상된 곳이 없더라도 점막을 통과할 가능성이 있다고 하니까 구강-성기 섹스나 보호되지 않은 섹스도 위험한 행동일 수 있어요.

바이러스가 사람 몸 안에 들어가면 빠르게 증식합니다. 증식함에 따라 몸은 바이러스에 대응하기 위해 점차 항체를 만들어가지요. 혈액검사로 바이러스가 있는지 확인할 정도로 충분한 항체가 몸 안에서 만들어지는 데 약 13주가 걸려요. 음성 결과는 거의 정확해요. 하지만 그래도 불안하거나 에이즈공포증을 가지고 있다면 주기적으로 재검사를 해보는 게 필요한지 의사에게 물어보세요. 알지 못하는 사이에 감염이 될 수도 있으니까요. 그러니 여러분이 활발하게 성생활을 하고, 안전한 섹스를 하고 있지 않다면 파트너를 감염시킬 수 있어요. 바이러스가 몸 안에 있더라도 어떤 증상이나 징후를 보이지 않을 수도 있어서 검사의 필요성을 느끼지 못하기도 합니다. 그리고 바이러스에 노출된 후 얼마 지나지 않아 검사를 한 경우에는, 피에 항체가 보이는 데 13주가 걸리기 때문에 음성으로 나올 수도 있어요. 항체가 나타나면 HIV 양성이에요. 하지만 아직은 AIDS에 걸린 것은 아니에요.

하지만 HIV가 T-4 도움세포를 파괴하기 시작하면 면역체계는 약해집니다. 밥맛이 없고 피곤하긴 해도 여전히 괜찮아 보이겠지요. 흔한 감염질환과 싸울 수 없을 정도가 되면 병에 쉽게 걸려 폐렴, 설사병, 전신적인 진균증(곰팡이 감염증) 그리고 피부암의 일종인 카포시 육종이 생겨요. 이런 것 중에 하나라도 우연하게 감염(기회 감염)이 되면 에이즈로 진단이 됩니다.

생명을 연장하기 위해 새로운 치료법이 개발되고 있지만 독성이 있고 몸에도 무리가 가요. 한 번씩 감염증으로 시달릴 때마다 점점 더 약해지고 더욱 다른 감염에 잘 걸리게 되지요. 아직까지는 완치 방법이 없어요.

HIV/AIDS에 관해서는 잘못된 미신이 많아요. 그리고 그 중 하나가 이 병이 동성애 사회에만 국한된다는 미신이죠. 최근까지 북미에서 에이즈는 주로 게이 남성들이 걸렸지만 현재는 점점 더 많은 여성들이 고위험의 행위를 한 적이 있는 성적 파트너로부터 감염되고 있어요. 그리고 아프리카에서는 남성들만큼 많은 여성과 어린이들이 HIV에 감염되어 있고요.

수에게 / 만약 에이즈에 걸렸다면 어떻게 자각을 하나요?

수의 대답 // 여기 가장 흔한 증상 중 일부를 적어볼게요.

- 목이나, 겨드랑이, 사타구니에 있는 임파선이 부어올라 몇 주 혹은 몇 달씩 지나도 가라앉지 않는다.
- 잘 치료되지 않는 설사가 만성으로 계속 된다. 그래서 한 주에 2~4킬로그램씩 몇 주 만에 심하게 살이 빠진다.
- 그렁그렁한 기침이 지속된다. 일반적인 치료에 반응하지 않는 특이한 형태의 폐렴이 있다.
- 카포시 육종이 나타난다. 크고, 납작한 보라색이나 갈색 종괴가 생겨나 번지면서 자란다. 수술 외에는 별 효과적인 치료가 없다.

– 때로 감염된 사람은 대상포진이 발생하기도 하는데 보통은 갈빗대를 따라
나타난다. 하지만 몸 어디든지 생길 수 있다.

여성에게는 증상이나 징후가 다를 수 있어요. 생리 양이 많아지고 주기가 불규칙해지거나 심하게 복통이 오기도 해요. 섹스는 고통스럽고 자궁내막증이 생기기도 하지요. 에이즈에 걸린 많은 여성들이 치료가 듣지 않는 심한 전신 진균 감염증에 걸려요.
이제 몇 가지 간추린 요점을 알게 되었지만 어떻게 바이러스에 감염되는지가 빠졌지요? 감염된 사람의 온 몸에서 나오는 분비물에 바이러스가 존재하는데, 몇 군데에 더 몰려 있어요. 눈물에도 바이러스가 있긴 하지만 양이 아주 적어서 감염이 될 정도가 되려면 적어도 1리터의 눈물을 혈관에다 직접 주사해야 하죠.
콧물은 어떨까요? 여기에도 바이러스가 약간 있긴 하지만 감염을 일으킬 만큼 충분하지 않아요. 침? 아니에요. 되풀이하지만 충분할 정도로 바이러스가 있지 않아요. 그러니 키스는, 그래요 아주 진한 프렌치 키스라고 해도 안전해요. 휴우!
모유는? 예, HIV를 지닌 여자의 젖에는 상당한 양의 바이러스가 모여 있어요. 하지만 아기에게 모유 수유로 바이러스가 감염되는지, 임신 기간 동안 태반장벽을 통과해 전해지는지 알 수 없어요. 그리고 태어난 후 약간만 지나면 검사에서 바이러스가 나타나요.
성기 분비물은 모두 다 바이러스로 중무장되어 있어요. 성적으로

흥분한 여자나 남자의 성기에서 나오는 윤활액, 질 분비물, 생리혈, 남성의 정액 모두 고농도의 바이러스가 들어 있어요. 그러니 어떤 형태든 무방비의 섹스는 위험해요.
감염된 남성이 여성과 무방비의 섹스를 하면 여성에게 약간이라도 긁힌데, 헌데, 자궁의 미란, 성병사마귀, 헤르페스 병변이 있거나 혹시 생리 중이라면 감염되기 쉬워요. 바이러스가 자궁경부의 점막을 통과할 수 있다는 증거도 다수 있어요. 그래서 상대가 감염되었을 가능성이 아주 희박하다고 해도 라텍스 콘돔을 사용할 것을 철저하게 고집해야 해요. 섹스에 목숨을 걸 만한 가치는 없잖아요.
남성이 감염된 여성과 무방비 섹스를 하더라도 성기에 자그마한 여드름, 고름집, 사마귀, 헤르페스 병변이나 헌데가 없다면 괜찮아요. 하지만 약간이라도 있다면 바이러스가 몸 안으로 들어가 감염이 될 수 있어요.
남자의 성기는 밖으로 나와 있어서 남자들은 보통 음경에 궤양이 있으면 바로 알게 되지요. 하지만 여자의 성기는 몸 안에 있어서 문제가 있어도 모를 수 있어요. 이 때문에 항상 라텍스 콘돔을 이용해 안전한 섹스를 해야 해요. (안전한 섹스와 콘돔에 관한 주요 정보는 293쪽의 콘돔 부분을 읽어보세요.)

다른 질문을 살펴볼까요.

수에게 / 오럴 섹스를 통해서도 에이즈에 걸리기도 하나요?

수의 대답 // 이제는 피부 표면이 온전하면 바이러스가 침투할 수 없다는 사실은 알고 있으시죠. 하지만 바이러스가 목구멍 안쪽에 있는 식도의 점막은 손상이 없더라도 침투할 가능성이 있다고 해요. 구강-성기 섹스는 위험한 행위로 간주되어야 할 거예요. 만약 입속에 개방성 미란이 있다면 특히 더 위험해요. 입가가 갈라지는 단순포진이라든가, 구강궤양이나 잇몸 농양이 있거나 칫솔이나 치실을 쓰다가 잇몸에서 피가 났거나, 이를 뽑았거나 입술을 깨물었다거나 하는 경우가 해당됩니다. 이렇게 균열이 간 점막을 통해 바이러스가 몸으로 들어가죠. 의심스럽다면 안전한 섹스를 하세요.

수에게 / 항문 섹스로 에이즈가 옮을까요?

수의 대답 // 몇 가지 사실들을 짚어볼 테니 여러분 성적 활동을 결정하는 데 신중하게 참고하세요.
항문 섹스에서 남자는 성기를 여자든 남자든 다른 사람의 직장에 집어넣어요. 항문 섹스는 모든 성병의 전달에 고위험 행위로 분류되어 있어요. 여기에 HIV/AIDS도 포함이 됩니다. 직장을 이루고 있는 점막은 아주 얇아서 섹스 중에 쉽게 찢어져요. 점막이 찢어지면 윤활액이나 정액 속의 바이러스가 몸속에 들어가요. HIV/AIDS에 걸릴 위험뿐만이 아니라 항문사마귀, 헤르페스, 임질이나 매독에 걸릴 가능성도 높아요. 이 모든 병은 상당히 고통스럽고 치료하기도 힘들어요. 그리고 찢어진 데가 점차 커져서 틈새(몸 바깥으로 이어지는 틈과 같은 열창)로 변하여 이곳을 통해 감염이 되고 역시 아주 치료하기가 힘들어져요. 그리고 치질이 생길 수도 있어요. 더 자세한 사항은 334쪽에 있는 항문 섹스를 찾아보세요. 어떤 위험이 뒤따르는지 체크해서 여러분이 원하는 종류의 성적인 활동인지 아닌지 결정할 수 있도록 하기 위한 정보입니다. 만약 항문 섹스를 하겠노라 결정했으면 그 위험성을 알고 반드시 안전한 섹스를 해야만 해요. 반드시 콘돔과 많은 양의 윤활제를 사용해야 하며 둘 다 반드시 긴장을 아주 늦추고 해야 합니다. 파트너의 항문에 성기를 넣으려면 아주 아주 부드럽게, 파트너가 동의를 할 경우에만 해야 합니다. 그리고 파트너가 "그만" "어어어." "아야" 혹은 "잠깐, 안 돼"라고 하면 즉시 멈춰야 된다는 사실도 극명하게 알고 있어야 합니다. 물론 이건 질을 통한 섹스에도 해당되지요.

항문 섹스는 고위험 행위예요. 여러분은 파트너를 믿겠지요. 하지만 파트너의 과거 성생활을 어떻게 상세하게 알겠어요? 알 수 없어요, 정말로. 뒷골목에서 마약 주입을 딱 한 번 해봤어도 HIV/AIDS를 가지고 있을 수 있어요. 안전 장치 없이 시험삼아 여자 혹은 남자와 항문 섹스를 했을지도 모르지요. 그럴 리 없다 확신할 수 있으세요? 알 수 없습니다. 그렇다면 위험을 무릅쓸 필요 없지요. 계속 안전한 섹스를 고집하세요. 그러지 않을 바엔 섹스를 안 하는 게 나아요.

수에게 / 파트너가 에이즈 검사를 했더니 깨끗하더라고 한다면 콘돔 없이 섹스를 하는 게 괜찮을까요?

수의 대답 // 안 됩니다. 알다시피, 에이즈 검사는 바이러스에 대한 검사가 아니라 항체 검사예요. 검사에 나올 정도의 항체가 생성되기 위해서는 13주를 기다려야 상당히 정확한 결과를 얻게 되지요. 그러니 파트너는 검사하기 13주 이전에 성생활을 완전히 멈추고, 검사를 하고 결과가 나올 때까지 또 다시 2주 동안 섹스 없이 기다려야 해요. 그 결과가 음성이고, 과거 4개월 동안 당신 외에 아무하고도 섹스를 하지 않았고 그리고 당신이 매번 콘돔을 사용했다면, 그 사람은 아마 괜찮은 거라 할 수 있죠. 하지만 여전히 안전한 섹스를 하는 게 나아요. 우리가 이야기하고 있는 것은 당신의 삶이에요. 섹스로 죽기에는 아깝잖아요.

"어떻게 주사기로 에이즈에 걸리나요?"라는 질문을 심심찮게 받습니다. 여러분이 중독성 주사제를 쓰는 데 무엇이 사용되는지 모른다고 가정하고 설명을 할게요. 학교에 있는 몇몇 아이들이 "좋은 물건"이 있다고 하면서 맞으러 간다고 하겠죠. 호기심이 동해서 구경삼아 따라가요. 그러다가 누군가 "어이 거기. 한번 해볼래? 애도 아니고 겁먹지 말아. 안 아프다니까. 진짜 기분 째진다고." 하겠죠. 그러면 한번 해봐요. 친구들이 가진 주사기, 바늘, 약, 수돗물 한 통, 금속제 숟가락, 라이터, 오래된 나일론 스타킹이 눈에 들어오는군요. 숟가락에 물을 약간 붓고 "좋은 물건"을 약간 넣어요. 라이터를 밑에 대고 있으면 물에 가루약이 녹아들어가죠. 그러면 그 용액을 주사기로 빨아들이겠지요. 나일론 스타킹으로 팔뚝을 감아 조이고 잘 불거지는 정맥을 찾아요. 주사바늘을 잘 조준해서 그대로 정맥에 찔러 넣어요. 정맥이 맞는지 확인하기 위해서 살짝 주사기 피스톤을 뒤로 빼서 피가 주사기통에 들어가나 보아요. 실수로 근육이나 조직에 찔러 넣으면 취한 느낌도 높지 않고 커다란 멍만 들거든요. 그런 다음 주사바늘을 다른 사람에게 돌려요. "슈팅 갤러리"*에 있던 아무라도 HIV를 가지고 있으면 주사기에는 바이러스가 잘 장착이 되었겠죠. 만약 이 주사기를 써서 주사를 맞으면 바이러스를 혈류에 바로 대놓고 쏘아 올리는 셈이죠. 알겠지요? 약을 하는 일은 제일 멍청한 짓이에요.

* 마약주사 맞는 장소의 은어

오르가슴 ORGASM

수에게 / 전 아무래도 거기에 도달하지를 못해요. 혼자서는 자위로 오르가슴에 이르러요. 하지만 남자친구와 함께는 일정 지점까지 가기는 하는데 그 너머는 가지 못하는 것 같아요. 답답합니다.

수의 대답 // 종이를 가져다 어린아이일 때 야단맞곤 하던 "우리 착한 딸은 이러지 않아요." 목록을 죽 적어보세요. 이런 꾸중이 들어 있겠죠. "다리 벌리고 앉지 말거라." "잡지 보는 거 아냐." "첫 데이트에 남자하고 키스하면 못 써." "그 남자가 네가 밝힌다고 생각해선 안 돼." "제발 좀, 잠지는 냄새가 아주 안 좋으니까 매일 잊지 말고 샤워하거라."

지금 당신은 남자친구와 기가 막히게 '질펀한 섹스'를 하고 있다고 쳐요. 발뒤꿈치가 거의 귀 옆으로 올라가는데 저 모든 테이프가 머릿속에서 돌아가기 시작해요. 퍼뜩 정신이 들죠. "그가 날 진짜 헤픈 애로 여길라. 굵직한 내 허벅다리를 안 봤어야 하는데. 우웩, 밑에 냄새가 쩔어. 그가 배에 튼살하며 가슴이 처진 걸 본다면, 어이쿠, 끔찍해라……."

이런 생각도 들겠죠. "돼야 되는데. 적극적으로 덤벼야 해. 내가 불감증이라고 생각하거나 그를 사랑하지 않거나 내가 그를 형편없는 애인이라고 생각한다고 잘못 알지도 몰라. 절정에 가야 해.

어라, 왜 아무 일 없지? 이런, 맥이 풀리네. 끝났어. 게임오버야."
당신은 어쩌다 절제를 잃고 열광을 하고, 마치 미쳐 날뛰는 동물처럼 보인다거나, 그가 당신을 무슨 괴물 취급할까 하는 두려움을 가지고 있을 수 있어요. 그래서 자신을 꽉 죄고서는 그냥 되는 대로 두거나 그냥 흘러가 일이 벌어지게 하지 않아요.
이런 선입견은 쓰다듬거나, 애무하거나, 오럴 섹스나 모든 행위의 즐거운 감각에 다 잊고 집중하는 것을 방해해요.
또한 당신이 혼자서 할 때 즐겁고 흥분되던 그 모든 일들을 파트너가 해주도록 안내하지 않았을 수도 있겠죠. 그에게 보여주고, 말을 하고 이끄세요. 그도 좋아할 거예요. 물론 당신도요.

수에게 / **저는 다른 남학생 여러 명하고 프랫 하우스*에 기숙하고 있어요. 그 중에 여자친구를 데려 와서 섹스를 하는 놈이 하나 있거든요. 수 선생님, 그 여자는 말도 못 하게 시끄러워요. 신음을 하고 괴성을 지르고 "예, 예, 예!" 고함을 질러요. 정상인가요?**

수의 대답 // 눈에 선하네요. 그녀로서는 정상일 수 있죠. 아니면 드라마를 너무 봐서 반드시 그렇게 해야 된다고 여기고 있거나.
기숙인 모임을 소집해서 단체로 그런 행동이 당신에게 어떤 영향을 미치는지 다른 회원들에게 이야기를 하세요. 공부하는 데 몰입

* 미국 대학 남학생 친목클럽 건물.

을 방해한다거나, 과시하려는 행동으로 비친다거나 덩달아 성적으로 흥분하게 되어 곤란하다고 할 수도 있고 모든 사람들을 욕보이는 짓이라고 할 수도 있죠. 그들의 부적절한 행동에 대한 정당한 반응이에요. 아무렴요, 이런 상황에선 부적절하죠.
그 일에 관해 그가 앞으로 어떻게 할지 들어보세요. 그는 여자친구에게 이야기하고 계속 그래서는 안 된다고 설득을 하겠다거나 다른 장소를 찾겠다거나 하겠죠. 완곡하지만 단호하게 한 달 이내, 이런 식으로 최종기한을 정하세요. 그리고 기한이 지나서도 계속 교성이 들린다면 그에게 이사할 다른 곳을 찾아보라고 통고하세요. 그나저나 그녀가 듣고 앉아 있을 수밖에 없는 당신들 모두를 질투 나라고 놀리고 있거나, 그 친구가 굉장하다는 찬사를 사려고 여자를 부추기는지도 모르겠네요.

요실금 INCONTINENCE

수에게 / 맙소사, 저 완전히 망가졌나봐요. 다섯 아이를 낳은 후에 가끔 소변을 지리곤 했는데 그래도 항상 멈출 수는 있었거든요. 이제 쉰셋인데 에어로빅을 하거나 별 무리가 없는 일을 해도, 기침을 하거나, 웃거나 재채기를 해도 팬티가 젖고 새는 걸 멈출 수가 없어요. 제가 할 수 있는 일이 있을까

요? 아니면 그러려니 하고 남은 생애를 기저귀를 차고 지내야 하나요?

수의 대답 // 이는 복압요실금이라고 해요. 남녀 모두 생길 수 있지만 여성에게 더 흔해요. 임신을 했거나, 재발성 방광 감염에 걸렸거나, 골반 부위 수술을 했던 여자들은 모두 어느 정도 요도 조임근(소변의 흐름을 조절하는 요도 끝의 밸브, 괄약근)에 손상을 입어요. 또한 나이가 들면 조임근 주위의 해면체 조직이 줄어들어 예전처럼 단단하게 닫히지 않아요. 우리의 두덩꼬리근(골반 바닥의 근육) 또한 확 당기는 힘을 잃어 소변을 멈추도록 단단히 죌 수 없어요. 정말 부끄럽지만 끝장난 건 아니에요. 당신이 할 수 있는 일이 몇 가지 있어요. 초보자들은 기회가 있을 때마다 적어도 하루에 열 번씩 케겔 운동(290쪽 참조)을 하세요. 얼마나 빨리 근육이 강화되고 다시 조절할 수 있게 되는지 놀라실 거예요.

화장실 근처에 갈 때마다 습관처럼 늘상 하지 마세요. 그렇게 하는 경우 방광이 줄어들어 방광에 담는 소변의 양이 감소해요. 그렇게 되면 더욱 자주 소변을 보러 가야 돼요. 하지만 제발 방광의 수용량을 늘리겠다는 일념으로 종종댈 정도로 오줌을 참지 마세요. 늘기야 늘겠지만 너무 많이 늘어나면 방광은 무긴장 상태(과도하게 팽창을 한 상태)가 되어 탄력을 잃게 됩니다.

이러다 언젠가 아무리 케겔 운동을 해도 도움이 되지 않는 날이 올 거예요. 그렇게 되면 비뇨기과를 찾으세요. 몇 가지 검사를 거쳐 새로운 치료법을 추천받게 될 거예요. 에스트로겐과 프로게스테론으로 된 호르몬 대체 요법이 폐경기의 여성에게 도움이 될 수 있어요.
국부 주입법으로 전문의가 아주 소량의 콜라겐(지방성, 밀랍 같은 성분)을 조임근 주위에 주사하기도 합니다. 이러면 조임근이 부풀게 돼 소변이 흐르는 것을 막게 되지요. 이런 시술은 6~8개월 지속되며 반복 시술이 가능하고 효과도 있어요.
아주 가끔씩 전문의들이 요도나 요도의 구멍에서 반흔 조직을 발견하게 되면 수술을 권하기도 해요. 이런 일에는 능숙한 외과의가 필요한데 저라면 수술 전에 다른 의견이 있는지 한 번 더 알아볼 겁니다.
그 외 모든 방법이 실패하더라도 다행히 오늘날은 새로운 어른용 기저귀가 있어요. 부피가 좀 나가도 제 몫은 하지요. 그러니 요실금 따위가 당신의 삶과 즐거움을 좌우할 수는 없습니다.
남성들도 종종 요실금을 앓아요. 보통은 굵어진 전립선 때문에 생기는 증상이죠. 혹은 감염(전립선염)이나 전립선비대증이나 전립선암 때문에 나타나기도 합니다.

수 에 게 / 저는 문제가 하나 있어요. 소변을 보기 시작하는 일도 문제인데다가 한번 나오면 멈추는 일도 불가능해요. 항상 조금씩 새서 팬티가 젖는 걸 막기 위해 맨-사이즈 크리넥스를 페니스 주위에 감고 다녀요. 이런 일이 70

대에 생긴다면 그래요, 좋다구요. 하지만 전 이제 서른여덟이에요. 정작 70대가 됐을 땐 제가 어떨지 생각하기도 끔찍해요. 전 어떤 액체도 마시지 않지만 그마저도 도움이 안 돼요. 사타구니에 무겁고 뜨끈뜨끈한 느낌도 같이 있어요. 흥분해서 그러는 게 절대 아녜요. 믿어주세요. 도와주실 수 있죠?

수의 대답 // 물론이죠. 먼저 당장 진료예약을 해서 전립선 검사를 포함해서 이학적 검사를 받아보세요. 만약을 위해서 소변을 받아가세요. 진료 예약이 잡히는 사이에 근육의 탄력과 힘을 키우기 위해 케겔 운동을 시작하세요.

만약 의사가 전립선에 감염질환을 진단하게 되면 2주치 항생제를 처방해줄 거예요. 처방 받은 약을 모두 먹고 의사를 다시 찾아가 감염이 깨끗이 나았는지 확인해보세요. 만성이 되기도 하고 치료가 어려울 수도 있어요. 그러니 의사 말을 잘 따르세요. 물을 더 많이 마시세요. 만약 섹스를 하게 되면 파트너를 보호하기 위해 콘돔을 사용하세요. 요도에 세균이 있으면 상대도 감염될 수 있어요. 좋지 않지요.

가능성이 적긴 하지만 암이 자라서 전립선이 커졌을 수도 있어요. 이는 의사가 직장손가락검사를 하면 진단할 수 있어요. 암이라면 수술을 권유합니다. 이런 일은 당신 나이대에는 드물지만 70대라면 생길 수 있어요.

용서 FORGIVENESS

수에게 / 남편은 2년 동안 비서하고 외도를 했어요. 저만 모르고 모든 사람들이 알고 있었어요. 저는 비탄에 빠졌지만 우리에겐 아이가 셋이 있고 저는 떠나고 싶은 마음이 없어요. 그는 미안하다고 말을 해요. 하지만 저는 없던 일로 돌릴 수가 없어요. 항상 마음속에 맴돌고, 우리 가족의 삶을 망쳐버릴까봐 두려워요. 도와주세요!

수의 대답 // 어찌 되었든, 당신에게 용서를 바란다는 남편이 미안하다는 말을 꺼내야 하듯이 그도 당신이 용서를 한다는 말을 들어야만 하겠지요. 하지만 당신은 잃어버린 신뢰, 사랑과 친밀감을 되찾기 위해 말만으로 그쳐서는 안 돼요. 무슨 일이 일어났던 건지 들여다보아야 해요.

두 분이 함께 데이트를 시작할 때 기본원칙과 무언의 기대사항이 합의됩니다. '당신이 나를 사랑한다고 하였으니 나를 보호하고 나를 다치게 하지는 않을 거라는 점'과 같은 것들이요. 당신 역시 그런 기초적인 신뢰 체계에 동의했어요. 당신은 그의 행동을 예측할 수 있다고 믿었지요. "그는 나에게 그런 짓을 하지 않을 거야"라고요.

지금 당신은 더 이상 그가 의지할 수 없는 존재로 느껴지고, 자기 자신도 믿을 수가 없다는 느낌이 들 거예요. 당신이 이 남자를 고르고 믿겠다고 선택했다는 점이 마음을 틀어잡고 괴롭혀요. 당신은 "난 어쩌면 그렇게 어리석었을까? 어떻게 그렇게 완전히 잘못 생각할 수 있었을까?" 하고 자책하겠죠. 당신은 스스로 자신의 가치, 신뢰, 능력까지 의문을 품게 됩니다. 다 뺏겨버렸어요. 당신이 미래로 품고 있던 모든 희망과 꿈은 산산이 흩어졌어요. 내일이 와도 이런 상실은 이겨내지 못할 거 같겠죠.

자신의 삶을 통제할 수 없는 것처럼 느껴져요. 다른 사람들은 잘도 꾸려나가는데……. 그리고 당신을 보호하리라 믿었던 사람은 이제 적으로 돌아섰어요. 이젠 누구를 믿어야 하나? 모든 과거의 규칙은 빈 칸으로 남아 있고 당신은 새로운 규칙을 만들어야 해요.

기운 빠지게도 당신은 어쩌면 아직도 그를 사랑하고 있을지도 모르고, 이 인간이 걱정스럽기까지 해요. 그는 상처를 주었고 당신은 증오로 가득 차 있어요. 당신은 이미 너무 많은 것을 잃어 더 이상 뭔가를 더 잃고 싶지 않을 거예요.

희망이 전혀 없는 것이 아니랍니다. 한 단계씩 용서로 나아가도록 도울 길이 있어요. 공책을 마련해 아래 과정을 꼼꼼히 따라가보세요. 재미는 없어요. 하지만 온통 증오로 자신을 파괴하며 틀어박힌 데서 한 발짝씩 뗄 수 있도록 도와줄 거예요. 준비되셨나요?

– 당신 관계의 핵심 규칙들, 깨져버린 그 규칙을 모두 나열합니다. 경제적인

합의, '같이 했던 시간은 신성하다.' 정직, '서로 충실하겠다' 등 생각나는 온갖 것들을 포함하세요.

- 이런 규칙을 누가 만들었으며 언제 만들었는지. 말로 꺼낸 적이 있는지 암묵적인 가정이었는지. 상호 동의한 것인지 아니면 파트너는 다른 기대를 가지고 있었을 가능성이 있는지 되돌아보세요.
- 그런 규칙들이 현실적이며 이성적인가? 여기서 정직해지세요. 규칙들이 여전히 당신에게 중요한가 아니면 수정할 수 있는가?
- 이제 이런 규칙들이 깨졌을 때 일어난 상처들을 나열하세요. 나는 기만을 당했고 남편에게 주었던 신뢰는 흩어졌다. 이제 자신도 믿지 않고 다른 사람도 믿지 않는다. 나는 친구나 가족들에게 어리석게 보일까봐 두렵다 등등.
- 이런 상처가 영원할까? 낫는 데 얼마나 걸릴까?

일어난 일은 어쩔 수가 없지만 그의 부정에 대한 당신의 대처 방식은 통제할 수가 있어요. 그러니 완전히 무력한 것은 아니죠.
당신은 당신의 삶이나 사람 관계가 완전히 변했다고 결론짓겠죠. 규칙들은 날아가버렸으니 새로운 규칙들을 만들어야 해요. 누구를 믿어야 하고 어떤 근거로 그렇게 해야 할까요? 무엇이 올바르고 적당할까요? 당신 삶에서 통제할 수 있는 것은 무엇인가요?
예전 친구나 가족들과 더 돈독한 관계를 쌓아보세요. 새로운 친구를 사귀고 새로운 흥밋거리도 만들어요. 다시 기운을 차리는 과정에 도움이 될 거예요. 이런 일을 할 수 있으면 당신은 거의 다 해낸 거지만 아직 다 된 것은 아니에요.
남편에게 차분하고도 이성적으로 당신이 받은 상처를 이야기하고 솔직하게 무엇이 일어났는지, 당신이 어떻게 느끼는지 대화를 나누세요.

- 먼저, 피폐해졌다고, 배신감, 무력감, 혼자뿐이라고 느꼈다고 인정을 하세요. 당신의 분노와 불안에 대해 이야기하세요. 남편을 비난하지 말고, "지금 내가 느끼는 그대로야"라는 말만 하세요.
- 당신이 엄청난 충격을 받았다고 솔직히 말하세요. 아무렇지 않은 듯 꾸미지 마세요. 불행한 일이 일어났으며 당신은 고통받고 있어요. 그리고 그 상처는 금방 아물지 않을 거예요. 당신 삶에 상흔이 남았고 그건 언제나 당신의 일부로 남을 거예요. 하지만 그렇다고 꼭 나쁜 것만은 아니에요.
- 시간이 지나가면 덜 아프다는 사실을 알아두세요.
- 그가 왜 충실하지 못했는지 알아보는 단계로 넘어가세요. 이유를 알아내려고 해보세요. 이런 과정은 꾸지람으로 불릴지언정 설욕하고자 하는 것과는 달라요. 당신은 그의 부모도 탓하고 그의 과거를 나무라고, 무엇보다 맹렬하게 그를 비난해대겠지요. 그는 불륜을 저질렀어요. 하지만 당신이 그가 바람을 피우겠다는 결정에 어느 정도 영향을 주었다는 사실을 받아들이세요.

이제 용서할 준비가 되었어요. 용서 역시 일련의 과정이에요. 균열이 갔으니 이제 두 분 관계를 회복하려는 노력을 해야 해요.
남편이 한 잘못은 확실하게 못 박아야 해요. 그의 행동은 받아들일 수 없는 일이었어요. 그는 벌 받아도 마땅하지만, 복수를 해서는 안 됩니다. 그도 해명을 했을 거고, 미안하다고 했을 거예요. 그리고 용서해달라고 했겠지요. 이제 모든 기초 작업은 마쳤어요. 이제 아마도 용서할 수 있겠지만 두 사람 관계의 베이스는 완전히 달라졌을 겁니다. 개인 혹은 동반 상담을 해보세요. 혼외정사는 관계가 더 낫게 변하는 기회를 제공해요. 아니면 나쁜 관계를 끝맺고 새로운 삶을 찾을 기회가 되기도 하죠.
당신은 남편에게 빚진 게 하나도 없어요. 남편은 당신에게 어떤 권리도 없고요. 당신을 책임지는 사람은 자신이에요. 당신은 이제 새로운 친구, 새로운 관심, 새로운 힘이라는 지지 세력을 가지고 있어요. 상처를 아주 잊어버릴 수야 없겠지만 일부러 상기하지는 마세요. 당신은 계속 성장할 수 있으니, 새로운 꿈과 기대를 키워나가세요. 당신은 더욱 현명해졌으며 덜 상처받고 애정에 너무 기대지 않게 되었어요. 당신은 승자예요. 상처가 불치가 되지 않도록 물리쳤으니까요.

우울증 DEPRESSION

우울증은 우리 시대에 주요한 고통인 거 같아요. 약 20퍼센트의 캐나다 사람들이 심신이 쇠약할 정도로 심각한 우울증을 생애에 적어도 한 번 이상 경험한다고 해요. 우울증은 어린아이나 노인이나 어느 나이대에나 생길 수 있지만 주로 중년 전후에 생겨요. 여성만큼이나 남성들도 우울증을 앓고 있는데 여자들이 더 쉽게 문제를 인정하고 전문적인 도움을 찾지요. 어떤 연구들에 따르면 결혼을 하거나 파트너가 있는 사람이 혼자이거나, 사별하거나, 이혼을 한 사람들보다 우울증에 덜 시달린다고 해요.
여기 소개한 편지는 우울증의 다섯 가지 'D', defeated(패배), defected(결함), deserted(버림받음), deprived(궁핍), diminished(위축)의 모습을 극명하게 보여주고 있어요.

수에게 / 너무 힘듭니다. 제 아내는 항상 슬프고 침울한 상태입니다. 아내는 밤에는 잠을 안 자고 마치 좀비처럼 앉아서 벽만 쳐다보고 있습니다. 제가 기운을 북돋워보려고 해도 소용이 없습니다. 저도 덩달아 기분이 가라앉습니다. 그래서 전 자주 밤늦게까지 일을 합니다. 아내를 그 심연에서 끌어내려는 노력도 이제 지쳤습니다. 그녀는 모든 일에 자신 탓을 하며 울고 어찌할 바를 모르며, 가족이나 친구들과 어울리려고도 않습니다. 아내는 혼자서 그저 틀어박혀 있습니다.

수의 대답 // 당신이 초죽음이 되어 쓰러지기 직전이라는 게 고스란히 느껴지네요. 편지를 읽고서 많은 부분 걱정이 앞섭니다. 당신은 지금 혼자서 아내의 모든 문제를 감내하고 있는 것처럼 들리는군요.

우울증 상태의 아내는 완전히 당신에게 기대고 있겠지요. 당신은 일부는 공감으로, 때론 죄책감으로, 아내가 더 나빠지거나 자살을 할지 모른다는 엄청난 중압감으로 구조자 역할을 떠안았을 거고요. 아마 이런 상황이 끝이 없을 거라고 느끼고 계시겠지요. 당신이 감당할 수 있을까, 관계가 그리고 결혼이 유지될 수 있을까 걱정도 되고요.

당신도 돌보는 사람으로서 상담을 받아보는 게 좋을 거 같아요. 당신의 정신 건강을 위해 잘 먹고, 운동하고, 충분한 휴식을 취해야 합니다. 어떤 종류든 사회적 배출구가 필요해요. 친구나 가족들과 꾸준히 연락을 하세요. 그러면 당신이 잠깐 쉬거나, 산책하거나, 수영을 하거나, 마사지를 받거나, 영화를 보는 짬을 내는 동안 아내를 돌봐달라고 부탁할 수 있을 거예요. 아내를 돕기 위해서라도 자기 자신을 먼저 돌보아야 해요.

분명 아내를 우울증에서 벗어나게 하려고 온갖 방법을 다 동원해 보셨겠지만 함께 해볼 만한 일들을 몇 가지 나열해볼게요. 완화요법 테이프, 마사지, 월풀이나 사우나, 시장에 가보기, 가벼운 내용의 영상물 보기, 웃기는 책을 큰소리로 읽기 등을 해보세요.

아내의 가족이나 친구들에게 매일은 아니더라도 일주일에 한 번 정도 아내에게 전화를 해서 잡담을 나눠달라고 부탁할 수 있죠? 그러면 아내에게 저 바깥에 그녀를 사랑하는 사람들이 있으며 잊혀진 존재가 아니라는 확신을 주는 데 도움이 될 겁니다. 집에 초대해서 아내와 커피를 마셔도 별로 부담을 느끼지 않는 친한 이웃이 있는지요?

우울한 사람들도 춤을 추면 기분이 나아집니다. 두 분이서 재미 삼아 스퀘어댄스, 사교댄스, 포크댄스를 배워보는 건 어떠세요?

아내가 매일 책임지고 할 특별한 업무를 정해 설거지, 고양이 대소변 치우기, 나무에 물주기, 신문 사기, 저녁에 먹을 감자 깎기 같은 일을 맡기는 것도 도움이 됩니다. 무언가를 완수하고 나면 해냈다는 만족감이 들지요. 이런 성취감은 쓸모없다는 느낌과 의존적이라는 느낌을 줄이고 자부심을 높여줘요. 이런 일을 해내면 추켜세우고 고맙다고 말해주는 것도 중요합니다. 아내가 말을 하기 원하면 공감을 표현하며 들어주고, 계속 부추기며 "난 당신이 그런 식으로 느끼는지 몰랐어. 그런 말을 내게 해주니까 기뻐." 같은 말을 해주세요.

어떤 치료사들이 추천하기도 했던 일부 전략들은 효과가 없어요. 통곡을 하거나, 소리치거나, 베개를 내려치는 행동은 우울증을 덜어주지 못해요. 혼자 있으면 우울증만 더 커질 수 있어요. 그리고 다른 이를 비난한다고 자신의 기분이 좋아지지는 않아요. 음울한 어둠에 두 손 드는 일은 그냥 우울증만 증가시키지요.

이건 아주 무거운 짐입니다. 혼자서 맞서려고 하지 마세요. 매일 잠깐이라도 간병할 사람을 찾으세요. 당신 아내에게 당신이 필요한 것을 말하지 못할 이유는 전혀 없어요. "나는 자전거 타러 나가고 싶어." "나 좀 안아줄래?" 혹은 "난 당신이 아직도 나를 사랑하는지 알고 싶어. 그저 돌보는 사람이 아니라 당신의 파트너로서." 같은 말들이요. 이런 일 역시 아내에게 그녀가 필요한 사람이라고 느끼게 해주며 자신감을 북돋워줄 수 있어요.

이렇게 한다고 해도 분명 "엉덩이 털고 일어나 말쑥하게 좀 있어봐. 당신 말고도 이 세상에 사람들은 있어"라고 말하고 싶을 때도 있을 거예요. 이런 감정이 솟으면 공책을 펼쳐들고 적어 내려가세요. 이런 생각을 가진다고 죄의식을 느낄 필요는 없어요. 이런 무거운 짐을 바란 적도 없고 왠지 속았다는 느낌도 들겠죠. 이건 정상적이고 건강한 반응이며, 당신도 이를 부정해서는 안 돼요.

우울증은 자기가 원해서 생기는 질병이 아니란 걸 알아야 해요. 수렁에서 벗어나보라고 그녀를 다그치는 일은 도움이 안 됩니다. 대부분 전문가들은 우울증은 생애 전반을 아우르는 경험과 수많은 스트레스 요소들의 결과로 촉발된다고 생각해요. 어떤 때는 생물학적인 근원이 있기도 하고 때로 유전적 원인 때문이기도 해요. 의학적인 우울증에 생화학적인 성향이 있는지 규명하는 연구도 진행되고 있어요.

나쁜 기분과 우울증은 전염이 됩니다. 연구에 따르면 누군가의 우울증에 노출되고 겨우 20분이면 그 기분이 옮는다고 해요. 어떤 사람들은 다른 이의 기분에 더욱 민감하지요. 이런 사람들을 '수신자 receiver'라고 하는데, 다른 사람들이 가라앉아 있다고 느껴지면 죄의식을 느끼기 쉬워요.

우울증은 종종 일시적이라는 사실을 알면 좀 도움이 되겠지요. 어쩌면 그녀에게 "이번에도 역시 지나갈 거야"라며 도닥여줄 수 있을 거예요. 한편 호전을 보이고 회복할 수 있는 효과적인 치료법을 찾을 수 있기를 바랍니다. 의사에게 프로작이나 다른 항우울제에 대해 물어보세요. 소수의 사람들은 약에서 부작용을 경험하기도 하지만 우울증에 빠진 많은 사람들에게는 프로작은 의학적으로 극적인 호전을 보여요. 특히 계속해서 정신치료를 같이 한다면 더욱 효과적이에요.

꿋꿋하게 버티세요. 당신은 이겨낼 수 있어요. 물론 아내분도요.

월경전증후군 PREMENSTRUAL SYNDROME

월경전증후군은 몇 년 전에 비하면 훨씬 적은 언론의 관심을 받고 있어요. 요즘은 그 대신 폐경이 각광을 받고 있네요. 그럼에도 월경전증후군에서 비롯된 증상을 앓고 있는 사람은 고통이 생생, 그 자체예요. 이 편지는 그 고통이 얼마나 끔찍할 수 있는지 잘 보여 줍니다.

수에게 / 매달 14일 동안 전 완전히 나쁜 여자로 변해요. 급격한 기분변화까지 포함해서 책에 나오는 모든 증상이 다 나타납니다. 지치고, 화가 솟고, 어떤 것에도 관심이 없으며 섹스는 생각도 하기 싫어요. 부은 듯한 느낌에, 머리가 아프고 변을 잘 못 봐요. 가관이 아니에요. 안 하는 것 없이 다 한답니다. 남편이 이런 저를 못 견디고 도망가기 전에 이 기간 동안에 제가 할 수 있는 일이 있을까요?

수의 대답 // 대부분 의사들은 생리를 하는 동안 위에 말한 증상 중에 4개가 있으면 월경전증후군으로 진단을 해요. 3개월 동안 매일 증상과 기분을 기록하세요. 의사가 월경전증후군인지 다른 문제인지 규명을 할 수 있도록요.
이런 말이 도움이 되진 않겠지만 이 증후군은 교육 수준이 높은 전문직 여자들, 높은 기대를 받고 스트레스가 많은 여성들이 잘 걸려요. 월경전증후군은 결혼생활이 잘 풀리지 않는 사람에게 더 흔합니다. 일반적으로 30대에 아이를 낳은 이후에 나타나요. 또한 어린 시절 성적으로 폭행을 당한 사람에게 아주 흔하게 나타나요. 월경전증후군에는 200가지 넘는 증상과 징후가 있어요. 일단 당신의 증상을 모두 적었다면, 마치 건강염려증으로 느껴진다고 해도 걱정 말고 의사와 진료예약을 잡으세요. PMS 클리닉에 연결해주거나 치료에 착수하겠지요. 치료는 완전히 시행과 착오의 연속이에요. 의사는 피임약을 먹고 있다면 끊어보라고 하고, 먹고 있지 않다면 한번 먹어보라고 권해요. 최근 연구에 따르면 월경전증후군은 낮은 용량의 프로작에 반응을 잘한다고 해요. 의사에게 한번 물어보세요.
당신 스스로 할 수 있는 일이 몇 가지 있어요. 차, 커피, 초콜릿, 콜라, 술을 멀리 하고 염분 섭취를 줄이세요. 매일 섭취하는 비타민 B12와 엽산을 포함해 비타민B 복합제의 섭취량을 늘리세요. 하고 싶지 않아도 매일 규칙적인 운동 프로그램을 실천하세요. 최고로 나쁜 시간에는 마사지를 받거나 영화 관람을 하거나 좋은 기분이 들도록 즐기세요. 충분히 쉬는 일도 빠뜨리지 마시고, 삶의 전반에서 스트레스 수준을 낮추도록 하세요.
결혼이 스트레스의 징후를 보이고 있을 수 있어요. 남편과 함께 좋은 치료사에게 관계 상담을 받고 친밀한 의사소통을 재형성한다면 월경전증후군도 훨씬 효과적으로 해결할 수 있어요.
작은 위로라면 월경전증후군은 십 년 정도 지나거나 폐경기가 되면 어느 게 먼저 오든지 간에 보통 호전됩니다. 그러니 그 기간 동안에 당신은 자신의 상태에 맞설 수 있는 모든 일을 다 해야 합니다.

수에게 / 남자도 월경전증후군을 겪나요? 제 남자친구는 달마다 특정 때가 되면 기분이 울적하고 성마르게 변해요.

수의 대답 // 남자들도 달月의 주기에 따라 변화를 겪는다는 연구가 있어요. 아직 결론이 난 이야기는 아니지만요. 일정한 패턴이 나타나지 않고, 무엇이 원인이라는 확실한 근거도 없어요. 그러니 당신이 할 수 있는 최선의 일은 남자친구의 기분 변화 패턴을 확인해서 남자친구와 이야기를 나누고 당신의 생활방식을 최대한 맞춰보는 거예요. 당신의 든든한 뒷받침이 두사람이 "그 달의 언짢은 시간"에 좀 더 쉽게 살아나갈 수 있게 도울 겁니다.

유방, 여성 BREASTS, FEMALE

수에게 / 우리들에게 가슴을 자가검진하라고들 하잖아요. 하지만 제 가슴은 자갈돌이 잔뜩 든 봉지처럼 느껴져요. 의사 선생님은 제 가슴이 과립상*이래요. 그럼 아름다운 그림은 아닌 거죠? 제 남자친구는 그런 것에 신경을 쓰지 않지만 전 암이 무서워요.

수의 대답 // 오톨도톨한, 혹은 섬유낭종성 유방은 보기 흉한

* 밧줄처럼 울룩불룩하거나 알갱이처럼 만져진다(과립상)는 뜻으로, 섬유낭종성 질환(fibrocystic disease)을 가리킵니다.

게 아니에요. 끊임없이 변하는 낭종은 새로 생긴 다른 울룩불룩한 덩어리들과 구별해내기 힘들어서 추적관찰에 어려움을 가중시키긴 하지만요. 계속해서 자가 유방 검진을 해서 변화가 있나 보고 가족 중에 유방암이 있으면 의사에게 알려주세요. 만약 걱정이 돼서 일이 손에 안 잡힐 정도면 6개월마다 검진을 받아보세요. 일반적으로 유방촬영은 50세 이하 여성에게는 꼭 필요한 것은 아니지만 당신이 고위험군이라고 생각되면 아마 권유할 거예요.

암은 자동적으로 유전되는 질환이 아니고 암이 발생하는 경향이나 감수성이 유전적으로 나타나는 거예요. 우리 모두는 몸 안에 암세포를 가지고 있어요. 하지만 우리 면역계가 감시하고 억제를 하지요. 가족력이 있는 사람은 좀 더 걸리기 쉬운 게 사실이에요. 그러니 가족 중 누가, 어떤 질병을, 언제, 어느 기관에 가지고 있었는지, 어떻게 치료했는지 알아두는 게 좋습니다. 이런 정보는 진찰 때 의사에게 꼭 말하세요.

어떤 연구를 보면 지방이 많고 섬유소가 적은 식이를 하는 여성군에서 암이 증가하며, 스트레스가 기여 요인일 수 있다고 해요. 규칙적인 운동은 30~45세 여자의 유방암 위험을 줄인다는 최신 연구가 있어요. 그리고 담배를 피우지 말 것을 강력하게 권합니다.

유방, 남성 BREASTS, MALE

수에게 / 남자인 저로서는 시선을 사로잡는 가슴은 제가 꿈꾸던 일은 아니에요. 제 가슴은 거의 제 여자친구 것보다 더 커요. 제 훌륭한 '찌찌'를 줄이는 수술이 있나요?

수의 대답 // 남자가 커다란 가슴을 가지면 계집애 같은 사람, 약한 겁쟁이와 동급으로 취급 받죠. 사실 이는 유전적입니다. 당신의 유전자 풀 어딘가에서 당신 몸 크기와 체형을 지시했어요. 그래서 보시는 바 대로입니다. 어쩌면 몸에서 프로락틴이라는 여성 호르몬을 너무 많이 생성하고 있을 수도 있어요. 의외겠지만 남자들은 소량의 여성 호르몬을, 여자들은 소량의 남성 호르몬을 가지고 있어요. 이것 때문에 우리는 양성적인 모습을 지니며 우리 모두는 남성성과 여성성을 모두 갖게 되지요.

이것이 당신 삶에 주요한 걱정거리라면 병원을 찾아가 상담을 하고 검사를 받아보세요. 프로락틴의 수치가 어느 정도인지 피검사를 하도록 내분비내과로 안내할 수도 있어요.

만약 검사가 정상이면 몸무게 줄이는 걸 고려해야 합니다. 유선조직의 많은 부분이 지방이에요. 그리고 의사가 가슴 축소 수술을 권할 수도 있어요. 수술을 받으면 젖꼭지 주위에 에로틱한 감각이 좀 줄어들 거예요.

유산 MISCARRIAGE

수에게 / 생리가 늦어져서 임신검사를 했는데 양성이었어요. 이후 저는 엄청나게 생리를 했고 의사는 다시 임신검사를 했는데 그때는 음성이었어요. 첫 번째 검사가 틀렸던 걸까요?

수의 대답 // 질문에 대답하기 위해서는 몇 가지 좀 더 알아봐야 할 게 있어요. 생리주기는 정상적으로 규칙적인가요? 그 주기 사이에 섹스를 했습니까? 그리고 피임 방법을 쓴 게 있습니까? 답이 그렇다, 그렇다, 아니다 순이라면 당신은 임신을 했었다고 추측할 수 있겠네요. 실험실에서 하는 검사가 틀린 경우는 거의 없어요. 베타 HCG 혈액검사는 정확합니다.

첫 번째 임신 중 셋에 하나는 자연유산으로 끝나는 것으로 추정된다는 사실을 알았으면 해요. 그러니 이런 경우는 드문 일이 아니에요. 대부분은 이후에 정상적이며, 건강한 아기를 가질 수 있고 큰 문제가 없습니다. 하지만 첫 임신에 유산을 하는 일은 적이 당황스럽지요. '습관성 유산'이 되는 건 아닌지, 무언가 잘못을 저질렀나, 벌 받을 짓을 했나, 영영 제대로 되지 않으면 어쩌나 두렵죠. 특히 과거에 인공중절을 한 경우에는 더욱 불안해지죠. 이런 수치심과 자책은 근거 없는 헛생각이니까 갖다 버리세요.

이런 점을 생각하세요. 정자와 난자는 각 스물세 개의 염색체로 이루어져 있으며 결합해서 마흔여섯 개가 됩니다. 하나라도 완전히 정상이 아니라면 유산의 위험이 증가해요. 염색체 수나 구성상 실수는 대부분 우연이에요. 때로는 유전되는 염색체 이상이 있는 경우 유산이 잘 되기도 해요.

유산은 모양이 일그러진 자궁, 꽉 닫히지 않는 경부, 자궁 내의 반흔 조직이나 자궁근종, 호르몬 불균형, 약물, 술 혹은 담배의 노출, 집이나 직장에서 화학물질에 노출되는 것 때문에도 생길 수 있어요.

홍역, 포진, 간염 같은 흔한 감염질환 역시 자연유산을 일으킬 수 있어요. 또한 당뇨, 홍반성 낭창, 간질을 포함한 모체의 신체질환들 때문에도 유산이 될 수 있어요. 엄마의 면역체계가 태아를 조직 거부반응으로부터 지키지 못할 수도 있고요.

이게 다가 아니고 임신 후반기 유산에는 태반이 자궁경부와 겹쳐진다든지, 태반이 예상보다 빨리 떨어져 감염이 된다든지 등의 문제가 영향을 미칠 가능성이 있어요.. 탯줄이 매듭이 지거나 태아를 둘러 감싸거나 해서 모체와 태반에서 음식과 산소의 공급이 차단될 수도 있고요.

이제 왜 탄생을 기적이라고 부르는지 아시겠죠? 그래도 다시 임신을 하고 또 바라는 대로 아기를 가질 확률이 훨씬 커요.

수에게 / 저는 얼마 전 임신 4개월째 아이를 잃었어요. 얼마나 빨리 다시

임신할 수 있을까요?

수의 대답 // 대부분 의사들은 피나 배출물이 멎고 자궁경부가 다시 닫히고 호르몬이 제 궤도를 찾을 때까지 약 한 달간 섹스를 금하라고 주의를 줄 거예요. 적어도 한 번의 정상적인 생리를 한 후 한 차례 진찰을 받아야 합니다.

임신은 몸에 많은 무리를 주기도 하지만, 잃어버린 아이에 대한 애도의 시간을 갖고 충분히 회복되기 위해서라도 대부분 의사는 6개월 정도 기다리라고 권유해요. 바로 임신을 한다고 해서 잃은 아기를 대체할 순 없어요. 부부가 단합하여 새로이 중심을 잡아야지요. 하지만 당신 부부는 정말 상실을 경험을 했습니다. 그러니 두 분 다 다음을 기약하기 전에 애도의 시간을 가지세요.

또 상처를 입을까봐 다시 시도하는 게 두려울 수도 있어요. 치유가 중요한 이유가 이런 점 때문이죠.

수에게 / 의사가 여북한 얼굴로 제게 '습관성 유산자'라고 말했어요. 좋은 것은 아니죠? 제가 만삭까지 임신을 유지할 수 있도록 할 수 있는 일들이 있을까요?

수의 대답 // 다음과 같은 원인이 있을 수 있어요.

- 두 갈래 자궁: 자궁 중간을 아래로 나누는 막이 있다는 의미.
- 자궁목무력증: 자궁경부가 꽉 닫히지 않아서 배아가 방출될 수 있다.
- 불충분한 호르몬 혹은 호르몬 불균형.
- 여자나 남자가 가진 유전적인 이상.
- 배아에 영향을 줄 수 있는 선천적인 이상.

당신이 할 수 있는 일이 몇 가지 있어요. 균형 잡힌 식단을 따르고 만약 의사가 절대안정을 권한 게 아니라면 적당한 정도의 운동을 하세요. 흡연과 음주의 위험은 잘 알고 계시겠죠? 규칙적으로 산과 검진을 받아야 하고 어떤 경우는 '자궁의 안정'을 향상시키기 위해 약물을 처방 받을 수도 있어요. 또한 의사가 마취를 하고 자궁목(자궁경부) 주위를 쌈지처럼 봉합하여 꼭 맞게 죄었다가 아기를 낳을 때즈음 풀어주기도 합니다.
저는 당신이 반복되는 유산을 감정적으로 어떻게 대처하고 있는지 걱정이 되는군요. 파트너나, 가족 혹은 친구들의 사랑과 지원이 필요해요. 망설이지 말고 이 트라우마를 극복할 수 있도록 상담을 받으세요.

의사의 추행

- 의사/치료사_고객 추행 DOCTOR/THERAPIST-CLINET ABUSE

수에게 / 저는 섹스하는 중에 통증이 있어서 의사를 찾아가야 했어요. 의사는 골반내진을 했는데, 무언가 달랐어요. 그는 내 성기를 만지고 마치 찌르듯이 손가락을 질 안에 넣었어요. 그리고 갑자기 그가 성기를 밖으로 꺼내놓고 있었다는 것을 알게 되었어요. 너무 겁에 질려 그만하라고 소리를 질렀죠. 의사는 제 통증이 정확히 어디에서 기인하는지 알아내려고 했을 뿐이라고 말했어요. 간호사가 달려 들어오는데 이런 일이 처음이 아니라는 강한 의구심이 확 들었어요. 간호사가 자꾸 의사가 성기를 노출한 것은 제가 상상한 거라며 안심시키려고만 들었거든요. 그 의사는 계속 통증이 어디 있는지 알아내려고 했다고 우기기만 했어요.
수, 이런 일이 있은 지 3년이 지났지만 전 그 이후 의사에게 진찰 받은 적이 없어요. 저는 어떻게 해야 할까요?

수의 대답 // 먼저 권해드릴 일은 당신이 좋아하고 신뢰할 만한 여성 의사를 찾는 일입니다. 검사를 하기 전에 여의사에게 일어난 일을 이야기하세요. 3년이 지났지만 당신은 당신을 지지하고 이해할 수 있는 의사에게 의학적인 정밀검진을 받아야 합니다. 상담을 받고자 한다면 좋은 곳을 추천해줄 거예요.

저는 그 의사를 추행 혐의로 고소하라고 압박하고 싶지는 않지만, 당신이 강력히 원하면 그런 위법 행위를 하는 의사로부터 다른 여성을 보호하는 데 도움을 줄 수 있어요. 고소하려면 미국의사협회에 연락을 하고 어떤 절차를 따라야 하는지 물어보세요. 그런 후 고소 내용을 적어서 협회나 변호사에게 등기우편으로 보내세요. 그리고 그들이 문제를 일으킨 의사에게 복사본을 보내기로 했는지 확인하세요.
의사-환자 추행은 위법이며, 비윤리적이며 부도덕한 짓입니다. 연구에 따르면 약 5~10퍼센트의 환자들, 주로 여성들이 의사나 심리학자, 치료사들에게 성적인 추행을 당한다고 해요. 의사나 치료사들이 그들의 고객을 추행하는 데에는 몇 가지 흔한 형태가 있어요.

- 보통 결혼에 문제가 있거나 성적으로 궁핍하다고 여기는 의사/치료사들이 있으며, 그들의 고객이 평균적으로 그들보다 열여섯 살 정도 어린데도 때로는 자신이 고객을 사랑한다고 믿는다.
- 어떤 의사들은 환자가 우울하거나 자신감을 돋울 필요가 있기 때문에 환자와 성적으로 연루되었다고 한다. 혹은 어떤 치료사들은 교육이나 모의 실천 치료에서 대리인 역할을 하고 있다고 확신하기도 한다.
- 어떤 치료사들은-주로 여자 치료사들이-만약 자신의 고객들에게 사랑을 주면 그녀 혹은 그가 좋아질 거라고 생각한다.

- 어떤 치료사들은 도움이 절실하고 상처를 가지고 있는데, 이러면 상담을 찾은 고객이 상담가에 대해 도와주는 사람/상담가의 역할을 하게 된다.
- 의사/상담가들은 고객이 유혹하고, 섹스를 원했고 남성이다 보니 그녀의 매력에 굴복했다고 변명하는 수도 있다.

사건에 따라 법정에 가야 할 수 있어요. 그렇다면 의사는 성추행으로 기소를 당하겠지요. 의사 면허는 정지될 것이고 그는 더 이상 진료를 할 수 없을 겁니다. 당신은 그를 폭행죄로 민사소송해서 금전적인 보상도 받을 수 있어요.
십분 수고를 기울여 당신이 신뢰할 만한 좋은 의사를 찾도록 해보세요. 그럴 가치는 충분해요. 그런 경험에서 우러난 화를 억누르고 그 결과 우울증에 시달렸다면 우울증에 아주 도움이 되는 새로운 약들이 있어요. 그리고 이 일을 함께 해나갈 상담가도 찾으세요. 당신이 준비가 되면 당신은 희생자에서 생존자로 그리고 승자로 바뀔 겁니다.

임신 PREGNANCY

임신은 인생의 어떤 일보다 관계에 많은 중압감을 주죠. 아기의 탄생과 함께 엄청난 상황들이 딸려 와요.
사람들은 자주 임신 중 그리고 출산 후의 섹스에 관해 질문을 합니다.

수에게 / 파트너가 임신 중일 때 섹스를 하는 게 안전한가요? 아이에게 해가 되지 않을까요?

수의 대답 // 의사에게 물어 확인하세요. 만약 파트너가 출혈이나 이슬(자궁목에서 나오는 탁한, 핏빛 점액성 분비물)이 비치지 않거나, 불편한 증상이 없다거나 자연 혹은 우발 유산의 과거가 없다면 괜찮을 겁니다.
아기는 자궁의 두꺼운 근육성 벽 안에서 잘 보호 받고 있으며, 충격 흡수 역할을 하는 양수 주머니 속에 둥둥 떠다니고 있어요. 자궁경부에 있는 두꺼운 점액성 마개는 자궁 속으로 들어가는 감염을 막아주고 있으며, 임신한 동안에는 또 임신할 수 없으니 거듭 말하지만 괜찮습니다.
어떤 여자들은 여성성의 완벽한 전형인 임신을 하면 아주 뿌듯함을 느끼고 임신 중의 섹스도 좋아해요. 어떤 이들은 살찌고 울퉁불퉁하게 몸매가 망가지는 이런 일을 꼭 겪어야만 하나 억울해하는데 이런 경우 도통 섹스엔 관심이 없겠죠. 이런 감정의 일부는 파트너에게서 인정, 찬사, 관심을 받게 되면 수그러들어요. 섹스를 원할 때 말고도요.

예전에는 많은 의사들이 임신 마지막 달에는 금욕을 하고 임신부가 오르가슴에 도달하지 않도록 하라고 권유하곤 했었죠. 요즘은 대부분 커플에 해당되지 않은 권고예요. 여자가 임신 8개월 반이 되면 섹스를 하는 데 많은 창의력을 동원해야 합니다.

뜻이 있는 곳에 길이 있어요. 어떤 커플은 여성 상위의 체위를 이용해요. 이는 임신이 한참 진행될 때까지 좋은 체위죠. 아마 가장 좋은 자세는 오랫동안 사랑 받는 후배위일 겁니다. 여자는 팔과 무릎을 바닥에 대고 두덩을 공중으로 올리고 남자는 뒤에서 질 안으로 들어가요. 이런 체위에서 무거운 자궁은 앞으로 떨어지고 여자의 배는 침대 위에 놓이지요. 남자는 손으로 클리토리스를 자극할 수 있으니 상당히 황홀한 체위입니다.

인정할 건 인정해야죠. 맞아요. 모습은 우습습니다. 모든 섹스 이미지는 웃깁니다. 섹스에 웃을 수 없다면 섹스를 한다고 할 수 없지요.

두 가지 새로운 경고가 있어요. 임신한 여자들은 자쿠지(거품목욕)나 온수욕을 해서는 안 됩니다. 열이 유산을 자극할 수 있어요. 또한 임신을 계획하거나 임신을 하고 있는 경우에는 진통제로 이부프로펜을 복용해서는 안 돼요.

수에게 / 전 아내가 아기를 가져서 몹시 흥분했습니다. 라마즈 수업(분

만 준비 수업)을 들었고 개인 교습도 받았는데 그때는 괜찮았어요. 하지만 아내와 함께 분만실 방문을 하는데 갑자기 진땀이 나고 속이 울렁거리기 시작하고 호흡이 가빠져 곧 기절할 것 같았어요. 그치만 진짜 사나이는 그러면 안 되잖습니까? 그래서 꿋꿋이 버텼어요. 아기가 나올 때가 되자 아내는 잘해냈어요. 저도 해내긴 했는데 기분이 엉망이에요.

전 아내에게 그런 극심한 통증을 겪게 한 게 너무 미안했어요! 외음부절개술을 마치 내게 하는 것처럼 그대로 느껴졌고 아내가 진통을 할 때마다 거의 바지에 지릴 지경이었어요. 피를 보고 아기 머리가 빠져 나오자 몹시 속이 울렁거렸어요. 그건 완전히 악몽이었어요. 그 결과 전 훌륭한 제 아내와 섹스하는 게 내키지가 않아요. 아내는 아기를 낳은 후에 매력이 떨어졌다고 생각해요. 그렇지 않은데. 전 그냥 죄의식이 드는 것뿐인데.

수의 대답 // 마음 깊이 사랑하는 당신의 아내에게 지금 당신의 느낌에 대해 이야기를 하셨나요? 아내는 아마 똑같은 기억을 갖고 있지 않을 거예요. 출산이 힘든 일이고 고통이 따르는 것도 분명하지만 아내는 당신의 든든한 지원 아래 지금은 아름다운 아기를 품에 안고 있죠. 그녀에게 출산 과정은 온통 흐릿한 과거예요. 개인적으로 전 치과에 가느니 아이를 하나 더 낳겠습니다. 아내에게 확인해보세요. 당신은 공연히 불안 속을 헤매고 있는 걸 거예요.

어떤 경우에도 당신은 혼자가 아닙니다. 임신과 출산은 커플의 섹스 생활에 영향을 줄 수 있어요. 어떤 남성들은 아내의 성기를 만지고 아이를 받는 남자 의사에게, 진짜 분개를 해요. 이제 그녀의 성기는 더 이상 '나만의 것'이 아니라고 여기는 거죠. 실제로 따지면 아내의 성기는 남편의 것도 아니에요. 오로지 그녀의 것이지요.

또 다른 남자들은 아내가 '내 아이의 어머니'가 되는 데에 어려움을 겪어요. 그리고 그녀가 좌대에 올려진 존재처럼, 마치 성모 마리아처럼 범접할 수 없는 존재가 되어 더 이상 자신의 활기찬 마누라로 여기지를 못해요.

모든 남자들은 분만실에서 아내와 꼭 있어야만 한다는 기대 때문에 선택권이 없어졌어요. 어떤 남자들 (그리고 어떤 여자들)은 피만 봐도 기절을 합니다. 그들에게는 속이 뒤집히는 경험이 되리라는 것을 알면서도 왜 우리는 이런 사람들이 죄의식을 느끼고 모자란다고 느끼도록 할까요?

그러니 여성분들, 동반자가 분만실에 정말 들어오고 싶어하지 않는다면, 대기실 의자에 나가 있으라고 하는 게 여러분을 위해서도 최선일 겁니다.

수에게 / 아기를 낳은 후 얼마나 지나야 섹스가 가능한가요?

수의 대답 // 당신들이 1인실을 쓰느냐, 아니냐에 달려 있어요……는 너무 마초스런 농담인가요? 죄송해요. 진지하게 돌아와, 대부분 의사들은 명확한 답변을 하지 않을 거예요. 여기에는 아주 많은 변수가 있으니까요.

- 그녀가 섹스하기를 원해야 됩니다. 많은 경우 이 시기의 여자들은 젖을 먹이거나 투정하고 우는 아기 때문에 자다 깨느라 진이 다 빠져 엄청 지쳐 있어요. 엄마로서 부적당하다고 느끼기도 하며 파트너의 지원과 도움이 없어 분개하기도 하죠.
- 섹스를 하기 전에 그녀의 성기가 다 아물고 거의 정상으로 돌아와야만 해요.
- 대부분 여자들은 오로(산후 질분비물)가 끝날 때까지 기다리는 걸 선호해요. 보통 한 달 정도 걸려요.
- 어떤 사람들은 6주 지나 정기검진을 받을 때까지 기다리는 게 좋다고 생각해요.
- 제왕절개를 했다면 수술 부위가 완전히 아무는 데 6주가 필요해요. 섹스는 그후에나 가능해요.
- 임신이 끝나고 모유 분비 호르몬이 탁 켜지고 호르몬이 균형을 맞추는 데 시간이 필요해요. 하지만 이런 밀물, 썰물의 시기 동안에 섹스의 영향이 크지 않을 수도 있어요.

많은 여자들이 아기가 생기는 것을 기뻐하지만은 않아요. 어떤 이는 임신 때문에 뱃살과 엉덩이살이 붙는다고 싫어하고, 출렁출렁 축 처진다고 울상이 되죠. 가슴은 탱탱함을 잃고 젖몸살이 나기도 하며 젖꼭지는 크고 시꺼멓게 변하고 젖이 새어나와요. 뱃살은 쉽게 안꺼지고 덜렁덜렁 흔들려요. 여기에다 임신선, 정맥류, 빼놓을 수 없는 치질까지 떠올려보세요. 그녀가 스스로 섹시하다고 느낄까요? 어렵겠죠.

만약 섹스를 재개할 거라면 좋은 피임법을 확실하게 사용하도록 하세요. 열 달 후에 동생을 보고 싶진 않겠지요?

그녀에겐 많은 사랑과 지원이 필요합니다. 당신이 그녀의 바뀐 체형조차 사랑한다는 안도감을 심어주어야 할 겁니다. 아기 보기, 집안일, 끊임없는 빨래 등 많은 도움이 필요할 거고요. 다음을 꼭 읽어보세요. 많은 커플들에게 아주 흔한 문제예요.

수에게 / **아기가 태어난 이후에 제 아내는 섹스 욕구가 전혀 없어졌어요. 한 달에 한 번 하면 운이 좋은 거죠. 전에 일주일에 두 번 한 거에 비하면 격세지감입니다. 무슨 조화인가요?**

수의 대답 // 제일 먼저, 아내 분은 의사를 찾아가 아무 문제없는지 확인을 해야 합니다. 아내가 피임방법이 충분치 않다고 느낄 수도 있으니 한번 알아보세요. 통증이나 불편 혹은 출혈이 있나요? 육체적으로 모든 게 정상이라면, 낮은 성욕의 원인으로 다른 걸 더 알아보기 전에 피곤한 건 아닌지 생각해보세요.

새로 태어난 아기는 엄청난 양의 관심과 보살핌이 필요해요. 종종 둘째는 훨씬 수월하다고 하죠. 아마 엄마들이 모든 것을 혼자 다 해내겠다는 완벽함을 포기하고 동반자, 어머니, 이웃의 도움을 받아들이기 때문일 거예요.

그러니 처음 엄마가 되는 일이 얼마나 극도로 지치는 일인지 이해할 만하시죠? 마침내 침대에 나가떨어져 누웠는데 파트너가 눈에 애정을 담뿍 담아 은근하게, 찡끗거리며 다가오네요.

다른 의문도 있을 수 있죠. 파트너가 우울증인가요? 막 엄마가 된 사람 중에 산후 우울증을 앓고 새로운 아기에게 적응하는 데 어려움을 겪는 경우가 있어요.

이런 것들이 낮은 성욕구의 원인이 아니라면 두 분의 관계를 한번 살펴보아야 합니다. 침대에서 일어나는 일은 보통 침대 밖에서 생기는 일들을 반영해요. 커플을 상담해보면 많은 경우에 자신들의 관계는 좋다고 말합니다. 하지만 심도 있게 상담을 하면 둘 다 표면으로 올라오는 모든 위험과 분노에 경악을 하죠.

여러분 둘 다 결혼 혹은 섹스 상담가의 도움을 받으면 훨씬 효과적으로 이런 감정들을 다룰 수 있을 겁니다. 관계라는 관점에서 동반자들은 정직하다고 생각할지 모르지만 사실은 어떻게 서로를 조종하고 다루는지 알고 있어요. 그러니 자신들의 관계에서 스스로 상담가가 되는 일은 불가능해요. 능숙한 상담가는 서로에게

귀를 기울이고 서로에 대해 배운 것을 관계에 통합하도록 도와줍니다. 상담가는 당면한 문제를 제거하거나 무엇을 할지 계획하는 일을 도와줄 수 있어요. 또한 미래에 문제를 어떻게 해결할지도 배우게 될 겁니다.

커플들은 상담을 받는 일이 자신들이 취약하며 힘이 없다는 증거처럼 느껴지기 때문에 상담에 임하기를 꺼려해요. 관계의 역학이 변하는 것 역시 두려워하죠. 관계가 삐그덕거리기는 해도 적어도 익숙하고 예상 가능하죠. 그런데 상담을 받자니 낯설고 아는 것도 없고, 어찌 할 바를 몰라 주눅이 들어요. 하지만 공존을 위한 완전히 새로운 방법을 다시 배우기 때문에 결과는 아주 좋을 거예요. 이는 개인으로서, 커플로서, 그리고 가족으로서 두 사람에게 기적 같은 효과를 낳지요.

그래요. 물론 돈이 많이 들어요. 하지만 생각해보세요. 당신의 삶이고 당신 가족의 미래예요. 그러니 아마 여러분이 할 수 있는 가장 좋은 투자일 겁니다.

임신선 STRETCH MARKS

수에게 / 아이 셋을 낳았더니 그저 낳은 게 아닌가봅니다. 가슴이며 배,

허벅지에 난 임신선 때문에 괴롭습니다. 이 흉측한 은회색의 찌글찌글한 선을 없애도록 할 수 있는 일이 있을까요?

수의 대답 // 남자나 여자나 팽창선(striae distensae)은 몸무게가 늘거나 줄거나 운동으로 급격하게 근육이 발달하면 생길 수 있으며, 여성의 경우 임신으로 많이 생기기도 합니다. 피부 밑에 있는 조직이 늘어나 몸무게가 줄더라도 탱탱하게 돌아가지 않고, 대리석같이 매끈한 피부를 망가뜨리는 얇고 물결진 옅은 선이 나타나게 되죠. 주로 가슴이나, 복부, 엉덩이, 허벅지에 생깁니다.

임신선을 막을 수 있는 일은 거의 없어요. 알로에베라나 비타민 E, 비타민 A 크림을 해당 부위에 발라볼 수 있어요. 그러면 임신선들이 없어진다는 사람들도 있어요. 이런 크림은 처방을 받아야만 사용 가능했는데 지금은 농도를 낮춰 약국에서도 그냥 살 수 있어요. 하지만 대부분의 크림처럼 실제로는 거의 소용이 없어요. 임신했을 가능성이 있다면 비타민 A 크림은 사용하지 마세요.

이런 임신선을 명예훈장처럼 여길 순 없을까요? 당신이 획득한 자랑스러운 상입니다. 몸무게를 엄청 빼고, 아름다운 아기를 얻고, 또 예전 몸매로 돌아가더라도 임신선은 메달처럼 당신에게 남는 거죠. 맞아요. 플레이보이 모델에게 굵직한 임신선이 있는 건 절대 보지 못했을 거예요. 다 포토샵 빨이에요.

자궁 UTERUS

- 자궁근종* FIBROIDS

수에게 / 저는 건강한 서른여섯 살 주부이고, 아이가 셋 있어요. 지난 6개월간 저는 끔찍한 생리를 했어요. 2주 전부터 말 그대로 쏟아져 내려요. 배에 얼음주머니를 대고 침대에 꼼짝 않고 있다가 화장실에 가려고 일어서면 커다란 덩어리와 함께 피가 물밀 듯 밀려 나와요. 의사는 제게 섬유양(자궁근종)이 있다고 하네요. 암은 아니지만 어쩌면 폐경이 되어도 없어지지 않을 수 있다고 해요. 제거하는 방법밖에 없다고 하는데요, 사실인가요?

수의 대답 // 전형적인 자궁근종 증상이에요. 근육층과 결합조직에 단단하고 묵직하게 증식한 종양으로 자궁의 제일 안쪽 층에서 자라면 심한 출혈과, 심한 복통과 허리통증을 일으킬 수 있으며 배란을 방해해 임신이 어려워지기도 해요. 아직은 자궁근종을 유발하는 원인이 뭔지 몰라요. 현재까지 최선의 치료는 수술이에요. 자궁경 근종적출술이라는 수술법은 전자 전류를 사용하여 자궁벽에서 자궁근종을 잘라내요. 종양은 그러면 자궁경부을 통해 밖으로 제거되지요. 이런 수술을 거치면 임신을 못할 수도 있어요.

자궁근종 색전술은 X레이 투시경 아래 진행되는 새로운 시술이

* 원래 fibroids는 섬유양으로 번역되지만 평활근종, 근종, 섬유근종, 평활섬유근종 섬유종이라고도 하는 용어로 우리나라에서는 흔히 자궁근종이란 용어로 통용됩니다.

에요. 종양에 피를 공급하는 혈관에 플라스틱 도관을 넣어 아주 작은 플라스틱 입자들을 방출하여 혈관을 막습니다. 그러면 자궁근종은 1년 안에 약 40~50퍼센트가량 줄어들어요. 자궁근종이 클수록 수술 후에 새로운 혈관이 생기거나, 줄어들었던 근종이 원래 크기로 돌아간다는 우려가 있어요.

의사가 수술을 논의할 때 근종이 너무 크거나 너무 자궁 안쪽에 있어 자궁절제술을 할 수 있다고 이야기하던가요?

지금은 이 모든 일들을 변기에 쓸어넣고 내려버리고 싶겠지만 결정을 하기 전에 바로 이어지는 자궁절제술을 읽어보세요. 자궁근종은 폐경 후에는 줄어든다는 사실도 결정에 영향을 줄지 모르겠군요.

– 자궁내막절제술 UTERINE ABLATION

수에게 / 두 달 동안 질에서 엄청난, 아주 심한 출혈이 있었어요. 산부인과에서 자궁소파술을 받았어요. 하지만 출혈이 계속되었고 이제 병원에서 자궁(내막)절제술을 하자고 합니다. 그게 뭔가요?

수의 대답 // 자궁소파술은 자궁의 내막을 깨끗하게 긁어내는 겁니다. 이렇게 하면 보통 출혈이 멈추지요. 그래도 계속되면 과거에는 자궁적출술을 했어요. 이제는 자궁내시경으로 안을 살피고 레이저나 소작술을 이용해 오래된 내막층을 건강한 조직까지 태워 없애요. 몇 주 동안 출혈이나 분비물이 있을 거예요. 그 이후에는 모든 게 안정되고 문제가 없어져요. 이 시술을 받은 여자들의 80퍼센트가 출혈량이 눈에 띄게 줄어들었다고 해요.
이 시술을 하면 광범위한 흉터가 생기기 때문에 더 이상 아이를 가질 수 없을 수도 있어요. 하지만 자궁적출술까지는 하지 않을 수 있어요.

– 자궁내막증 ENDOMETRIOSIS

수에게 / 너무 짜증이 납니다. 저는 서른두 살 여자예요. 제가 아주 좋아하는 멋진 남자친구도 있어요. 하지만 저는 제 삶의 절반을 고통 속에서 지내요. 저는 생리가 시작되기 약 열흘 전부터 끝난 후 며칠 동안 아파서 허리를 못 펴요. 섹스도 두려워요. 병원에서 자궁내막증 검사를 하자고 하네요. 제가 지금 어떤 상황인가요? 효과적인 치료법이 있을까요?

수의 대답 // 작은 위안이라면 적어도 당신 의사는 "모든 것은 신경성"이라고 말하지 않았다는 점이에요. 섹스가 고통스럽다고 했는데 그 통증이 월경주기의 어느 특정 시기에 있는 건지, 늘상 아픈 건지 말하지 않았네요. 만약 안 아플 때도 있고 통증을 견딜 만하다면 요란하고도 시끌벅적하게 성생활을 즐기세요. 아플 때도 그를 흥분시키는 일은 할 수 있어요. 당신이 그렇게 할 수 없는 때에는 그가 스스로 해결할 수 있을 거예요. 해볼 만한 일이죠.

이제 어려운 문제로 넘어가봅시다. 우리는 왜 자궁내막증이 자꾸 증가하는지 몰라요. 이 병은 진단하기 힘들고 치료하기는 더욱더 힘든 병이에요. 자궁내막증은 자궁을 이루고 있는 조직이 난관을 통해 배 안으로 떨어져 나가서 일어나는 병이에요. 일부 유전적이라는 연구도 있어요. 이들 조직은 장, 자궁, 난관에 달라붙거나 배 속의 다른 부위로 옮겨가기도 해요. 배란과 월경을 촉발하는 여성 호르몬이 분비되면 이들 잘못 자리잡은 조직도 반응을 해서 복부 통증을 일으키고 배에 출혈이 일어나기도 해요. 어떤 사람에게는 사소한 통증이지만, 또 어떤 이들은 도려내듯이 아픔을 느낍니다. 장이 움직일 때 통증이 있기도 하고 아래 허리에 요통이 있거나 다리가 아프다고도 해요.

만성 진균 감염과 자궁내막증 사이의 관련성도 제기되었어요. 만약 진균 감염의 징후가 있으면 즉시 치료하세요. (진균 감염의 증상에 관해서는 262쪽을 보세요.)

자궁내막증을 진단할 때 의사는 세심하게 골반검진을 해서 아픈

자리가 어디인지, 혹이 있는지, 낭종이 있는지 볼 거예요. 다음에 옆길로 샌 조직이나 낭종을 찾아 초음파를 하겠지요.
초음파는 안전하고 통증이 없는 검사지만 방광을 채우기 위해 물을 몇 리터씩 들이켜 검사를 할 때까지 참아야 하는 게 불편할 거예요. 방광이 터질 것 같은 느낌이 들 수도 있어요! 그 다음 배에 충분히 젤을 바르고 손에 기구를 쥐고 마치 마우스 패드에 마우스를 대고 왔다 갔다 하듯이 배 위를 문질러 내부 장기에 초음파를 쏘고 되튀는 초음파를 잡아요. 초음파는 모니터나 스크린으로 전달되고 배 속을 평면 그림으로 보여줍니다. 자궁내막낭 같은 게 있으면 아마 화면에 나타날 거예요.
초음파로 자궁내막 조직이 보이면 의사는 복강경 검사를 해요. 이때 보통 전신마취를 하는데 복강경 검사를 해야 배 속 어디에 자궁내막 조직이 있는지 정확하게 알아낼 수 있어요.
의사들은 복강경을 이용해 천천히 조심스럽게 이상 조직을 제거해요. 전기소작이나 레이저로 제거하는데 이들이 상처 조직을 만들 수도 있고 유착을 일으키기도 합니다.
안타깝지만 만약 자궁내막증 진단을 받으면 몇 가지 치료 방법은 있지만 완치 방법은 없습니다. 아무리 치료를 잘해도 자궁내막증은 재발할 수 있어요. 치료는 시도와 실패의 연속이며 까다롭지요. 통증의 빈도와 강도에 따라 항프로스타글란딘(진통제)을 처방 받을 수도 있어요. 저용량의 피임약이 처방되기도 하지만 부작용이 따를 수 있어서 유방이 아프다거나 월경을 안 할 수 있어요. 이런 증상이 있다면 꼭 의사에게 말해야 합니다.
다나졸(danazol)은 배란을 멈추고 생리를 멈추는 강력한 약인데 때로 자궁내막증을 치료하는 데 사용해요. 이 치료의 이론적 배경은 만약 호르몬을 다 없애면 자궁 밖의 조직 반응 역시 없어질 것이고, 그리하여 통증도 없어지리라는 것이에요. 이 치료는 많은 여성에게 효과가 있지만 몇 가지 문제가 있지요. 이 약은 오로지 여덟 달에서 아홉 달만 복용할 수 있어요. 그리고 약을 끊고 나면 낭종이 다시 돌아올 수도 있고요. 다나졸은 남성 호르몬 테스토스테론의 유도체이기 때문에 남성화 증상이 나타나기도 해요. 가슴이 줄고 얼굴에 수염이나 여드름이 나고 목소리가 낮아지고 몸무게가 늘지요. 이런 변화는 영구적일 수도 있어요. 하지만 다나졸은 많은 여자들에게 효과적이며 수술의 대안으로 쓰이고 있습니다.
임신은 다나졸과 같은 효과를 가지고 있어요. 그러니 만약 언젠가 아이를 가지겠다고 생각한다면 지금이 좋은 때일 거예요. 낭종이 악화되면 더욱 임신하기가 어려워지는 경우가 있기 때문입니다. 만약 자궁내막증 때문에 임신하기가 어려워졌다면 6주간의 다나졸 치료가 효과가 있어요. 성공률은 40~50퍼센트 사이예요.
신나렐(Synarel)이라는 새로운 치료약이 있는데, 이는 가짜 폐경을 만들어요. 신나렐은 아주 비싸고 또한 몇 가지 부작용을 가지고 있어요. 얼굴이 달아오르고, 질이 건조해지고, 두통 우울증 등이 생기고, 기분이 들쑥날쑥하고 성욕이 줄고 뼈의 밀도가 줄어 골다공증이 될 수도 있어요. 생식력과 관련된 장기간 부작용은 아직 알려지지 않았어요. 그래서 이 약은 오직 한 번만 사용하고, 6개월 이상은 쓰지 않아요.

자궁내 장치인 미레나가 자궁내막증이 도지는 횟수와 강도를 줄인다는 연구가 최근에 나왔어요.

자궁내막증이 아주 심하고 어떤 치료도 듣지 않으면 의사는 자궁과 난소를 들어내는 자궁절제술을 제안할 거예요. 그 전에 몇 가지 심각한 연구에 참여하거나 대체요법으로 실험하는 일을 고려해보기도 하겠지요. 자연요법이나 동종요법, 침술, 심상 완화 요법 등을 확인해보세요. 몇 가지를 함께 적용하면 효과를 보기도 해요. 어떤 여성들은 자연건강식으로 효과를 보기도 합니다.

저도 완치법을 간단히 알려줄 수 있었으면 정말 좋겠지만 아직은 없네요. 많은 방법 중 하나씩 배제해가는 지난한 과정을 거쳐 당신에게 효과적인 방법을 찾아야 할 거예요. 적어도 이 고통이 영원히 계속 되지 않아요. 자궁내막증은 폐경과 함께 사라지거든요. 당신이 서른둘이고 사랑하는 사람이 있다는 게 조금 위로가 되네요.

자궁내막증협회가 병을 앓고 있는 여성들에게 지원과 정보를 제공을 합니다. www.endometriosisassn.org*

* 국내에는 대한자궁내막증학회가 있습니다.

– 자궁경부 도말검사 PAP SMEAR

(그외 다른 진단 방법들: 질내시경, 원뿔 생검, 냉동요법)

수에게 / 저는 지난 주에 정기검진으로 자궁경부 도말검사를 받았어요. 의사가 전화로 "의심스러운" 결과가 나왔대요. 다시 와서 도말검사를 하라네요. 지금 눈앞이 깜깜해요. 제가 암이라는 뜻인가요?

수의 대답 // 겁먹지 마세요. 그들은 실수가 없도록 하기 위해서, 뒤섞인 결과는 없는지 확인하거나 혹은 좀 더 명확한 검체를 얻기 위해 검사를 다시 하자는 겁니다. 여기서 몇 가지 기본 정보를 짚어보죠.

도말검사는 자궁경부와 질의 상부에서 나오는 세포와 분비물을 면봉으로 채취해서 하는 검사예요. 의사는 그걸 유리 슬라이드에 묻히고 고정액을 뿌리죠. 그리고 실험실에 보내 현미경으로 검사를 해요. 이상한 세포가 있으면 확인하고 의사에게 보고하죠.

도말검사는 포진, 성병사마귀(HPV, 사람유두종바이러스), 임질 같은 성병을 진단하지 않아요. 하지만 이런 성병 중의 하나가 있으면 일어나는 세포변화는 알 수 있어요. 자궁경부의 세포는 성적 활동, 노화, 과민증, 염증 혹은 감염을 포함해 많은 인자들의 결과로 변해요. 도말검사는 이런 변화가 있으니 감시가 필요하다는 사실을 가리키죠.

각 병리실마다 다르긴 하지만 '양성 benign'(모든 것이 정상이며 아무 문제가 없다는 뜻) 혹은 '비정형성, 양성 atypia, benign'(세포에 변화가 있으며 매 6개월마다 자궁목 도말검사를 되풀이해서 지켜보아야 한다는 의미이며 경보로 여기지는 않아요.)이라고 결과를 내지요. 이형성증이 있는 경우 '1기', '2기', '3기' 혹은 '경도' '중등도' '중증' 이형성이라고 보고를 합니다.

어떤 단계에 해당하든 의사는 아마 질내시경검사 처방을 할 거예요. 이 검사는 마취가 필요 없어요. 진료실에서 광원과 현미경이 같이 달린 기구로 경부 세포의 변화가 어느 정도인지 검사할 수 있어요. 식초에 물을 탄 희석액으로 해당 부위를 염색할 겁니다. 검사를 하면서 의사는 사람유두종바이러스에 의해 일어날 수도 있는 세포변화를 확인하기 위해 작은 조직을 떼기도 해요. 성병사마귀가 있으면 색깔이 변하는 걸 육안으로 확인할 수 있어요. 암 전단계 세포도 이때 모습을 드러내죠.

다음 수순은 원뿔생검이에요. 병원에서 국소마취를 하고 검사합니다. 자궁경부 아래 부분에서 작은 쐐기 혹은 원뿔 모양으로 세포를 떼어내 검사실에 보내 현미경 검사를 하고 변화의 범위와 정도를 알아내죠.

자궁경부에 제한되어 있으면 가능한 치료법을 의사는 "얼리거나, 가열하거나, 태우거나 지진다"라고 간단한 표현을 써서 설명할 겁니다.

냉동요법(얼리기)이라는 시술에서는 납작한 금속 탐침을 자궁경부 관에 부드럽게 집어넣습니다. 이걸로 냉동을 하고 이상 병변이나 암을 파괴해요. 마취가 필요 없기 때문에 부인과 진료실에서 이루어집니다. 하지만 시술 후 복통과 출혈이 있을 수 있고 4~6주간 냄새 고약한 물 같은 배출물이 나와요.
고리 투열치료(가열)에서 전류를 흘려 가열을 한 얇은 금속 고리가 해당 조직을 자르고, 혈관을 소작(가열로 지지는 일)해 상처가 빨리 낫고 출혈을 줄이도록 시술해요.
전기소작술(태우기)은 문제되는 구역이 넓지 않으면 쓸 수 있어요. 암이나 병변을 전류가 흐르는 금속 탐침으로 태워 없애버리죠.
레이저 치료(지지기)는, 암 조직이나 병변을 기화시킬 만큼 뜨거운 작은 빛줄기를 약 10분 정도 자궁경부에 집중해 쐬어요. 마취가 필요하지 않으며 치료 뒤에 약간 출혈이 있을 수 있어요.
만약 암이 광범위하게 퍼졌다면 부인과의사는 자궁절제술을 권유하게 됩니다. 만약 암이 다른 장기나 임파선에 전이되었을 가능성이 있으면 수술 후에 방사선치료를 권유할 거예요.
예방은 필수예요. 성병사마귀는 요즘에는 거의 유행병이라고 할 수 있는데 자궁경부에 염증을 일으키며 작은 비율이지만 여성에게 암을 일으킬 수 있어요. 새로운 관계를 맺기 시작했거나 파트너가 정숙(?)하지 않다고 의심이 드는 경우에도 여러분 건강의 책임자는 자기 자신이니까 안전한 섹스를 위해 콘돔 사용을 고집하세요. 모든 여자들은 해마다 자궁경부 도말검사(팝 검사, 세포진 검사)를 해야 합니다. 만약 여러분 외부 성기에 작더라도 납작한 사마귀가 눈에 띄면 즉시 병원을 찾아가세요.

1943년 자궁경부 도말검사가 여자들에게 적용되기 시작한 이후, 매년 하는 여자들의 이학적 검사 중 고정 검사가 되었어요. 그리하여 자궁경부의 암으로 인한 사망률은 70퍼센트가 줄었지요. 모든 여성은 18세가 넘거나, 혹은 섹스를 시작하는 시기부터 매년 세포진 검사를 해야 해요.* 대부분 보험 혜택을 받으며 보험이 없다면 전국의 여성건강 클리닉에서 낮은 수가로 서비스를 제공하고 있으니 꼭 받도록 하세요.

- 자궁외임신 ECTOPIC PREGNANCY

수에게 / 저는 1년 전에 난관 임신이 되었어요. 죽다 살았지요. 지금은 다시 임신을 시도하는 일이 너무 두려워요. 제가 만삭까지 임신을 유지하고 정상 아이를 낳을 가능성이 얼마나 될까요?

수의 대답 // 난관 임신의 의학적인 용어는 '자궁외임신'이에

* 우리나라에서는 30대가 되면 반드시 1년에 1회, 40대 이후에는 1년에 2회 정기 검진을 받고 성생활을 시작하면 주기적으로 받도록 권유하고 있으며 국가암검진권고안에는 30세 이상 2년마다 검사를 권유하고 있습니다.

요. 한쪽이나 양쪽 난관이 감염이나 피임장치에 의한 흉터조직으로 일부 막혀 있거나 유착되었거나, 자궁내막증이나 난소낭종으로 붙어 있으면 자궁외임신이 될 수 있어요.
정상적으로 난자가 배란이 되면 난관의 열린 말단부가 받아들인 난자는 관을 따라 굴러 내려가요. 만약 피임을 하지 않고 성관계를 하면 정자는 헤엄쳐 자궁을 지나 난관까지 올라가지요. 정자 하나가 난자와 수정이 됩니다. 수정란은 계속 관 아래로 돌돌 굴러 자궁강 내에 풍덩 뛰어 들어가 그곳에 착상을 하지요. 착상된 수정란의 세포들이 증식을 하고 분화를 해서 태아로 자라요.
그러나 혹시 골반염질환 같은 감염으로 흉터가 있으면 관을 막게 되는데 배란이 되면 난자는 막힌 데까지 굴러는 가겠지만 거기서 더 못 나오죠. 정자는 난자보다 수백만 배는 작아서 막힌 관 사이를 뚫고 들어가 임신이 됩니다. 이 수정란은 옴짝달싹을 못 하지만 수정이 되었으니 난관에서 자라기 시작하고 발달을 하죠. 난관이 더 이상 늘어날 수 없어질 지경이 되면 터져요. 이게 수정된 지 약 8주 정도에 일어나는 일이에요.
이렇게 되면 극심한 통증이 오고 배 안에서 피가 나요. 그러면 쇼크에 빠질 수도 있고, 즉각 병원에 가지 않는다면 죽을 수도 있어요. 수술실에서 의사는 배를 열어 피를 멈추고 배아를 제거하고 상처조직이 난관을 다시 막지 않도록 난관을 재건하려고 노력합니다. 하지만 손상이 너무 광범위하면 난관을 제거하기도 해요.

당신이 임신을 하고 건강한 임신을 유지할 수 있느냐는 현재 난관의 건강 상태에 달렸어요. 손상을 받은 관이 아물고 통로가 열려 있을 수도 있어요. 그렇지 않더라도 아직 다른 한쪽이 있어요. 의사는 난관이 확실히 건재한지(열려 있는지) 확인을 하자고 할 거예요. 열려 있지 않으면 적어도 지금은 불임이에요. 하지만 여전히 난소가 있으니 계속해서 배란을 하고 월경은 합니다.
만약 양쪽 난관이 다 막힌다 해도 고칠 가능성은 있어요. 어떤 산부인과 의사들은 막힌 관을 수술적으로 고치는 기술을 개발했는데, 100% 재건한다고 확신할 수는 없어요. 난관은 연필심만한 굵기밖에 안 되는데, 손상 받은 부분을 잘라내 그 끝을 다시 잇고 더 이상 흉터가 생기지 않고 열려 있도록 한다는 일은 극도로 어려운 일이에요.
자궁외임신으로 의심되거나 난관 임신을 한 적이 있다면, 임신이 되었다고 생각되는 즉시 의사는 매주 질 경유 자궁초음파로 모니터를 할 겁니다. 자궁외임신으로 진단되면 곧바로 배아는 수술적으로 제거를 해요. 그래야 파열로 인한 난관의 손상과 출혈을 막을 수 있어요.
합병증이 생기기 전에 난관 임신을 중단시킬 수 있는 약에 대한 광범위한 연구가 이뤄지고 있어요.
모든 게 실패를 한다면 시험관 수정이 남아 있어요.

- 자궁절제술 HYSTERECTOMY

수에게 / 병원에서 제게 자궁절제술을 권유했어요. 그게 뭔가요?

수의 대답 // 자궁절제술은 여성의 생식기관을 일부 혹은 전부 들어내는 수술을 말해요. 만약 자궁에 암이 있다면 자궁경부, 자궁, 나팔관, 난소를 제거해요. 난소에서 나오는 호르몬이 암의 성장을 악화시킬 수 있기 때문에 난소도 들어내지요. 이런 종류의 수술은 양측성 난관난소절제술 및 자궁절제술이라고 해요. 이런 수술은 광범위한 자궁내막증, 자궁근종, 자궁탈출증이 있으면 시행되지요.
오늘날 대부분 행해지는 자궁절제술은 자궁과 경부를 들어내고 난소와 원위부 난관은 남겨두어요. 이렇게 하면 수술 때문에 폐경이 되지는 않아요. 어떠한 경우이든 질의 윗부분은 막다른 골목처럼 폐쇄가 됩니다.

수에게 / 양성 자궁근종이 있고 "무시무시하게 월경"을 하기 때문에 자궁절제술을 받아야 한다고 하네요. 저는 매달 거짓말 안 보태고 2주씩 피를 흘려요. 끔찍끔찍하죠. 제가 다시 정상이 될까요?

수의 대답 // "28일 중에 14일 피를 쏟는" 지금이 정상이신가요? 당신에게 정상은 무엇인가요? 이걸 견디면 당신은 임신을 하고 만삭까지 아이를 키워 낳을 수 있지만 자궁절제술을 하고 나면 이런 일은 더 이상 할 수 없어요. 수술해도 당신은 섹시하게 보이고 그렇게 행동하고 느낄 수 있을까요? 그래요. 더 그럴지도 모르죠. 당신 삶의 반을 매트리스 크기만한 생리대를 다리 사이에 차고 있지 않아도 되니까요.

이제 자궁절제술을 둘러싼 주요 미신 하나를 다루어보죠. 수술 후에 당신은 '완전한 여자'가 아니다. 틀렸습니다. 자궁절제술을 받은 많은 여자들이 새로 삶을 임대차 계약한 것 같다고 말해요. 자궁경부가 없으니 더 이상 팝 도말검사(자궁경부암 검사)를 하지 않아도 되고 경부암 걱정도 없어요. 혈색소 수치가 상승하기 때문에 활활 타는 에너지가 느껴지고 매달 하던 생리도 없고 임신 걱정도 없어요. 어떤 이들은 몇 년 만에 처음으로 섹스에 적극적이 되더라는 말을 하기도 해요.

폐경은 양쪽 난소를 다 제거한 자궁절제술에 따르는 부작용이에요. 만약 여전히 난소를 가지고 있다면 에스트로겐과 프로게스테론을 만들기 때문에 즉각 폐경증상을 겪지 않을 거예요. 폐경기는 보통보다 더 일찍 시작되겠지만 과정은 완만해요. 만약 암이 아니라면 폐경기에 겪는 어려움을 완화하기 위해 호르몬 대체 요법을 시작할 수 있어요. 자궁이 없기 때문에 프로게스테론은 필요 없고 에스트로겐만 필요해요. 폐경기에 질 벽이 마르고 자극이 심하고 쉽게 찢어지는데 이럴 땐 음순과 질 벽에 매일 에스트로겐 크림을 바르면 효과가 있습니다.
아래와 같은 경우는 비극적인 이야기지요.

수에게 / 제가 자궁절제술로 모든 것을 다 들어냈을 때가 서른일곱이었습니다. 의사나 간호사 누구도 중요한 이야기를 하지 않았지요. 전 완전 와해되었어요. 그냥 우울증을 느끼는 것만 아니라 가족에게 미친 사람 취급을 받았습니다. 얼굴이 달아오르고 밤에 땀이 솟고, 머리가 아프고 온통 엉망진창이었어요. 계속해서 의사를 찾아갔지만 아무런 처치도 해주지 않았어요. 마침내 전 다른 의사를 찾아갔고 그는 호르몬 대체 요법을 처방해주었습니다. 전 즉각 호전되었어요. 이보다 더 좋을 순 없어요.

수에게 / 제가 자궁절제술을 받으면 남편이 그 변화를 알아차릴까요?

수의 대답 // 남편의 성적 쾌락과 만족의 면에서 변화는 크지 않을 거예요. 질은 약간 짧아질 수 있지만 여전히 페니스가 들어갈 수 있으며 자궁경부가 제거되었기 때문에 페니스가 경부에 세게 부딪히지 않을 거예요. 이는 두 분 다에게 더 좋게 느껴질 수도 있죠. 당신이 중성이거나 무성이 되는 일은 없어요.
수술 후에 만족스럽고, 맹렬히 타오르는 섹스 욕구가 돌아오는 데 거의 1년이 걸릴 수 있어요. 수술 때문이 아니라 호르몬 균형이

타격을 입어 얼떨떨한 상태이기 때문이에요. 자궁 수축이 없어서 깊숙한 오르가슴 감각 저편의 변화를 알아차릴 수도 있습니다만 어떤 여자 분들은 수술 후에 어떤 제약도 없이 정말로 섹스를 즐기기도 해요.
다시 섹스하려면 어떤 의사들은 완전히 나을 때까지 길게 6주까지, 수술 후 검진을 받을 때까지 기다리라고 이야기해요. 하지만 관계가 안정적이라면, 성병의 가능성이 없고 파트너가 부드럽고 온순하며 애정이 깃들어 있다면, 그리고 당신도 원한다면 성교를 시도해볼 수 있어요. 여기서 중요 단어는 '벤틀리처럼 부드럽게' 입니다.
하지만 솔직히 얘기해서 수술 전에 섹스를 즐기지 않았다면 자궁절제술을 한다고 하룻밤 새에 당신이 새끈녀로 바뀌지는 않아요.

- 자궁탈출증 PROLAPSED UTERUS

수에게 / 58년간 활기차게 살았고, 결혼을 하고 네 아이를 낳았습니다. 그런데 받아들이기 힘든 일이 생겼어요. 제 자궁이 자꾸 질 밖으로 말 그대로 밀려나와요.

수의 대답 // '밑 빠지는 병'이라고 하는 병이에요. 병원에서 점검을 받았기를 바랍니다.
자궁을 떠받치는 골반대에 있는 근육이나 인대들이 말 그대로 풀어지게 되면 자궁이 미끄러져 내려오게 되어 자궁목이 질 밖으로 튀어나오죠. 이런 상황이 생명에 지장을 주는 것은 아니지만 쉽게 감염이 되고 붉게 염증이 생기고 어떨 땐 피가 나요. 섹스를 하기 전에 자궁목을 다시 질 위로 밀어올려놓아야 한다는 의미지요. 로맨틱한 기분이 싹 가시는 작업입니다.
수술로 치료할 수 있습니다. 배의 근육을 자궁에 이식해 원래 자리인 질의 위쪽에 잘 자리잡도록 하는 겁니다. 부인과에서는 문제를 일으키는 자궁을 제거하는 자궁절제술을 권유하기도 해요.
일부 나이 많은 여성들은 너무 부끄러워서 병원에 가지 않으려 해요. 하지만 대부분 의사들은 동요하지 않고 조언해주고 오히려 정보를 주게 되어 기쁘게 생각할 거예요. 그래도 여전히 내키지 않으면 친절하고 훌륭한 여자 의사를 찾아서 당신의 건강과 관련한 '은밀한' 문제를 좀 더 편하게 상의해보는 것도 좋겠지요.

- 자궁후굴 TIPPED UTERUS

수 에 게 / 의사 선생님이 제 자궁이 기울었대요. 전 열여덟 살인데요, 나중에 바로 서나요?

수 의 대 답 // 후굴 혹은 기울어진 자궁은 등 쪽으로 자궁이 젖혀져 있다는 의미에요. 드문 게 아니에요. 일곱 명 중 한 명은 자궁후굴이거든요. 어떤 사람은 위아래로 쭉 뻗어 위치해 있고 어떤 사람은 앞으로 기울어 있어요. 많은 십대 여자들은 자궁이 후굴되어 있어요. 성숙을 거치면서 자궁은 아주 빨리 자라는데 근육이 이를 따라가지 못하는 경우가 있지요. 더 성숙해 근육이 강화되면 문제가 없어져요.

자궁후굴은 성적인 쾌락에 영향을 줄 수 있습니다. 그리고 임신이 좀 더 어려워지기도 해요. 만약 섹스가 불편하면 엎드린 자세를 해보세요. 만약 임신이 어렵다면 역시 엎드린 자세로 섹스를 하세요. 후굴이라도 만삭까지 임신을 유지하고 정상적이며 건강한 아기를 낳을 수 있어요.

그러니 너무 불안해하거나 걱정하지 마세요. 필요하면 자궁을 정상 위치로 끌어올리는 수술도 가능해요.

자위 MASTURBATION

대부분의 남자들은 자위행위에 대해 상당히 잘 알고 있어요. 손장난/수음/딸딸이라고 부르죠. 자위행위는 정상이며, 많이 한다고 해서 뼈가 삭거나 정자수가 줄거나 하지 않으며 결혼해서 '헛방을 쏘지' 않는다는 걸 알고 있어요. 또한 자위행위의 결과로 동성애자가 되지 않는다는 것도 잘 알고 있죠. 실제 그랬다면 남성의 98퍼센트가 게이일 거예요. 많은 어린 여자들은 '참한 여자'는 자신의 성기를 만지지 않는다는 생각을 가지고 있지만 이십대 초반에 이르게 되면 스스로 용인하고 자위를 하며 그 자신의 성적인 반응을 배워 나가게 됩니다.
하지만 여기 남자들이 자주 하는 질문이 있어요.

수에게 / 전 남자들이 수음을 하는 건 알겠어요. 하지만 여자들이 어떻게 하는지 그냥 상상이 안 되어요. 그들은 음경이 없잖아요.

수의 대답 // 남자들은 오로지 자신의 음경을 자극하는 일에만 중심을 두기 때문에 어떻게 여자들이 (해부학적으로 없는! 사람들이) 혼자 즐길 수 있는지 상상이 안 되어 갸우뚱거리곤 해요. 대부분 여성들은 질의 자극이 아니라 음핵을 자극해 오르가슴에 이르러요. 이 사실을 알면 많은 여자들이 왜 바이브레이터를 섹스할 때처럼 삽입하는 도구가 아니라 성기를 자극하는 도구로 쓰는지 설명이 되지요. 남성에겐 두 가지 기본적인 자위 패턴이 있어요. 손으로 자극해서 사정을 하거나 베개에 성기를 대고 흔들어요. 이를 베개부인과 품방아질 했다*고 해요.

남자와 비교하면 여자들의 방법은 아주 참신합니다. 많은 이들이 손으로 자신의 성기를 만지거나 쓰다듬어 자극을 해요. 혹은 샤워기를 이용하기도 하죠. 그냥 샤워 꼭지를 트는 게 아니라 자신을 켜는 거죠. 따뜻한 물을 채운 욕조에 누워 다리를 벽에 올리고 따뜻한 물이 수도꼭지에서 성기 안으로 떨어지게 합니다. 촛불도 켜고 달콤한 음악에 한 잔의 와인도 곁들여 혼자만의 로맨틱한 밤을 준비하기도 해요. 어떤 여자들은 소파의 손잡이에 걸터앉아 몸을 흔들거나, 또 어떤 사람들은 간단히 좋아하는 판타지로 빠져들어가는 기술을 개발해 단지 허벅지를 비비거나 꼼지락대는 정도로, 버스를 타고 가다가도 자위를 할 수 있어요.

불행하게도 아주 많은 여자들이 자위는 도덕적으로, 특히 여성들에게는, 옳지 않다는 생각에 사로잡혀 있어요. 그들은 '조신한' 아이들은 자신을 탐닉하지 않는다고 믿어요. 실제 섹스 테라피스트는 한 번도 오르가슴에 도달하지 못한 불감증 여자들에게 자위를 하라고 권하고 어떻게 하는지 자세히 알려줘요. 어떻게 스스로 오르가슴에 이르게 되는지 배운 뒤에는 이들은 이 정보를 파트너와 나누고, 여러가지 방법으로 사랑의 행위를 하게 되지요. 여자들에

* 원문 humping the pillow 이며, pillow sex, pillow masturbation, pillow fucking이라고도 하는 속어입니다. 베개부인은 성병도 옮지 않고 핑계대어 몸을 빼지도 않는 아주 기특한 파트너이며 남자뿐 아니라 여자에게도 좋은 파트너라고 하네요.

게 자위는 성적인 해방을 의미합니다.

수에게 / 저는 혼자서는 아주 금방 오르가슴에 이르는데 섹스를 하면 정상에 도달할 수가 없어요.

수의 대답 // 드문 일이 아니에요. 혼자서 할 때에는 당신은 자신이 언제, 어디를, 무엇을, 어떻게 원하는지, 원하는 그대로 할 수 있어요. 어떻게 보일지 무슨 냄새가 날지 무슨 소리를 낼지, 파트너가 재미없거나 불만스러운 건 아닌지 걱정하지 않아도 되니까요. 당신은 오직 자신만 돌아보면 되니까 충분히 즐길 수 있죠. 매스터즈와 존스는 논문에서 성적 흥분의 수준은 혼자서 자위하는 경우가 파트너와 섹스할 때보다 더 높다는 결론을 보여주었어요. 여자나 남자 공히요. 그러니 사람들이 자신을 즐겁게 하는 일을 진짜로 즐긴다는 점에 의문의 여지가 없겠지요?
여기서 솔직해지죠. 신체적 접촉을 빠뜨렸어요. 안거나, 만지거나 키스하는 일, 사랑이나 흠모의 말들, 함께 있고 유대감을 형성하며, 파트너와 함께 하나가 된다는 경이로운 감각들. 이게 사랑하는 사람과의 섹스가 우리가 좋아하는 취미생활 중에 높은 위치를 차지하는 이유잖아요. 새로운 파트너와 섹스를 한다는 흥분과 전율은 떨치기 힘든 매혹이기도 하고요.
다음번에 섹스할 때는 상대를 자신이 좋아하는 대로 이끌겠노라고 파트너에게 말할 수 있으시죠? 그가 어디를 어루만졌으면 좋을지 그의 손을 잡아 이끌고 당신이 선호하는 압력과 속도를 가르쳐주세요. 만약 당신이 구강-성기 섹스를 좋아한다면 그의 머리를 당신이 원하는 곳에 두세요. 당신을 자극하는 곳을 아는 이는 당신 자신이지, 파트너가 직감으로 당신이 원하는 바를 알기는 어려워요. 그러니 당신의 애인을 안내하는 일은 당신에게 달린 거예요.

좀 낯부끄럽기도 할 거예요. 추잡하다고 느낄 수도 있겠지만 실제 섹스할 땐 추측하지 말고 그를 이끌어 그가 무엇을 해야 할지 몰라 부담 갖지 않도록 해주세요. 그는 아마 당신의 재주에 감사할 겁니다.

어디에도 섹스 중에는 자위를 하면 안 된다고 써 있지 않아요. 남자가 여러분의 음핵을 자극하는 걸 불편해 한다면, 그럼 남는 손은 뒀다 뭐 하겠어요. 스스로 한다고 안 될 건 없죠. 그가 꺼리지 않으면 여러분 역시 사리지 마세요.

수에게 / 자위하는 데 야채를 사용하는 일은 문제 없나요?

수의 대답 // 그럼요. 당근이든, 호박이든 오이든 먼저 씻은 뒤 사용한다면야. 살살 해야 해요. 통증은 없어도 점막이 찢어질 수 있어요. 그 상태로 HIV를 가지고 있는 파트너와 콘돔 없이 섹스를 하는 경우에는 위험해지겠죠. 이는 어리석은 결과를 낳습니다. 우리 사회가 자위에 대해 그렇게 부정적이라는 것은 유감스러운 일이에요. 자위는 안전하고, 즐거우며, 해가 되지 않아요. 그리고 자위는 성적 기능장애가 있는 사람들에게 성치료 방법의 하나로 사용되기도 합니다.

장애 DISABILITY

제각기 다른 장애를 가진 분들은 최대한 섹스를 즐기기 위해서 자신만의 고유한 도전을 하게 됩니다 .

수에게 / 11살 난 우리 딸은 뇌성마비를 가지고 있는데 이제 그 아이에게 성에 관해 이야기를 해야 할 시기예요. 아이는 말을 못하지만 우리 말은 다 이해해요. 어떻게 이야기를 시작해야 할까요?

수의 대답 // 국제 블리스 상징*은 섹스와 성행위와 관련된 상징들도 개발했어요. 이들을 블리스 판(단어나 혹은 구절을 고를 수 있는 판)과 함께 사용해볼 수 있어요. 그러면 당신과 딸이 함께 책을 읽고 있다가 딸이 무언가 궁금한 게 있으면 물어볼 수 있을 거

* 블리스(C. Bliss)가 1942년에 고안한 그림으로 된 상징체계입니다. 소리나 단어와 상관없는 상징의 개념이며 언어장애인이나 지적장애인의 의사소통에 효과적이라는 연구들이 발표된 뒤 현재는 뇌성마비, 정신지체, 자폐범주성 장애, 청각장애인 등의 보완대체 의사소통 체계로 활용되고 있습니다.

예요. 블리스 판에 대해 정보가 더 필요하면 지역의 뇌성마비 협회에 연락해보세요.
전 당신이 딸의 성생활을 받아들인다는 데에 감명을 받았어요. 딸아이도 곧 성적인 욕구가 솟고 자위를 하고 싶어진거나, 살을 맞대는 애정 어린 성적 관계를 원하게 되겠지요. 당신들 같은 부모를 가졌으니 운이 좋네요.
당신은 아이의 선생님을 도와 당신들처럼 감수성 깊은 부모를 가지지 못한 장애아들을 위해서도 아이의 학교에서 좋은 섹스 교육 프로그램을 시행하도록 할 수 있을 거예요.
계속 하세요. 당신들은 제대로 하고 있어요.

수에게 / 남편이 관절염이 있긴 해도 그가 약 6개월 전 심장 마비를 일으키기 전까지 우리 성생활은 순조로웠어요. 하지만 이젠 모든 게 다 정지 상태가 되었네요.

수의 대답 // 남편의 관절염에 무리를 주지 않고 하는 법을 터득했던 것처럼 들리네요. 남편은 충분히 쉬고, 사전에 뜨거운 목욕으로 관절을 완화시키고 아스피린이나 다른 약물을 써서 불편을 감소시켰겠지요. 그렇게 해서 섹스가 가능했고 그리고 즐겼겠지요. 당연히 당신도 남편의 관절염에 맞춘 성적인 움직임에 적응했을 테고요.

당신들은 여전히 성적인 존재예요. 남편에게 심장 문제가 있다고 멈추지는 않아요. 지금쯤이면 그는 규칙적인 운동 프로그램에 참여하고 있겠네요. 만약 그가 10블록(약 2킬로미터)을 걸을 수 있거나 계단 한 층을 별 불편 없이 오를 수 있다면, 안전하게 섹스할 수 있어요.

당신이 위에서 한다면(체위에 관한 항목은 280쪽을 보세요) 더 수월할 겁니다. 손이나 구강 성교가 쉽게 지치는 사람에게는 덜 힘든 일이에요. 당신이 위에서 옛날식 '69' 체위로 해보는 것도 좋아요. 복용 약 때문에 남편의 성충동이 낮아지고 발기가 안 되거나 유지하기가 어려울 수도 있어요. 의사에게 물어보세요. 체위로

많은 의사들이나 물리치료사들은 환자와 성에 관해 이야기하기를 피하고 커플들도 그런 주제를 꺼내는 걸 주저하지요. 커플 역시 서로 자신의 감정, 불안, 걱정, 필요에 대해 말하는 것을 두려워해요. 파트너가 섹스를 하다가 심장마비로 죽을 수도 있다고 상상하기도 하죠. 하지만 아주 일어나기 힘든 일이랍니다. 상의해보고 긴장 풀고 즐기세요.

자기개념과 자존심 SELF CONCEPT SELF ESTEEM

자아상에는 자기개념과 자존심이라는 두 가지 요소가 있어요. 자기개념은 '나는 누구인가? 나는 나를 어떻게 보는가?'라는 질문과 관련된 일이며 자존심은 '나는 무슨 가치가 있으며 남들은 나를 어떻게 볼까? 외부 상황 어디에 나를 맞추어야 하는가?'와 관련 있어요.
여러분이 다음에 소개할 아이와 같은 유해한 가정에서 양육되면 자기개념과 자존심이 좋게 발달하기가 힘들어요.

수에게 / 전 어디에 도움을 청해야 할지 모르겠어요. 저는 아주 외로워요. 가족도 친구도 없어요. 평생 동안 놀림과 괴롭힘을 당했어요. 전 조용한 성격에 '우등생'이에요. 제가 똑똑해서가 아니라 어머니와 어머니의 애인들, 한 집에 살며 나를 때려눕히는 데 엄청난 희열을 느끼는 나이 많은 사촌을 피해 제 방에서 공부를 하며 항상 시간을 보내기 때문이에요. 제대로 되는 일은 하나도 없는 것 같아요. 그래서 전 그냥 포기해요. 하지만 저도 다른 아이들처럼 살았으면 좋겠어요.

수의 대답 // 네가 다른 아이들과 같아지기를 바라고 싶진 않아. 담대함이란 주사를 한방 딱 놔서 네가 밖으로 나와 다른 아이들과 어울릴 수 있었으면 좋겠다.

불행하게도 그렇게 직방으로 듣는 약은 없어. 넌 아마 엄청난 정신적, 육체적인 폭행까지 견뎌내고 있겠지. 쉽게 극복하기도 어려울 거고.

이 문제는 너 혼자 힘으로 극복할 수 있는 일이 아니란 걸 알았으면 좋겠구나. 아마 상담이 필요할 거야. 학교에 지도 상담 서비스가 있는지 알아보려무나. 어쩌면 의사 선생님에게 도움을 받아 상담가를 소개받거나 지역 병원의 정신건강 클리닉에 갈 수도 있단다. 양호선생님, 교장선생님, 아니면 가족봉사기관*에 도움을 얻을 수 있을지 물어보렴.

예약을 기다리는 동안에 네가 스스로 할 수 있는 일이 약간 있어. 노트를 마련해 문득 생각이 떠오르면 자신의 장점들을 모두 다 적어봐. 수줍어할 필요 없어. 어디 자랑하려는 게 아니라 네가 가진 재능과 자산을 바로 알게 하려는 거야. 일테면 유머 감각이나 멋진 다리 같은 게 있겠지. 이런 자산을 받아들이게 되면 다른 흔들흔들하는 영역을 강화하는 데 이용하거나 새로운 영역에 경쟁력, 자기개념과 자존심을 세우는데 쓸 수 있어. 이를 '힘 실어주기'라고 해.

네가 더 넓게 보는 능력과 완전히 무시하는 능력을 기른다면 부정적인 말이나 놀림이 예전만큼 자아에 손상을 주지 못한다는 걸 알게 되겠지. 이제 맞서 싸우는 기술도 개발해낼 거고 곧 한발 더 나아갈 수 있을 거야. 누군가 너를 하찮게 대하려고 하면 너는 "난

* 가족봉사기관 family services organization 특히 동거부부, 가족, 확대가족에게 다양한 대인서비스를 제공하는 사회기관. 가족치료(family therapy)와 부부치료(martial therapy), 가정생활교육 그리고 건강한 가족발전을 강화하기 위한 지역사회활동이 포함됩니다.

그런 취급은 필요 없어. 사람 하찮게 보지 말라고. 네가 날 없는 사람 취급하도록 두진 않겠어"라고 결심하게 될 거야.

짤막한 농담도 만들어볼까. "나 그 말이 딱 듣고 싶었는데." 혹은 "항상 내 기분 잡치는 데 수고를 해주시고, 참 신세가 많아." 엘레노어 루즈벨트의 "내 허락 없이 누구도 내 기분을 망칠 수는 없다"란 말을 새겨두길 바라.

우리 모두가 할 수 있고, 분명 도움이 되는데도 잘 안 하는 일이 있어. 혼잣말이란 거야. 교통이 콱 막히잖아. 그럼 우리는 혼자서 자신이 받았던 긍정적인 혹은 부정적인 확언을 강화하며 중얼거리게 되지. 그럴 때 긍정적인 자기 대화를 해보렴.

네가 해봄직한 글쓰기 전략도 있단다. 오 년간 네 삶의 계획을 짜보는 거야. 그때즈음이면 어디에 있고 싶은지, 인생에서 무엇을 얻고 싶은지. 아무리 엉뚱해 보여도 상관없어. 그냥 적으렴. 그리고 네가 짠 목표에 다가갈 수 있는 계획을 짤 수 있도록 우선순위를 정하고 소원 목록을 만들어. 이런 일을 통해 생각만 하던 희망을 원하던 현실로 만들어갈 수 있을 거야.

이제 모험을 시작할 마음이 울끈 불끈 솟기 시작할 거야. 겁은 덜 나고 자기개념이 차츰 자라고 뭐든 할 수 있을 것 같고 모험에도 기꺼이 도전하고 싶어. 그 도전정신으로 친구들도 만들고 취미생활도 해보고 여가 활동을 해보는 거야.

진정한 자기개념과 자존심이 있는 사람이라면 남을 조종하거나 강압하거나, 겁을 주거나 협박하지 않아. 이런 종류의 행동은 낮은 자아상에서 비롯된단다.

연구에 따르면 자존심이 높은 부모들의 특성은 아이들에게 그대로 전달된다고 해요. 이들의 아이는 독립적이며 자부심이 강하고, 자신을 위한 현명한 결정을 하고 훈육이 덜 필요하대요. 또한 가족이나 친구들과 사이가 좋고요.
최초의 자기개념은 부모로부터 비롯되죠. 그런 후 확장 가족, 유치원, 학교에서 배우게 됩니다. 여성의 자아상은 청소년기에, 여드름, 납작한 가슴에, 불규칙하고 많은 월경, 지성 머리카락, 젖살 등으로 급강하를 하죠. 이들은 드라마 〈The O.C〉*나 잡지 〈세븐틴〉**을 읽고 그들이 결코 다다를 수 없는 이상형으로 톱스타를 우러러보죠.
남자아이들은 자신이 초라하고 완전 얼간이같이 느껴지기도 해요. 사회적 기술은 하나도 없고 몸은 끊임없이 발기를 해대니 마치 자신이 성욕 과잉의 변태처럼도 느껴지기도 하구요.
우리의 목표는 적당히 협력도 하고 경쟁도 하는 판단력 있는 아이로 키우는 겁니다. 부모와 교사들은 여러 방법으로 자기개념을 키우는 걸 도울 수 있어요.

– 모든 아이들을 칭찬하고 용기를 북돋워주세요. 그들이 무엇을 할 수 있는

* The O.C. 2003-2007년 미국에서 방영된 10대와 그 가족 중심의 청소년 드라마
** Seventeen 십대 여성들을 위한 미용, 패션, 유명 인기인의 이야기를 담은 잡지.

지 강조하세요. 그들에게 해볼 수 있는 기회를 주세요. 실패하면 괜찮다고, 다음에 더 잘하면 된다고 이야기하세요. 아이들이 자라면서 자주 들어야 하는 여섯 가지 주요 메시지가 있어요. "난 네가 옳다고 생각해." "난 너를 믿어." "네가 할 수 있다는 거 알아." "어디 들어보자." "난 너를 신경 써." "너는 중요해."

- 아이를 놀리거나 깔보지 마세요. 실수를 해도 비웃지 마세요.
- 아이가 알아듣기 쉽게 이야기하세요. 정보에 접근하는 법을 가르쳐주고 모든 질문에 정직하게 대답하세요.
- 친절, 배려, 개방적인 의사소통을 나누세요.
- 아이가 적극적이되, 불쾌하게 공격적인 사람이 되지 않도록 도우세요. 그들이 감정과 걱정을 잘 해결할 거라고 믿고, 감정을 드러내도록 북돋워주세요.

이런 식으로 해야 아이들이 어디에서고 결코 업신여김을 받지 않을 겁니다.

전립선암 PROSTATIC TUMORS

수 에 게 / 전립선에 암이 생겨 수술을 받아야 될 거 같습니다. 이제 제 성

생활은 완전 끝장난 걸까요?

수의 대답 // 아주 최근까지의 답은 예, 아마 그럴 겁니다였죠. 암 치료용 전립선 절제술은 발기를 자극하는 신경을 절단해왔어요. 하지만 요근래 양성의 비암성의 종양이나 초기 전립선암에 사용되는 수술인 경요도전립선절제술(TURP)은 신경, 혈액공급, 호르몬에 영향을 주지 않아요. 이 수술은 역행사정을 제외하고는 성기능에 영향을 주지 않는다는 의미지요. 그래서 오르가슴의 감각은 그대로 남아 있을 겁니다. 하지만 전립선 판막이 제거되기 때문에 정액이 분출되는 대신에 방광으로 역행해요.
TURP를 받은 약 25퍼센트의 남자들이 발기 부전에 대한 불안과 공포에서 기인한 일부 성적인 문제를 경험하기도 합니다. 수술 전 그리고 수술 후 상담을 받아보면 도움이 됩니다.
머리와 몸은 연결되어 있다는 사실을 잘 알고 있어야 합니다. 당신이 다시는 발기되지 않을 거라고 걱정하고 또 확신한다면, 수술의가 아무리 훌륭하다고 해도 이런 자기예언은 실제로 일어나요. 머리가 쉬고 있는 밤중이나 아침에는 발기가 되겠지요. 이런 경우라면, 스스로 발기부전을 만들고 있다는 걸 깨닫고 섹스 테라피스트를 찾아가야 합니다. 정말 농담 아닙니다. 현재 수술이 포함되지 않은 몇 가지 새로운 치료법이 있어요. 비뇨기과 의사의 진료를 받아보세요.

수에게 / 남편이 전립선에 암이 있다고 진단을 받았어요. 저도 이기적이란 건 알지만 암이 바이러스 때문에 생기기도 한다고 들었거든요. 만약 그렇다면 그이하고 전 상당히 규칙적으로 섹스를 했기 때문에 그에게 감염되어 저도 자궁경부나 자궁에 암이 생길 수 있을까 무서워요. 저도 확인해봐야 하나요?

수의 대답 // 남편이 전립선암이 있다고 당신이 위험해지는 것은 아닙니다. 감기나 독감 걸리듯이 암에 걸리지는 않아요. 그러니 마음 느긋하게 먹으세요.
하지만 그와는 별도로 출혈, 통증이나, 멍울, 부종, 호흡곤란, 멍 같은 이상변화가 있으면 무시하지 마세요. 매년 유방이나 골반 검진을 포함한 정기검진을 계속하세요. 남편의 질환으로 생기는 위험 때문이 아니라 당신 자신의 건강을 위해서예요.

전립선 자극 PROSTATIC STIMULATION

수에게 / 이거 정말 역겨운, 그런 일은 아니겠지요? 남편은 제가 바셀린을 한 덩어리 떠서 그의 항문에 집어넣고 손가락을 앞으로 구부려서 거기에 있는 부드럽고 작은 밤톨 같은 것을 살살 만지면 진짜 흥분되나봐요. 이게 정

상인가요? 제가 그를 다치게 하면 어쩌죠? 그가 잠복 고환를 따로 가지고 있는 건가요?

수의 대답 // 아니오, 아닙니다. 당신 질문에 대한 답은 다 '아니오'입니다. 이걸 전립선 자극이라고 해요. 당신은 소변을 방광에서 음경을 통해 나르는 관인 요도를 둘러싸고 있는 작은 분비선을 살살 어루만지고 있는 거예요.

어떤 남자들은 이런 종류의 자극에 그냥 미친 유인원처럼 흥분해요. 조직학적으로 전립선은 여성의 지스팟과 유사해요. 이를 A 스팟이라고 부르기도 하죠. 하지만 어떤 사람들은 이러면 극도로 통증을 느끼기도 합니다.

손을 깨끗이 씻고, 윤활제를 듬뿍 쓰는 게 비결이에요. 콘돔과 닿지 않는다면 바셀린도 좋아요. 아주 아주 부드럽게 하시고 너무 오래 하거나 쓰릴 정도로는 하지 마세요. 수술용 라텍스 장갑을 사서 쓰거나 손가락에 윤활제를 잘 바른 콘돔을 끼우고 하면 당신이 좀 덜 찝찝할 수도 있고요.

어떤 사람도 똑같지 않듯 한 사람에게 즐거운 일이 다른 사람에게는 고문일 수도 있어요. 만약 이런 행동이 불편하지 않다면 해가 될 건 없어요.

접촉 TOUCHING

여기서 말하고자 하는 접촉은 치유의 접촉이에요. 하지만 "나 좀 보듬어줘"라고 말로 하지 않으면 깜빡 잘못 알기 십상이죠. 우리 모두는 살아가려면 하루에 네 번, 성장하려면 여덟 번, 활짝 피고 만개하려면 열두 번의 포옹이 필요하단 말을 들었던 기억이 나요. 하지만 성적이 아닌 인간의 접촉은 자주 오해받곤 하죠.

수에게 / 시댁은 서로에게 전혀 애정을 드러내지 않는 집안이에요. 그래서 남편은 나와 아이들과 야단법석으로 놀 때가 아니면 좀체 접촉이 없어요. 친정에선 항상 만지고 안고 하던 터라 전 아이들을 안아주고 잘 시간에는 등을 문질러주어요. 하지만 전 남편이 안아주는 일이 그리워요. 우리가 연애할 때는 안았지만 지금은 그가 안아주거나 키스해주는 때는 그가 섹스를 원할 때뿐이에요.

수의 대답 // 당신의 남편은 많은 다른 남자들처럼 피부 대 피부 접촉의 뜻을 잘못 알고 있어요. 남자아기들은 여자아기들과 똑같은 정도로 안아주거나 볼을 비비거나, 어르거나, 달래지 않아요. 책을 읽어줘도 여자애는 무릎에 앉히고, 사내애는 옆에 앉힙니다. 할머니는 손녀에게 키스를 하지만 할아버지는 손자에게 진짜 남자인 양 악수를 하죠. 열 살이 되면 여자아이들은 여전히 부모와 안고 키스를 하고 친한 친구와 손을 잡고 다녀요. 남자아이는 곁눈질만 하다가 누가 손이라도 내밀라 치면 몸을 뒤로 빼죠. 마마보이나 게이 같은 행동으로 비칠까봐 무서워하면서요.
사춘기에 남자들은 그냥 툭하면 발기가 되어요. 아무 이유도 없는데 자꾸 서니까 무척 곤란하죠. 하물며 여자애들과 접촉하면 오죽하겠어요. 그래서 접촉은 성과 동일시되어요. 십대 남자아이가 데이트할 때 손을 잡는 일은 섹스의 전주곡이에요. 그래서 여자가 안고 키스를 하면 더 나가도 된다는, 그가 할 수 있다면 끝까지 가도 된다는 동의로 번역해요.
여자가 남자를 저지하지 않으면 이런 패턴은 관계에서 계속됩니다. 그래서 여자가 아주 꼭 그러안으면 남자는 "얘는 그걸 원하는 거야"라고 생각해요. 남자가 계속 성적인 동작으로 이어가고 여자가 동의를 하면 그대로 굴러가는 거죠. 여자가 반응을 하지 않으면 남자는 거부당했다고 생각하고 다시 시도해보려고 하지 않아요.
제가 아래와 같은 편지를 받은 이유가 그런 거예요.

수에게 / 남편은 저를 그냥 안거나 애무하거나 키스하려고 하지 않아요. 그는 항상 이걸 섹스의 시작으로 해석하죠. 하지만 전 그냥 파묻혀 안기기를 원하는 것뿐인데. 그 결과 전 남편과의 모든 신체 접촉을 피하고 있어요. 하지만 그 따뜻함이 그리워요.

수의 대답 // 대부분 커플들은 '한바탕 놀아볼까'를 암시하는 신호나 힌트를 제각기 개발해요. 윙크일 수도 있고, 알겠느냐는 눈짓, 포옹하며 엉덩이 들썩거리기, 프렌치 키스 등이 있겠죠. 둘은 이 메시지가 무언지 알고 있으므로 동의를 하거나 "자기야, 오늘밤은 안 돼"라고 하겠죠. 커플에게 안거나 꼭 붙어 있는 일은 항상 일어나는 일이에요. 설거지를 하다가도, 텔레비전을 보다가도, 어느 시간이라도 좋아요. 지켜보는 아이들은 이런 일에 익숙해져서 그들에게도 일상적인 일이 됩니다. 어떤 커플들에게 안는 일은 섹스를 시작하자는 신호예요.

소통의 기술이 여기에서 작동을 시작합니다. '나'를 주어로 내세워 이렇게 말할 수 있겠지요. "우리가 데이트하던 때가 생각나. 우린 항상 안곤 했잖아. 난 정말 그게 좋았는데. 난 지금 그런 접촉이 그리워. 우리 섹스를 시작하자는 다른 신호를 찾을 수 있을까? 그냥 가능한 한 자주 안고 키스는 계속하면서 말이야."

남편은 분명 기뻐할 거예요. 내기를 걸어도 좋아요. 기본적으로 남성들은 여성들처럼 아니 조금도 뒤지지 않고 신체 접촉을 필요로 하고 좋아하거든요. 남편을 납득시키기 어렵다면 두 분이서 필수적인 의사소통 기술을 개발하는 데 도움을 줄 상담가를 만나, 두어 차례 상담시간을 가져보세요. 그런 후 당신이 남편의 등을 문질러주어도 그는 섹스 신호로 여기지 않을 거예요. 남편이 가르릉거리는 거 잘 보세요.

정자 수

– 낮은 정자 수 LOW SPERM COUNT

수에게 / 제 남편은 고환이 하나뿐이에요. 그래도 우리는 아이를 가질 수 있는 거죠?

수의 대답 // 여자가 임신이 안 되는데, 여자 쪽에는 불임의 어떤 원인도 없다고 한다면 남성 불임의 원인으로 제일 먼저 정자수를 체크합니다.
정자수를 세기 위해서는 금방 사정한 정액이 필요해요. 그래서 플레이보이 잡지를 옆구리에 끼고 클리닉의 작은 방에 홀로 들어가 자위를 하고 시험관에 사정을 합니다. 정액은 바로 현미경으로 검사하는데 정자수를 세는 것뿐만 아니라 정자의 운동성과 꼬리가 두 개 혹은 머리가 두 개 같은 이상이 있는지 검사를 하게 되지요. 남성의 사출액에 육천만 개 미만으로 정자가 있으면 불임으로 쳐요. 수태를 위해서는 단 하나의 정자가 필요하지만 난자 하나를 수정하기 위해서는 정액 1밀리리터당 2천만 개의 정자가 필요해요. 지나치게 많은 거 아니냐 여기겠지만 앞서 나가는 정자가 질에서 자궁으로 헤엄쳐 나가는 동안에 하나씩하나씩 죽어나가며 질과 자궁 분비물을 중화시켜요. 그런 후 다음 번 정자부대들이 앞으로 나아가 험난한 환경을 중화시키고 산화하고 마지막에 남은 얼마 되지 않은 정자들이 난자를 만나죠. 이렇게 해야 수정이 이루어지는 거예요.
정자는 고환에서 만들어져요. 정자가 최대한 많이 만들어지려면 고환은 몸의 나머지 부분보다 2도 정도가 낮아야 합니다. 남자가 정자수가 적으면 해야 할 일이 몇 가지 있어요. 꽉 끼는 속옷보다 헐렁한 사각팬티를 입고, 탕목욕이나 사우나를 피하고 적당한 운동을 하고 담배를 끊어야 됩니다.
불임은 성병 때문에 생길 수도 있어요. 성병을 앓은 뒤 반흔 조직이 남으면 고환에서 요도로 연결되는 정관이 막혀요.
임신을 원하는데 남자의 정자수가 적으면 의사는 여자가 배란을 할 때까지 금욕하고 있으라고 권유할 확률이 큽니다. 이렇게 하면 아이를 가질 확률이 더 높아지죠. 또한 정자수가 적은 남성들을 위해 인공수정 클리닉에서는 정자수를 늘리는 약제인 클로미드 clomid를 처방하고 있어요.

재미있는 섹스 FUN SEX

연애를 하고 처음 결혼했을 때가 기억나시는지요? 섹스가 재밌고

신이 나 공원의 종달새같이 놀았지요. 하지만 어, 하는 사이에 섹스는 단조롭게 되풀이되는 미적지근한 일이 됩니다.

수에게 / 지루한 섹스 생활을 활기차게 하기 위해 무엇을 할 수 있을까요?

수의 대답 // 당신이나 파트너가 가진 판타지를 나누거나 실행하는 일 외에도 많은 시간과 노력이 들지 않는 몇 가지 깜짝쇼가 있어요.

- 파트너의 서류가방이나 점심 도시락에 연애편지를 넣는다. ('자기가 집에 올 때까지 기다릴 수 없어. 당장 자기하고 침대로 뛰어들고 싶은데 어쩌지?')
- 새로 나온 섹스 토이나 향이 나는 오일, 바이브레이터를 산다.
- 바닥에 큰 시트/종이를 깔고 서로의 몸에 핑거 페인팅을 한다.
- 달빛 아래에서 함께 알몸으로 수영을 한다.
- 애무를 하거나 섹스를 하곤 했던 추억의 주차 장소를 다시 방문한다.
- 가을에는 나뭇잎 더미에서, 겨울에는 난로 앞에서, 봄에는 산길의 침낭에서, 여름에는 해변에서 사랑을 나누며 계절을 즐긴다.
- 신문이나 잡지에서 글자나 단어들을 잘라 사랑의 메시지를 꾸며본다.
- 샴페인과 오렌지 주스를 곁들인 특별한 토요일 아침식사를 만들어본다.

조기사정 PREMATURE EJACULATION

수에게 / 전 멋진 여자친구가 있는데요. 그런데 우리가 섹스를 하면 전 항상 너무 빨리 나와요. 어떻게 해야 할까요?

수의 대답 // 섹스 테라피스트들은 조기사정을 이제 사정부전이라고 부르는데, 요즘 눈에 띄게 너무 일찍 사정한다고 걱정하는 남자들의 편지가 늘었어요. 조기사정을 방지하도록 고안된 치료가 있어요. 쥐기 기법 혹은 중단-시작 기법에 기초를 두고 있는데, 이는 사정의 불가피성을 가리키는 몸의 신호를 인지하도록 남성을 재교육하는 것입니다.

많은 요소들이 조기사정에 영향을 미쳐요. 스트레스, 불안, 비현실적인 기대 혹은 들킨다는 두려움에 쫓기거나 재빠른 성매매를 원하는 창녀와 섹스를 했던 이전 성적인 경험들을 들 수 있어요. 많은 남자들은 급하게 끝내는 자위에 익숙합니다. 이런 일은 신속사정이라는 패턴으로 자리를 잡아 나중에는 그 버릇을 깨기가 힘들 수도 있어요.

당신이 해볼 수 있는 방법들입니다. 완전히 발기가 될 때까지 자극을 하세요. 사정을 하기 바로 전에 이제 나올 거라고 알리는 짜릿한 통증이 올 때, 즉시 멈추고 발기가 수그러들게 하세요. 그리고 다시 자극을 해서 다시 발기하도록 하세요. 이 치료는 어떤 사람에게는 효과가 있지만, 모두 다 해당되는 건 아니에요. 그래서 이 기법을 제대로 가르쳐줄 수 있는 테라피스트를 찾으라고 하고 싶군요. 어떤 의사들은 팍실과 졸로푸트*를 처방하기도 합니다. 또 어떤 사람들은 해결책으로 팍실과 비아그라를 함께 권유하기도 하죠. 의사와 상의해보세요.

무언가 더 좋은 방법이 없다면 전 성적 긴장을 줄이기 위해 사전에 자위를 하라고 권합니다. 이렇게 하면 당신은 더 천천히 더욱 느긋하게 파트너와 즐길 수 있을 거예요. 다른 지연 전술들을 볼게요. 여자가 자극을 중단할 수 있도록 여성이 위에 올라타세요. 그리고 너무 일찍 사정을 했다면 어떻게 해도 발기가 되지 않는 불응기 동안에 계속 파트너를 자극하세요. 하지만 이십 분 후에, (나이가 많은 경우에는 더 걸리기도 합니다만) 젊은 남자는 다시 발기가 되고 다시 행동에 돌입할 수 있지요. 이때가 되면 파트너는 완전히 흥분을 하고 당신은 승자가 되는 거죠.

어떤 남자들은 마취 크림, 진정제,** 술, 고무 밴드, 이중 콘돔 등을 사용하여 사정의 속도를 떨어뜨리려고 해보지만 어느 것도 크게 도움이 되지는 않습니다.

* Paxil(paroxetine)과 Zoloft(Sertraline). 항우울제 약입니다.

** 국소 마취크림과 트라마돌은 효과가 있으며 진정제 종류 중 SSRI(팍실과 졸로푸트) 등도 제한적이지만 효과가 있습니다.

죄의식 GUILT

모든 사람들은 생애 어느 순간에 죄의식을 느껴요. 죄의식은 하지 말아야 할 것을 원하는 대로 좇아 한 경우에 느끼는 감정이에요. 여러분이 나쁘다고 믿고 있는 일을 하는 거죠. 들켜버려서 더 이상 신뢰할 수 없는 하찮고 부끄러운 사람이라고 찍히면 죄의식은 더욱 심해집니다.

여자들은 남자보다 죄의식에 더 민감한 것 같아요. "죄의식 없는 여자를 데려와봐. 그러면 남자란 걸 보여줄게"라는 농담이 그냥 농담이 아닌 거죠. 여자들은 스스로 죽어라고 '해야 할 일'에 목매달기도 해요.

여러분의 사고방식이나 가치관, 무엇이 옳고 그르다는 믿음은 거의 열 살 이전에 확립이 되어요. 부모, 형제자매, 조부모, 학교, 교회, 친구들 모두 무엇이 받아들여지고 혹은 받아들여지지 못하는 행동인지에 대한 개념을 형성하는 데 영향을 미쳐요.

십대에는 자신의 사고방식과 가치관을 돌아보며 더 많은 정보들을 수집하고 여러 행동을 시도해보고, '최선의 삶'이라는 개념에 맞아떨어지는 체계를 찾아 나서요. 친구들과 견해를 나누고 맞춰가기도 하죠. '책임과 기대'를 인식하고 어떤 삶을 살까 가이드라인을 골라요.

이런 가치관은 여러분 삶에 위기가 닥쳐 그런 가치관을 되돌아보게 되는 일이 없는 한 변하지 않을 거예요. 전형적인 사례를 한번 보죠.

수에게 / 죄의식이 제 행복하고 평탄한 삶에서 유일한 함정이에요. 제가 스무 살 때 사랑하는 남자친구와 약혼을 했는데 어느 날 밤 어느 파티에 가서 술을 너무 많이 마시는 바람에 다른 남자와 욕실에서 잠깐 섹스를 했어요. 그러곤 임신을 했어요. 제 생각에 그 남자가 아이 아빠 같아요. 제 남자친구는 자기 아이라 생각하고 저하고 결혼을 했어요. 아들은 이제 여덟 살이에요. 정말 좋은 아이지만 아이를 바라볼 때마다 전 그 끔찍한 비밀을 떠올려요. 그 죄책감이 저와 제 아들과의 관계에 영향을 미치고 있구요. 전 계속 다 말해버리면 기분이 나아질까 하는 궁금증이 들어요. 선생님은 어떻게 생각하세요?

수의 대답 // 죄의식을 다루는 몇 가지 효과적인 방법이 있어요. 자신이 무슨 일을 벌였는지 돌아보고 왜 그런 일을 했는지 정직하게 생각하세요. 당신의 동기가 무엇이었나요? 그 동기가 타당하며 현실적이었나요? 당신이 바라던 일이 이루어졌나요? 그렇긴 했지만 그 과정에서 누군가를 다치게 했기에 여전히 죄의식을 느낀다면, 상담사나 치료사를 찾아 상담을 받는 게 이로울 거예요.

죄의식을 이겨내는 데 도움이 되도록 의사, 심리학자, 정신과의사, 결혼상담가, 섹스 테라피스트를 찾아보세요. 어떤 경우에는 좋은 친구에게 말하는 것도 도움이 될 수 있겠지요. 비밀을 지켜 줄 수 있을 만한 친구라는 가정 하에서. 하지만 친구가 비밀로 해 달라는 말을 따르지 않고 신뢰를 배반할 수도 있어요. 비밀이 우연히 새어나간다면 엄청난 파장을 몰고 오겠지요. 그래서 저는 전문가가 아닌 다른 사람들에게 당신의 문제를 털어놓으라고는 하고 싶지 않아요.

무분별한 행동 때문에 생긴 죄의식이라면 파트너에게 실토하기 전에 왜 당신이 '모든 것을 말하려고' 하는지 심각하게 숙고해보세요.

이와 같은 고백은 많은 경우 파트너에게 죄의식을 떠넘기고 자신은 죄를 벗어나려는 시도예요. "난 그에게 사실대로 말했어. 난 옳은 일을 한 거야. 그가 어떻게 반응하는지는 그의 문제야."

당신 파트너의 사고방식과 가치관을 고려하는 것도 중요해요. 그가 당신을 용서하긴 할까요? 다시 당신을 믿을 수 있을까요? 당신의 고백이 관계가 정상화되는 데 기폭제로 작용할까요? 아니면 다 끝난 마당에 마지막 쐐기가 될까요? 당신이 하려는 일이 무언지, 왜 하려고 하는지 확실히 알아야 합니다. 이 점은 마음에 새기고 계세요. 어떤 사람도 당신의 허락 없이는 당신에게 죄의식을 강요할 수 없어요.

파트너 사이에는 어떤 비밀도 없어야 된다는 건 미신이에요. 차라리 공유하지 않고 놔두는 게 최선인 일들이 몇 가지 있어요. '선불리 아는 건 위험할 수 있다'는 속담을 되새겨보세요. 고백으로 몰려올 파장을 모두 고려해보아야 합니다.
죄의식 대처 방법들 중에는 결코 효과적이지 않을뿐더러 당신이나 다른 이들에게 해만 되는 것도 있어요.

- 죄의식을 무시하고 억누르거나 부정하기도 한다. 노력할수록, 죄라는 느낌에 더욱 사로잡히게 된다. 언젠가 비밀이 드러날 거라는 불안이 덧붙여져 대화가 줄고 위축된다.
- 다른 사람 혹은 상황을 비난하며 벗어나려고 한다.
- 마약이나 술, 안정제나 수면제의 힘을 빌려 죄의식을 의식 아래로 가라앉히려고 한다.
- 자신의 잘못을 속죄하고 벌충하거나, 용서를 구하기 위해 시간을 쏟기도 한다.
- 같은 일이 다시는 일어나지 않도록 노력하거나, 그 일을 통해 교훈을 얻어 다시는 그러지 않겠다는 것을 다른 사람에게 증명하기 위해 금욕하겠다고 마음먹는다. 이런 반사적인 위축 반응은 죄의식을 없애지도 못할뿐더러 자의식과 자존감에 영향을 준다.
- 죄책감을 느끼는 사람들과의 관계에 해가 되는 방식으로 행동하기도 한다. 관계를 가장 많이 해치는 것은 무엇일까? 사실, 사실을 숨기는 것, 아니면 당신의 죄의식?

만약 당신이 무슨 일을 벌였는지, 왜 했는지, 왜 죄책감을 느끼는지 깊이 돌아본다면 그 죄책감이란 게 다른 사람들이 당신의 행동을 통제하기 위해 덧씌워 놓은 것은 아닌지 가늠할 수 있을 거예요. 어리석은 실수에 대한 회한과 후회라는 감정은 정직한 반응입니다.

당신의 감정을 글로 죽 적어보세요. 그냥 적어 내려가세요. 6개월 후에 글을 다시 읽는다면 상황이 또렷하게 보일 거예요. 그런 후 다른 사람과 의논을 할지 말지 결심하세요. 당신은 후회와 회한을 표현하고, 당신을 뒤흔드는 죄에서 벗어나게 될 거예요.

다른 사람들이 그냥 넘기기를 거부한다면, 계속해서 당신이 죄의식을 느끼도록 강요해 당신을 조종하려고 든다면, 그 사람에게 문제가 있는 거예요. 다른 사람들에게 휘둘리지 마세요.

사람들이 당신을 더 이상 죄의식으로 조종할 수 없다고 깨달으면 아마 작전을 포기할 테고, 평등주의에 입각한 관계를 확립할 수 있겠지요. 아니라면 그런 관계를 청산하고 다른 삶을 꾸려 나가야 할 겁니다.

죄의식은 사회가 정한 가치관을 위반했다고 투철하게 믿고 있는 당신 자신이나 혹은 타인이 부과하고, 스스로가 자신에게 가하는 형벌이에요. 이는 파괴적인 일면이 있으므로 삶에서 죄의식에서 벗어나는 일은 매우 중요해요.

불행하게도 우리 사회에는 남자 나이 열여덟에 성적인 활동이 최고조에 이르렀다가 그 시점부터 계속 하락세를 유지하다가 나이 오십에 정말 다 사그라든다는 믿음이 팽배해요. 또한 여성들은 늦게 활짝 피어나는 편이라서 20대 후반이 되어야 성적으로 최고조에 달한다고 생각하죠. 만약 이런 미신을 믿고 있었다면 자신을 속여온 것이며, 이를 계속 믿는다면 자기 암시적인 예언이 될 것입니다.

수에게 / 서른다섯 살 건강한 남자입니다. 저는 아내와 사이가 아주 좋아요. 하지만 잘 흥분되지 않고 발기되는 데 시간이 더 걸리고 예전보다 덜 딱딱해요. 때론 발기가 사그라지기도 하고, 사정할 때도 예전만큼 힘차지 않아요. 우리가 섹스를 한 지 3주가 지났다는 사실을 깨달은 적도 몇 번 있어요. 온 낮과 밤의 반은 솟곤 하던 '올드 페이스풀'*에 무슨 일이 일어나고 있는 걸까요?

수의 대답 // 드문 일이 아니에요. 당신은 항상 준비된 페니스를 가지고 있고 파트너는 언제든 받아들일 준비가 완료가 되어 있을 거란 기대는 현실에서는 완전히 불가능해요. 아무리 채워도 허덕이던 젊은 시절의 어마어마한 사랑의 열정은 가라앉았어요. 다

* old faithful, 미국 옐로우스톤 국립공원 내 수십 미터를 솟아오르는 간헐천의 이름.

행이죠. 그렇지 않았다면 지금쯤 당신들은 벌써 탈진으로 죽었을 겁니다. 당신은 동반자적인 사랑, 따뜻하며 편안하고 친밀하고, 가끔씩 불꽃이 튀는 그런 우애적인 사랑의 단계에 접어들었어요. 나이가 들어감에 따라 달라붙지 못해 안달 내던 시절은 가고 사랑이나 포옹에 대한 욕구가 남으며, 친밀감이나 유대감은 더욱 강해져요.

여기서 짚고 넘어갈 게 있어요. 당신의 걱정을 아내에게 이야기한 적이 있나요? 그녀는 현재의 상황에 만족하고 있는지요? 혹은 당신이 자기에게 더 이상 매력을 느끼지 못한다거나 다른 불륜상대가 있다고 걱정을 하고 있지는 않은지요. 섹스를 시작하면 당신의 반응이 예전보다 시큰둥해도 편안하게 느끼던가요?

당신은 혹시 실패하지 않을까 불안해하고 있나요? 아니면 아내에게 '아랫것이 어째 말을 잘 듣지 않는다며, 하지만 이르는 대로 잘 따르면 바로 대령하겠노라' 유머로 넘길 수 있으세요? "아궁이만 데우고 다들 어디 숨은 게야?* 올 때까지 슬슬 놀아볼까?"라고 말하고 그녀를 즐겁게 할 수 있어요. 손으로 자극하고 구강-성기 섹스를 하다가 만약 발기가 된다면, 금상첨화, 계속하세요. 발기가 안 된다 해도 세상 끝나는 것도 아닙니다. 계속 그녀를 자극해 다른 방법으로 오르가슴에 도달하게 할 수 있지요.

대부분 여성은 삽입으로 오르가슴에 이르지 않는다는 사실을 알고 있나요? 대부분 여성은 클리토리스의 자극으로 오르가슴에 도

* The lights are on, but there's nobody home. 사람도 없는데 불을 켜놓다니. 정신이 팔려서 느릿하거나 어수룩한 사람에 대고 하는 말을 살짝 바꾼 농담입니다.

달해요. 클리토리스는 질 입구에서 손가락 마디 하나 위로, 대음순이 접히는 바로 아래에 위치해요. 이 콩알만한 기관에 신경말단부가 가득 차 있는데 거의 전체 페니스에 해당하는 만큼의 신경이 들어 있지요. 페니스가 얼마나 예민하고 즉각적인지 알고 있을 테니 잘 알 거예요. 클리토리스를 자극할 때 반드시 부드럽게 해야 한다는 점도 당연하겠지요? 마구 짓비비지 말고 깃털처럼 가볍게 만지고, 입 맞추고 핥아야 돼요. 그러니 우리가 삽입 섹스를 할 수 없다고 게임이 끝난 건 아니에요. 도리어 우리는 다른 형태의 자극에 집중할 수 있게 됩니다.

이를 알고 나면 행위 불안이 해소될 겁니다. 단단하게 발기하지 못해 걱정할 필요도 없으며 파트너가 만족에 이를 때까지 오랫동안 사정을 늦출 수 있을 만큼 단단하게 발기를 유지해야 할 필요도 꼭 없어요. 어떤 일이 있더라도 당신은 상대를 만족시킬 능력이 있어요. 이제 당신과 아내 둘 다 여유를 갖고 즐기세요. 걱정을 멈추고 나면 오랜 친구가 머리를 쳐들고 구르릉 다시 솟아오를지도 모르죠.

페니스를 필요 없는 맹장쯤으로 치부해버리기 전에 이건 살짝 말씀을 드릴게요. 대부분 여자들은 발기되어 질 속에서 고동치는 페니스의 감각을 즐겨요. 이는 일체감, 안도감, 충만감, 유대감을 제공합니다.

솔직해 말해보죠. 여자들은 파트너가 엄청나게 발기하면 “난 훌륭해, 난 저렇게 훌륭해"라며 그 공을 자신에게 돌리는 걸 좋아해요. 그건 정말 그녀가 섹시해서 일수도 있으며, 그녀의 자아를 위해서도 좋아요. 그러니 이건 그냥 받아들이세요.

지-스팟 G-SPOT

제가 라디오나 텔레비전 쇼에서 성감대에 관한 부분을 방송하면 한 2주 동안 편지가 폭우처럼 쏟아집니다.
그중 한 남자의 편지예요.

수에게 / 지스팟에 대해 말해주신 거 어찌 감사를 드려야 할지. 확실히 격정적인 섹스에 대한 여자친구의 관심을 바꿔놓으셨어요. 그녀는 섹스를 좋아했었고 정말 열중했어요. 그러던 어느 밤에 온통 액체가 솟구쳐 나왔던 적이 있었거든요. 말 그대로 몇 리터가 나와 저는 물론이고 침대까지 흠뻑 적셨죠. 그녀도 멈출 수가 없었어요. 여자 친구는 "정말 최고"였다고 하더군요. 우리는 영문을 몰랐지만 그녀가 침대에 소변을 지린 걸 거라고 결론을 지었어요. 너무 쑥스러워 그녀는 그런 일이 다시 일어날까 무서워 몸을 사리게 되었구요. 개인적으로 전 상관없었어요. 어쨌거나 여자친구 침대였으니까. 우리에게 지스팟에 관해 좀 더 알려주세요. 어떻게 저는 이런 이야기를 한 번도

들은 적이 없는 걸까요?

수의 대답 // 정말 통탄스럽네요. 가장 눈부신 성적 경험일 수 있는데, 정보 부족으로 우리는 죄의식이나 부끄러움을 느끼고, 당황하거나, 비정상이라고 느껴요. 어찌할 바를 몰라 결코 다시 일어나지 않도록 하겠다고 맹세를 하지요.

지스팟 오르가슴을 경험한 여자들은 저에게 '질펀한 섹스' 중에 극강이었노라고 말해요. 여자가 아주 느긋하고 편안한 마음으로, 진짜 즐거움에 빠져들었을 때 일어나는 것 같아요. 어떻게 보이는지, 어떤 소리를 내는지, 무슨 냄새가 나는지 상관하지 않고, 아주 아주 성적으로 흥분이 되어 이미 한 번 혹은 두 번의 오르가슴에 이른 그런 상황에서요.

아이를 낳아본 여자들에게 더 자주 일어나요. 왜냐면 이들은 진짜 '아래쪽에 힘을 준다'는 게 어떤 건지 알기 때문이에요. 파트너가 계속 자극을 하고 있으면 여자는 깊게 숨을 들이쉬고 밀어냅니다. 그러다 갑자기 이 액체가 쏟아져 나와요. 양도 엄청 나요. 몇 리터는 될 거 같아, 남자들은 종종 댐이 터진 줄 알았다고 이야기할 정도죠. 어떤 남자는 애인이 자신을 물에 빠뜨려 죽이려는 줄 알았대요. 애인이 '사타구니 사이에' 그의 머리를 붙잡고 숨쉴 틈을 안 주었다고 하네요.

황홀경 뒤에 여자들은 상쾌하고 행복해지지만, 맥이 빠져 힘이 하나도 없어요.

지스팟이란 이름은 그라펜부르크Grafenburg라는 의사의 이름에서 나왔어요. 지스팟 오르가슴의 의학적 용어는 '극치기 방출(orgasmic expulsion)'이라고 합니다. 전문가들도 콕 짚어 구역을 표시할 수 없고 또한 이런 반응을 유발하는 신경의 위치도 못 찾았기 때문에 유용한 정보량은 많지 않아요. 연구자들은 질 안에 한 무리의 발기성 조직이 있으며 이들이 자극을 받으면 방광 안에 액체가 모여들게 된다고 생각해요. 여자들이 밀거나 힘을 주면 그 액체가 요도를 통해 분출하는 거죠.
이건 절대 소변이 아니에요. 금방 벤 건초처럼 달달한 냄새가 나고, 소변처럼 매트리스에 물을 들이지 않아요. 액체의 구성성분도 소변의 성분과 달라요.

수에게 / 정말 전 실망스러워요. 남자친구는 항상 매트리스가 축축한 것도 지겹다면서 제가 지스팟에 다다를까봐 제가 오르가슴에 도달하기 전에 섹스를 멈추어요.

수의 대답 // 이와 같은 문제는 논리 정동요법*을 써보겠어요. 당신의 처음 본능적인 반응은, 저도 마찬가지지만 "다 큰 어른이, 그냥 잊어버려. 그러다 하나도 못 얻는 수가 있어"라고 말하는 거

* 정동요법(Rational Emotive Theray)은 인지 행동 치료의 하나이며 생각의 변화가 행동의 변화를 가져오고 증상이 없어지거나 나아지게 한다는 개념입니다.

예요. 꽤 먹힐 거예요. 자신의 주장을 내세우세요. 하지만 잘해보려다 다 망쳐서 관계가 끝날 수가 있겠지요. 그러니 헤어질 게 아니라면 여기 아주 실용적인 해결법을 써보세요.
커다란 비닐봉투를 가져와 한 쪽 끝을 자르고 펼쳐요. 커다란 사각 목욕 수건이나 면 플란넬 시트와 봉지의 네 귀퉁이를 핀으로 고정하세요. 돌돌 만 다음에 침대 아래 두세요. 일이 무르익어갈라치면 얼른 이 방수 침낭을 꺼내 잽싸게 까는 거죠. 엉덩이에서 발끝까지 충분히 깔아야 될 겁니다. 그 길이만큼 필요하니까요. 이런 의례가 자주 반복된다면 방수 매트를 사는 것도 괜찮겠지요. 당신이 어떻게 느끼는지 (기분이 가라앉는다거나, 화가 나거나 속은 느낌이라거나 실망스럽다고) 남자친구에게 이야기하세요. 이 관계가 계속되려면 그가 느끼는 만큼, 축축한 지스팟이든 뭐든 당신도 섹스를 즐길 수 있어야 해요.
다양한 토크쇼에서 어느 정도 다루어 지스팟에 대한 인식이 늘어가고 있어요. 그 결과 이런 편지도 받아요.

수에게 / 제 여자친구의 지스팟을 어떻게 확인할 수 있을까요? 그녀는 예전 남자친구와는 늘 도달하곤 했답니다. 하지만 전 찾지를 못하겠어요.

수의 대답 // 당신이 너무 목적 지향적이 될까봐, 당신의 좋고 나쁜 게 지스팟에 따라 결정될까봐 걱정됩니다. 이런 식으로 계속

되면 섹스는 즐거운 일이 아니라 여자친구의 전 애인과 경쟁하는 일이 되겠지요. 스스로 압박을 받는 건가요? 혹은 여자친구가 당신을 놀리며 부족하다고 느끼게 하나요? 그렇다면 우리는 그녀가 관계에서 통제권과 권력을 갖기 위해 게임을 하고 있는 건 아닌지 살펴보아야 해요.

행위 불안은 두 분의 즐거움과 기쁨에 영향을 줍니다. 당신은 자꾸 실패했다고 느끼게 되면 섹스를 단념하게 될지도 몰라요. 여자친구와 이야기해보세요. 당신이 어떻게 느끼는지 말하고 어떻게 하면 좋은지 안내해달라고 부탁하세요. 그리고 긴장을 풀고 즐기세요. 지스팟이 근사한 보너스이긴 하지만 필수적인 일은 아니에요. 아주 아주 많은 여성들이 결코 지스팟에 다다르지 못하지만 그래도 완벽하게 만족하고 행복해해요. 그러니 지스팟을 섹스의 유일한 목적으로 삼지 마세요. 찾으면 좋겠죠. 못 찾으면…… 글쎄요, 다음번에는 되겠지요.

어떤 여자들은 한 손으로 클리토리스와 질 안을 자극하며 자위를 하고 다른 손으로 치골 바로 위까지 배를 밀어 눌러 지스팟 오르가슴을 이끌어내기도 해요.

진균 감염 YEAST INFECTION

수에게 / 요새 질에서 끈끈한 하얀 분비물이 많이 나와요. 병원에 갔더니 진균 감염이라고 하네요. 우웩, 남자친구하고 저는 서로 첫사랑이거든요. 그래서 전 이게 성병이 아니란 걸 알아요. 하지만 너무 더럽고 죄스럽게 느껴져요. 이 감염은 대체 어디서 온 걸까요?

수의 대답 // 질의 진균 감염은 아주 흔해요. 개인적으로 이 병 한번 안 걸려본 여자를 전 본 적이 없어요. 알다시피, 진균의 포자는 보통 질에서 발견이 됩니다. 하지만 아주 가끔씩 무성하게 자라거나 미친 듯이 자라죠. 무엇이 이를 유발하는지 100퍼센트 확실한 원인은 몰라요. 어떤 사람은 스트레스 때문이라 하고 어떤 사람은 음식 때문이라고 하는데 분명한 것은 피임약, 항생제, 한동안 금욕한 뒤의 잦은 성관계 등이 모두 이 질환에 기여한다는 것입니다.

초반 증상으로는 두껍고, 흰색의 투박하고 크림 같은 분비물이 나와요. 질은 화끈거리고 가렵고 쓰라리고 벌겋게 됩니다. 그래서 자극을 받으니까 우스꽝스러운 걸음으로 걸어 다녀요. 그냥 차가운 물을 채운 욕조에 앉아 있고 싶어지고, 틀림없이 섹스는 하고 싶지 않을 겁니다.

가책을 느끼거나 부끄러워하지 마세요. 아주 흔한 일이에요. 의사들도 대수롭지 않게 여길 거예요. 혹시 이런 증상을 보이는 여성들이 있다면 의사에게 전화를 걸어 증상을 나열하고 아주 비참한 상태이니 빨리 예약을 해달라고 하세요. 의사에게 보이기 전에 목욕은 하지 마세요. 분비물을 모두 다 씻어 내리면 검사하기가 어려워 진단도 어려워지니까요. 의사는 아마 셋 혹은 일곱 개의 마치 하얀색 플라스틱 총알처럼 생긴 좌약을 처방할 거예요. 약 25달러 내외의 경비가 들지만 꼭 필요한 약이에요.

자기 전에 목욕을 하고 이 좌약 한 개를 질 안쪽 최대한 깊숙이 넣으세요. 흘러 나올 수도 있으니 소형 패드를 하세요. 자고 있는 동안에 좌약이 녹아 약제가 진균포자를 죽일 거예요. 아침이 되어 샤워를 하고 나면 정상으로 느껴질 겁니다. 그날 하루는 소형 패드를 차고 계세요.

좋아졌다고 느껴진다고 해서 감염도 잘 관리되고 있다는 의미가 아닙니다. 처방 받은 모든 좌약을 다 사용해야 해요. 그렇지 않으면 진균은 도처에서 다시 피어납니다.

돋친 데는 가라앉는다 해도 질은 여전히 쓰리고 따끔거리고 감염에 걸리기가 쉬워요. 그래서 의사는 약 일주에서 열흘간 성생활을 하지 말라고 권유할 거예요. 그 이후 적어도 일주일 동안은 콘돔을 사용해야 합니다. 너무 심하지 않나 싶겠지만 진균 포자는 남자 성기의 포피 아래 숨어 있을 수 있어요. 만약 보호장구 없이 섹스를 하면 다시 감염이 도지게 되지요.

만성 진균 감염인 경우에 디플루칸이라는 경구용 항진균제가 처방되기도 합니다. 의사와 상담해보세요.

수에게 / 남자도 진균 감염이 있을 수 있나요?

수의 대답 // 보통 말하는 그런 감염은 아니지만 페니스의 포피 아래 포자가 숨어 있어요. 그래서 샤워를 할 때 포피를 뒤로 당기고 비누와 물로 씻어야 해요. 진균 감염을 가지고 있는 파트너와 섹스를 하면 페니스의 점막은 마르고, 갈라지고, 벌게지고 염증이 생기고 아파요.
이런 증상이 있으면 의사와 진료예약을 하세요. 그러면 하루에 두 번씩 바르라고 항진균제 크림을 처방합니다. 크림은 포피 아래에도 바르세요. 둘 다 정상적으로 격렬하게 섹스할 수 있을 때까지는 예방책으로 콘돔을 사용하세요.

수에게 / 진균 감염이 없어지지 않아요. 25달러라는 거금을 들여 치료를 한다 해도 일주일이 지나 다시 생겨요. 영원히 없앨 수는 없을까요?

수의 대답 // 어쩌면 영원토록은 아니겠지만 이전처럼 자주 걸리지 않도록 할 수 있는 일은 몇 가지 있어요. 다음에 재발하면 약국에 가서 7일용 좌약을 사세요. 이 약을 한 번 더 처방을 받을 수 있어요. 하루에 하나씩 지시대로 7일 밤 동안 쓰세요.
7개의 좌약이 남았지요. 섹스 후에 다시 진균이 재발하지 않도록 사용하세요. 그리고 많은 경우 월경 중이나 월경이 끝나자마자 발생하기 때문에 좌약 하나는 월경이 시작할 때, 하나는 끝나는 날 밤에 사용하세요. 성가시겠다고요? 정말 그래요. 하지만 도움이 된다면 해봐야죠.
동시에 몇 가지 생활 습관을 바꿔야 해요.

- 설탕, 과일, 탄수화물이나 젤라틴이 첨가되지 않은 천연요구르트를 1~2개씩 드세요. 먹다보면 좋아하게 될 거예요.
- 매일 샤워를 하는 대신에 목욕을 하세요. 성기를 훨씬 더 완화시켜줍니다. 자극을 주니까 비누는 쓰지 마세요.
- 가랑이 부분이 나일론이나 라이크라로 된 팬티는 입지 마세요. 팬티스타킹도 신지 마세요. 이 아이템들은 꼭 끼는데다 가랑이 주위에 열을 보존하여 진균이 자라는 일을 돕거든요.
- 식단에서 빵이나 달달한 디저트 같은 당분이나 탄수화물의 양을 줄이세요.
- 어떤 여성들은 호산균 캡슐을 먹어서 진균 감염 발병을 막기도 해요.
- 어떤 사람들은 밤에 녹는 호산균 질정을 사용합니다. 그러면 질의 산/염기 균형에 변화가 오고 감염이 깨끗이 나아요.
- 어떤 여자들은 밤에 무가당 천연 요거트 1~2 작은 술을 질에 넣고 소형 패드를 하고 잔 다음 아침에 목욕을 해요.

- 당신의 섹스 파트너가 귀두 주위에 진균 포자를 가지고 다니기도 한다는 사실을 알고 계세요. 콘돔을 사용해서 보호하세요. 진균을 없애기 위해 상대방은 항진균 크림을 반드시 사용해야 합니다.
- 이런 방법을 다 써봤는데도 진균 감염이 발생하면 피임약을 끊을 것을 고려해봐야 합니다. 정상적인 질은 산성의 기지예요. 산성으로 진균 포자의 번식을 막죠. 하지만 피임약을 먹으면 질은 알칼리성으로 바뀌고 진균은 억제되지 않고 자라죠. 6개월 동안 피임약을 끊어보는 게 답이에요. 하지만 그 전에 피임약을 다른 효과적인 피임 방법으로 대체하는 방법부터 확실히 해야 합니다.
- 모든 일이 잘 관리될 때까지 콘돔을 쓰세요. 의심을 부추기고 싶진 않지만 많은 남자들이 진균을 가진 다른 여성과 섹스를 한 후에 성실하게도 진균을 집으로 데리고 온다는 얘기를 들었어요. 그러니 스스로 보호하세요.

뒷물에 관해 한마디 할게요. 대부분 전문의료진들은 청결을 위해 뒷물을 하는 일은 필요하지 않다고 말할 겁니다. 사실 뒷물을 하면 질의 산-염기 균형을 바꾸어 감염에 걸리기 쉬워지기 때문에 위험할 수 있어요. 또한 뒷물은 질에 존재하는 정상 세균을 없애요.

많은 의사들이 약국에서 질세척 분사구를 사라고 제안할 겁니다. 하지만 상업적인 질세척 조제물은 사용하지 마세요. 감염이 걱정되면 따뜻한 물 두 컵에 식초 4분의 1컵을 붓고 침대에 들기 전에 뒷물로 사용을 하세요.
공포를 조장하려는 건 아니지만 여성이 HIV에 감염되고 에이즈를 일으키면 여자의 경우 남성과 완전히 다른 증상을 보인다는 사실을 잘 알아야 됩니다. 여자들에겐 심각하고 만성적인 부인과적 문제가 생겨요. 지속되는 고통스런 월경, 자궁내막증, 난소 낭종, 지옥 같은 진균 감염 등을 겪죠. 그러니 치료에 반응하지 않는 심각한 진균 감염이 있고, 심각한 주사용 약물 사용자이거나 고위험의 파트너와 무방비 섹스를 했다거나 하면 에이즈 검사를 신청하세요. 소심하게 쭈뼛거리지 말고 해달라고 요구하세요. 에이즈의 조기 치료는 매우 중요합니다.

질 방귀 VAGINAL FARTS

수에게 / 때로 남자친구와 제가 섹스를 할 때면 방귀소리 같이 엄청난 굉음이 들려요. 그러면 전 너무 부끄러워 그에게 그만하라고 하죠. 제 조절 기능이 망가지고 있는 건가요?

수의 대답 // 자, 질 방귀는 스스로 조절하지 못해요. 당신과 남자친구가 섹스를 하고 있으면 그의 페니스가 피스톤처럼 당신의 질을 밀어 찧게 됩니다. 질 안에 공기를 압축해 넣는 거죠. 여긴 막다른 골목이에요. 어디 갈 데도 없어요. 그러니 압력이 쌓이면 탈출을 해야겠지요.
질에는 입구를 막아줄 근육으로 된 단단한 고리인 조절근이 없어요. 이 공기는 부풀어 나올 때 요란하게 터져 나오죠. 어떤 숙녀 분은 질 안에서 밖으로 파트너의 페니스를 날려버렸다고 말하더군요. 그냥 웃을 뿐 달리 할 수 있는 일은 없어요. 그리고 웃으면 더 많은 방귀를 뀐다는 사실을 알게 될 거예요. 그러니 그냥 내버려 두고 즐기세요. (질 방귀는 냄새는 안 납니다.)

질투 JEALOUSY

수에게 / **여자친구가 질투가 심해요. 그녀는 제가 다른 여자하고 있는 것만 봐도 불같이 화를 내요. 어느 모임에서 제가 다른 여자하고 이야기를 하는데, 진짜 낯부끄러운 장면을 연출하곤 쿵쾅대며 집으로 가버렸고 저하고 며칠 동안 말도 하지 않으려고 했어요. 그녀는 너무 지나쳤다고 시인을 해놓고 다른 모임에서 또 그러더군요.**

수의 대답 // 질투는 두려움의 표현이며 조종에 대한 욕구예요. 그녀는 위협을 느끼거나, 취약하거나 무력하다고 느끼고 있어요. 그건 아주 고통스러워 마치 미친 사람처럼 버럭 버럭 화를 내는 지경까지 이르죠. 그녀는 이성을 벗어났다가 목적을 달성하고 나서야 열이 풀려요. 무엇이 이런 질투를 유발하는지 찾으려 하기보다는 그녀는 당신의 행동을 조종하여 그 원인을 제거하려고 할 거예요.

질투는 소유욕입니다. 그녀는 당신을 독점하고 싶어해요. 그녀의 자기개념이나 자존감이 흔들흔들할 경우에는, 당신이 자신에게 속해 있다는 끊임없는 확신이 필요한지도 모르죠. 그녀가 깨닫지 못하는 것은 사람들은 누구도 소유할 수 없다는 거예요. 여러분은 다른 사람을 가질 수 없어요. 파트너가 반대편의 성과 일체 접촉하지 못하도록 통제할 수도 없고요. 그러려면 전 세계 인구의 51퍼센트를 없애야겠지요.

그녀가 이런 조종의 욕구를 벗어나지 못한다면 당신은 점차 분노가 쌓이고 화가 치밀고 저항하겠지요. 거기서부터 그녀에 대한 당신의 감정은 바뀌기 시작할 거예요. 당신은 관계의 균형을 맞추려고 여자친구를 흠잡기 시작할 겁니다. 계속되는 비난은 상처만 더 하다가 결국 사랑을 파괴하게 됩니다.

겪었다시피 그녀와 대화를 한다거나 논리적으로 접근하는 일은 효과가 없어요. 하지만 당신이 그녀의 '스위치를 올리고' 있는 건 아닌지 그리고 고의로 그녀를 거슬리게 하려고 일을 벌이진 않았는지 곰곰이 따져보세요. 이런 경우라면 관계에서 힘과 지배권을 당신이 쥐고 있는 거겠죠.
두 분은 합동 상담에서 도움을 받을 수 있어요. 상담사는 소통과 듣기 기술을 새로 배워나가는 데 도움을 줄 겁니다. 여자친구는 자신의 불안을 살펴보아야 합니다. 어떤 경험이 그녀를 그렇게 질투 많은 사람으로 만들었을까요? 두 분이 다 무엇 때문에 이렇게 되었는지 깨닫게 된다면 신뢰가 더욱 돈독해지는 방향으로 나아가고, 그녀가 자율성, 독립성을 길러 자신이 가치 있는 사람이라는 자신감을 갖도록 도울 수 있어요.
상담사는 그녀가 그저 도망가고 며칠 동안 입이 나와 뾰로통히 지내는 것 말고 자신의 느낌에 대처하는 좀 더 효과적인 다른 방법을 개발하도록 도와줄 겁니다. 당신의 파트너가 스스로 헤쳐 나갈 수 있다고 느끼게 되면 당신을 조종하겠다는 욕구도 없어질 거예요. 그녀도 매사 따져들지 않으면 같이 지내기에 더 재밌는 사람이 될 거고요.

지연사정 RETARDED (DELAYED) EJACULATION

약 4퍼센트의 남성들이 지연사정을 경험하기도 해요.

수에게 / 남편은 제가 가까이 있으면 사정을 못 해요. 지금까진 별 문제 없었어요. 그는 영원히 갈 것처럼 발기도 강해요. 제가 만족하고 나면 그는 자위를 해서 사정을 합니다. 그도 만족해해요. 한 가지 문제라면 이제 우리는 아기를 갖고 싶은데 이런 식으로는 절대 안 생기겠죠?

수의 대답 // 남편이 당신과의 섹스에서 사정할 수 없는 진짜 이유를 살펴보세요. 그가 자위를 하고 혼자서 사정을 할 수 있으면 육체적인 문제는 없더라도 정신적인 장벽이 그를 막고 있을 수 있어요. 이런 장벽은 보통 공포에서 기인해요. 병, 임신에 대한 두려움, 상대를 다치게 하거나, 부모에게 들킨다는 두려움, 질에 물릴지도 모른다는 두려움*, 여러 가지죠. 어쩌면 그는 성기 냄새 때문에 기분이 싹 가실 수도 있어요. 훌륭한 성치료사를 찾아 상담하는 게 도움이 될 겁니다. 전 조만간 당신이 거부 당한다고 느끼거나 당신에게 무언가 문제가 있다고, 혹은 그가 당신을 사랑하지 않는다고, 혹은 그는 섹스는 더러운 짓이라고 생각한다고 느끼게 될까봐 두려워요.
한편으로 만약 당신이 임신을 원한다면 그의 사출액을 당신의 질에 받는 방법을 생각해봅시다. 첫째, 달력을 꺼내 당신이 언제 배란을 할지 정확하게 계산을 하세요. 배란일에 보통 하듯이 섹스를 하세요. 파트너는 콘돔을 끼고 자위를 하고 사정을 합니다. 그런 후 당신은 등을 대고 누워 콘돔을 들고 열린 끝을 질 속에 넣고 정

* vagina dentata : 이빨을 가진 질. 성교시 질이 페니스를 물고 상처 입힐 수 있는 이빨을 가지고 있다는 환상을 가리키는 말. 거세공포와 관련 있으며 신경증과 성적 문제를 가진 사람에게 나타납니다.

액을 짜서 넣으세요.

만지기에 너무 흐물흐물하면 남편이 깨끗한 그릇에 사정을 하고 요리용 스포이드를 이용해 빨아들인 다음 관을 가능한 한 자궁경부에 가깝게 질 안에 넣고 정액을 넣어요. 이제 수백만의 정자가 당신의 질에 담겨 있습니다. 엉덩이 밑에 베개 몇 개를 쌓아 올리고 한 시간 정도 그대로 있으세요. 운이 따라야 하죠.

처녀성 VIRGINITY

수에게 / 전 아직 처녀인가요? 섹스를 해본 적은 없지만 그 외 할 건 다 했거든요.

수의 대답 // 맞아요. 이는 남성이나 여성이나 다 해당됩니다. 처녀/총각은 한 번도 삽입 섹스를 해보지 않은 사람을 말해요. 그러니 기술적으로는 당신은 아직 처녀입니다. 많은 십대들은 항문 섹스를 하지요. 아직 처녀로 있고 싶다거나 임신을 피하려는 목적으로요. 문제는 말이죠, 남자의 사출액이 질의 점막과 접촉을 하면 정자가 헤엄쳐 들어가 임신이 될 수 있어요. 또 하나의 처녀 수태랄까.

수에게 / 다시 처녀성을 얻을 방법이 있나요?

수의 대답 // 없어요. 일단 삽입 섹스를 했다면 당신은 더 이상 처녀가 아니에요. 어떤 여자들은 비양심적인 의사에게 가서 다시 처녀막을 더 단단하게 꿰맨다는 이야기를 들었어요. 문화적인 혹은 종교적인 이유로 결혼했을 때 처녀였다고 주장을 할 수 있도록요.

'재처녀화 revirginization' 의식을 행하는 몇몇 근본주의 교회들이 있어요. 이들은 당신이 섹스를 했던 일을 회개하면 죄를 씻고 정화시켜준다고 합니다. 하지만 기술적으로는 여전히 숫처녀/숫총각이 아닙니다.
사무엘 재너스와 신시아 재너스의 '성적 행위에 관한 재너스 보고서'*라는 게 있는데 이는 1940년대 말의 킨제이 보고서와 비교가 됩니다. 이 보고서에 따르면 대부분 여성들은 열여덟 살 이후의 처녀성은 부담스러운 것으로, 서둘러 버려야 하는 것으로 여긴다고 해요. 결혼 때까지 처녀성을 중요하게 여기는 태도에서 얼마나 급격하게 변했는지 알 수 있죠.

수에게 / 남자가 숫총각인지 아는 법 없을까요? 제 남자친구는 자기가 숫총각이라고 주장하는데 믿기지가 않아요.

수의 대답 // 남자가 숫총각인지 확실하게 알 방법은 아직 없어요. 그가 완전히 경험 없는 쑥맥처럼 보인다면 믿음이 갈 수 있지만 남자도 감쪽같이 연기를 할 수 있어요. 제 걱정은 이거예요. 그가 한 번도 섹스를 해보지 않았고 그래서 에이즈를 포함해 어떤 질환도 가지고 있을 가능성이 없으므로 안전한 섹스를 할 필요가 없다고 당신을 안심시키려고 하는 말은 아닐까요? 절대 알 수 없죠. 그러니 운에 걸지 마세요. 당신이 처녀가 아니라면 그러니 남자친구를 보호하고 싶다고 고집하는 것도 방법이에요. 어떤 경우

* Janus Report on Sexual Behavior by Samuel S. Janus, Ph.D., and Cynthia L. Janus, M.D.

에도 안전한 섹스를 하세요. 콘돔으로다가.

수에게 / 전 섹스를 해봤지만 여자친구는 경험이 없어요. 그래서인지 아무리 그녀의 긴장을 풀고 윤활제를 발라도 그녀를 뚫고 들어갈 수가 없어요. 무엇이 잘못되었을까요?

수의 대답 // 잘못된 건 없어요. 하지만 그녀의 처녀막 조직이 아주 단단해 늘어나는 데 저항이 있고 갈라지지 않을 수도 있어요. 계속해서 성교를 시도하지 마세요. 계속하면 아프기만 한데 그러면 더욱 바싹 긴장을 하고 그럴수록 더욱 고통스러워져요. 그리고 결국 그녀는 모든 섹스 행위를 피하기 시작할 겁니다. 이를 성교통증이라고 합니다.
이 문제를 의사에게 설명하면 의사는 골반진찰을 하고 처녀막에 저항성이 있는지 보겠지요. 만약 저항성이 있으면 국소마취를 하고 처녀막에 작게 절개를 넣어 넓히고 열어요. 낫는 데 약 2주 정도 걸리니까 감염의 위험이 있는 그 기간에는 어떤 성적 접촉도 하지 마세요. 그리고 콘돔을 쓰고 많은 양의 윤활제를 바르고, 그녀가 긴장 풀고 섹스하기를 원할 때 하세요. 이건 아주 중요해요. 그녀는 여전히 통증을 예상하고 있기 때문에 다시 긴장을 하면 두덩꼬리근이 조여져서 섹스가 썩 좋지는 않을 거예요. 그녀도 차츰 긴장을 푸는 법을 배우고 질 속에 있는 페니스를 편안하게 즐기겠지요. 그렇지 않으면 부인과 의사 면담이 필요할 수도 있어요.

수에게 / 우리가 섹스를 할 때마다 제 여자친구의 질 주위에 많은 양의 선홍색 피가 묻어 있어요. 왜일까요?

수의 대답 // 확실치 않지만 몇 가지 원인 중 하나겠지요. 어쩌면 그녀는 질 입구의 표면 바로 아래 혈관이 있을 수도 있어요. 이 혈관이 당겨지거나 쓸리면 찢어지고 피를 흘릴 수 있어요. 이런 경우 여자 분은 병원에 가야 하며 의사는 이 혈관을 지지거나 차단할 겁니다. 그러면 나아요.

다른 가능성은 당신의 포피가 꽉 조여 있어서 섹스를 할 때마다 포피가 약간 찢어져 피를 흘리는 수도 있습니다.

밝은색 출혈은 금방 난 피입니다. 남아 있던 오래된 월경혈이 아니죠. 그래서 피를 질 입구에서 볼 수 있는 거예요. 이런 문제가 지속되면 골치 아파져요. 무서운 일일 수도 있구요. 그러니 한번 진찰을 받아보는 게 좋겠네요.

첫날밤을 치르지 않다 UNCONSUMMATED SEX

수에게 / 아내와 저는 같은 종교적 배경과 문화를 가지고 있어요. 우리가 데이트를 할 때 저는 그녀를 존중했고 아무 일도 없었어요. 신혼 첫날밤 그녀는 긴장하고 무서워하는데다 지쳐 있었고 전 전날 총각 파티의 숙취에 절어 있었어요. 그래서 전 아무것도 시도하지 않았죠. 그 이후 우리는 안고 키스하고 약간씩 애무를 하는데 제가 발기를 하는 순간이면 그녀는 날 밀쳐내요. 우리는 결혼한 지 18개월이 지났는데 한 번도 성적인 결합을 해본 적이 없어요. 저희 둘 다 집이나 학교에서 성교육을 받은 적이 없어요. 전 막연히 때가 되면 어떻게 하는지 알게 될 거라고 생각했고 그녀는 남편이 섹스에 관해서 모든 일들을 가르쳐줄 거라고 생각했어요. 그녀뿐만 아니라 저도 똑같이 잘못이라는 걸 알아요. 하지만 더 이상 이런 상태를 지속하고 싶지 않습니다. 이 문제를 어느 누구에게도 털어놓은 적이 없어요. 너무 부끄럽습니다.

수의 대답 // 이 편지를 쓰는 데 얼마나 많은 용기를 그러모았을지 이해가 가네요. 제가 지금 보내는 답장을 읽어보고 아내에게도 보여주었으면 합니다. 이 문제를 솔직하게 털어놓고 토론하기를 바랍니다. 부끄러움은 제쳐두고 당신이 어떻게 느끼는지 그녀에게 말하세요. 어쩌면 당신은 스스로 남편으로서 부족하다고 느끼고 있을 겁니다. 당신은 자신이나 아내에게 좌절하고 화가 치밀고, 부끄럽고, 바보 같고, 두렵겠지요. 그리고 "좋으나 나쁘나 죽음이 갈라놓을 때까지"라는 서약을 했기에 덫에 걸렸다고도 느낄 거고요. 당신의 감정을 이야기할 때 그녀를 비난하지 마세요. 이런 일이 당신에게 어떤 영향을 미쳤는지만 이야기하세요. 그런 후 그녀에게 어떻게 느끼는지 물어보세요.

전 당신이 누군지 알아보지 못할 만한 서점에 가서 버니 질버겔트의 〈새로운 남성 성생활〉과 미리엄 스토퍼드의 〈섹스의 마법〉을 샀으면 하네요. 혼자서 이 책을 읽어보고 나중에 아내와 같이 소리 내어 읽어보세요. 그리고 생각하는 바를 나누세요. 두 분에게 완전히 새로운 배움의 경험이 될 겁니다.

아내 분이 병원에 가서 골반검사를 하고 모든 것이 정상인지 확인하고 좋은 피임법을 고를 수 있도록 하는 것도 나쁘지 않은 아이디어예요.

천천히 조심조심 진행하세요. 당신은 18개월을 기다렸잖아요. 그녀는 하룻밤 새 '최후의 빨강머리 육감 미녀'*가 되지 않을 거고 그러는 게 당신에게도 좋아요. 당신 역시 돈 후안이 아니잖아요. 아직은…….

이렇게 해도 해결되지 않으면 좋은 섹스 테라피스트를 찾아 개인 상담과 통합 상담을 받으세요. 이를 마지못해 하는 일로 여기지 마세요. 즐기세요. 거기 가는 일이 벌써 즐거움의 반입니다.

다음 소개할 커플에게는 거기 가는 일이 전혀 재밌지가 않아요.

* 원문은 the last of the red hot mamas, 20세기 초 활동하던 여가수 소피 터커의 별명입니다.

수에게 / 제 여자친구는 근친 성폭행의 희생자입니다. 우리는 키스도 하고 목을 감싸고 약간 애무도 할 수 있지만 여기서 더 나가기라도 하면 그녀는 화를 잔뜩 내며 울고 화장실 문을 잠그고 틀어박혀요. 저는 그녀를 사랑하고 그녀와 결혼하기를 원하지만 전 우리 침실에서 배다른 오빠의 유령과 경쟁하고 싶지는 않아요. 그녀는 트라우마를 극복하고 있으며 결혼할 때즈음이면 괜찮아질 거라고 말하긴 해요.

수의 대답 // 꼭 131쪽에 있는 성폭행 항목을 읽어보시기 바랍니다. 그리고 어릴 적 성적인 기억의 결과로 무엇이 일어나는지 알아보세요. 그녀가 희생자에서 생존자 단계로 나가기 위해서는 상담을 받아야만 한다는 사실을 당신 역시 알아야 됩니다. 알고 있으면 당신은 힘을 북돋워주고 공감하며 귀를 기울여줄 수 있어요. 그녀를 구해줄 수는 없지만 그녀를 위해 옆에 있어줄 순 있어요.

수에게 / 전 아내와 섹스를 할 수가 없어요. 진짜예요. 그녀가 하고 싶어 하지 않기 때문이 아니에요. 그녀는 아주 작은 질 입구가 두 개 있고 두 개의 질이 나란히 자궁목까지 이어져 있어요. 그녀는 속에 탐폰을 넣을 수 없었는데 자기가 처녀라서 그런 줄 알았대요. 우리가 애무를 하다가 각 입구마다 손가락 하나씩 들어가는 것을 깨닫고는 제가 두 개의 질이 있는 걸 발견했어요. 물론 몹시 놀랐죠. 이게 무슨 일인가요?

수의 대답 // 아내 분은 의사에게 가서 골반검사를 해야 할 겁니다. 의사는 두 갈래 질을 확인하면 부인과 의사에게 보내줄 거예요. 전신마취를 하고 처녀막을 열고 질관을 나누고 있는 막을 제거합니다.
의사는 나오면서 하나가 된 질이 다시 들러붙지 않도록 그녀에게 손가락에 윤활제를 잘 묻힌 다음에 하루에 세 번씩 넓히는 법을 알려줄 거예요. 아프지는 않지만 아주 필수적이에요.
그리고 의사는 언제 섹스를 해도 되는지 알려줄 거예요. 감염을 막기 위해 콘돔을 사용하고 아주 조심해서 하세요.
그녀는 앞으로 아이를 낳을 수도 있으며, 계속 문제되는 일은 없을 거예요.

체위 POSITION

적어도 325개의 섹스 체위가 있다고 들었어요. 그러니 아주 민첩하고, 관절도 자유롭고, 유연한 몸을 가지고 있다면 당신이나 파트너는 오래된 카마수트라를 교본삼아 아주 사랑스러운 그림을 그대로 구현하고 실험해볼 수 있을 거예요.
최악의 경우에는 서로 뒤엉켜 누군가 다른 사람이 풀어주어야 된다거나 몸살에 시달리거나 경련으로 욱신댈지도 몰라요. 잘되면 새로운 경지의 오르가슴을 경험할 수도 있어요. 가장 그럴법한 시나리오는 둘이 자지러지게 웃음을 터뜨리며 기본적인 평범한 자세로 끝이 나는 거겠지만요.

수에게 / 기분전환을 위하여 저와 제 파트너는 체위 목록을 확장해보기로 했는데, 이제 상상력이 딸리네요. 몇 가지 제안 부탁드려요.

수의 대답 // 다음 자세는 가장 흔하고, 가장 재밌으며 활용하기에도 가장 좋은 자세예요.

정상위 missionary position : 여자가 아래에 있고 남자가 위에 있는 자세. 그런 후 여성 상위(여자가 위에), 혹은 올라타는 자세(감투거리)가 있어요.

측와위 old spoon postion : 둘 다 옆으로 눕되, 남자가 여자의 등을 보고 눕습니다. 남자가 뒤에서 속으로 들어갑니다.

마주 보는 입위 standing position face to face : 여자가 한 발을 의자에 올려놓으면 가장 쉬워요. 둘이 서 있는 채로 여자가 돌아서서 남자가 여자 뒤를 보고 있는 자세도 됩니다. 이때도 여자가 한 발을 의자에 올리면 더 쉽습니다. 다른 변위로 여자가 손이 발에 닿을 정도로 구부리고, 남자가 뒤에서 들어갑니다. 혹은 여자가 선 채로 소파 같은 데 상체를 걸치고 구부려도 좋습니다.

후배위 doggie-style : 제가 두 마리 푸들 이름을 따서 "피도와 피피"라고 부르는 개 같은 자세를 알아보죠. 여자는 무릎이 가슴에 닿게 침대 모서리에 바싹 엎드리고 엉덩이를 들어 올려요. 남자는 바닥에 서서 뒤에서 들어가요. 항문 섹스를 하려고 한다면 가장 좋은 체위예요. 남자가 침대 위에서 무릎을 꿇고서도 할 수 있는데 그러면 삽입이 좀 더 부드러워질 거예요.

스와상뜨 뇌프 soixante-neuf : 다시 말해 '69' 자세가 있어요. 각자의 머리가 상대방의 성기로 향하는 체위예요. 삽입은 아니지만 엄청난 자극이 되죠.

흔들의자나 튼튼한 의자 역시 잊지 맙시다. 여자는 남자와 마주보고 무릎에 앉아 질에 페니스를 집어넣어요. 혹은 남자에게 등을 돌리고 무릎에 앉아 뒤에서 페니스를 넣어도 되지요.

확실하게 증명된 몇 가지 섹스 체위를 보셨는데 어떠신가요? 새로 관계를 시작하는 사람이나 부끄러움을 많이 타거나 점잖은 사람, 혹은 자신의 신체에 자신이 없는 사람들은 이런 체위를 시도해보는 데 불편을 느낄 수도 있어요. 그런 분들을 위한 책을 추천도서(376쪽)에 소개했습니다.

최음제 APHRODISIACS

수에게 / 여자친구를 흥분시키기 위한 약 같은 게 있을까요?

수의 대답 // 젊은 남자들은 열두 살에서 스무 살까지는 쉬지 않고 발기되어 항상 흥분한 상태처럼 보이죠. 아직 믿을 만한 통계 자료가 없기는 하지만 대부분 성 연구가들은 십대 여자들 역시 그들이 인정하는 것보다 더 자주 성적으로 자극이 되어 있다고 봅니다.

누대에 걸친 옛날부터 사람들은 사랑의 묘약을 찾아 헤맸어요. 향수는 욕망을 일깨우려 고안된 향기입니다. 최근 연구에선 금방 배출된 땀냄새가 자극을 불러일으킨다고 해요. 성기의 냄새가 최음제라는 사실을 받아들이기엔 좀 불쾌하겠지만, 불거웃의 주요 기능 중의 하나가 냄새를 붙잡아두는 거예요. 몇 년 전에 성기 스프레이 탈취제 광고가 많이 나왔는데 이를 사용한 여성들에게 험악한 알레르기 반응이 생겨 지금은 구할 수 없게 되었지요. 여러분이 매일 샤워나 목욕을 통해 적절한 위생 상태를 유지한다면 여러분 성기의 독특한 냄새가 파트너를 자극할 거예요.

십대들은 최음제를 쓰면 틀림없이 그녀를 '뜨겁게' 돌변하게 한다는 이야기를 많이 주워들어요. 피넛버터, 굴, 셀러리 같은 것들에 최음효과가 있다는 속설이 있죠. 어떤 나라에서는 서각(코뿔소

뿔) 가루, 말린 비버 고환, 혹은 귀뚜라미, 거미, 개미 가루를 꿀에 섞은 혼합물을 끊임없이 구입합니다. 재료들이 참으로 흥미롭긴 한데 이들이 성적 충동을 증가시킨다는 주장은 터무니없는 거짓입니다.
최음제를 요구하는 젊은 남자의 경우, 보통 여자친구를 만족을 모르고 미쳐 날뛰는, 색광녀로 바꾸고 싶어하죠. 여자들은 향수로 여성적 매력을 극대화하려 하고요.
진실을 말하자면 색정증 약 같은 것은 없어요. 섹스를 아주 많이 좋아하는 사람들이 일부 있긴 하죠. 혹은 관심을 끌거나 사랑, 흥분 등 다른 목적을 위해 섹스를 이용하거나, 무료함을 달래려고, 권력을 행사하거나 타인을 조종하거나 감정적인 친밀감을 피하려는 의도에서 섹스를 사용하기도 해요. 섹스 중독 항목도 같이 보세요. (137쪽)

수에게 / 스페인 파리*(spanish fly)가 뭐예요? 어디서 구할 수 있을까요?

수의 대답 // 이런 질문을 받다니 정말 무시무시하군요. 스페인 파리는 유럽에서 발견되는 딱정벌레로 만든 가루를 말해요. 이걸 복용하게 되면 요로에 염증과 자극을 유발해요. 요로계에 영구적인 손상을 일으키기도 하구요. 스페인 파리는 여성의 성기 주위

* 칸타리스라고도 하는 최음제로 알려져 있는데 남성은 발기, 여성은 요로의 자극을 일으킵니다. 소화기관에도 자극을 주어 붓고 극심한 통증을 일으키기도 하고 피부에 바르면 물집 등이 생깁니다. 출혈, 허탈, 사망까지 이를 수 있는 독약의 일종입니다.

의 혈관을 확장시키는데 그 부위가 옹이져 부어올라 가렵고 화끈화끈하게 변해요. 성기 주위가 볼록해지는 것은 성적인 흥분 결과가 아니라 염증으로 자극 받은 거예요.
당신이 정말 여자친구를 아낀다면 그녀의 음료에 육욕적인 여자로 바꾸려는 희망을 담아 이런 걸 섞지는 않겠지요. 정말 이런 것에 의존해야 한다면 당신 상태는 구제불능인 거예요.

수에게 / 새로 개발된 테스토스테론 패치가 남자나 여자 모두에게 성충동을 증가시킨다고 들었어요. 사실인가요?

수의 대답 // 성 치료사 상담실에서 남녀 모두 가장 많이 하는 이야기는 아마 "저희는 사이가 좋지만 섹스에 그냥 관심이 없어요." 혹은 "더 이상 흥분되지가 않아요"일 거예요. 낮은 성충동(low sex drive, LSD) 혹은 억제된 성충동은 가장 치료하기 힘든 문제이며 보통 몇 달 동안 집중적인 합동 상담이 필요하죠. 비싸기도 하고 항상 성공적이지도 않아요.
폐경 여성들을 위한 호르몬 대체요법은 어떤 사람에게는 효과가 미미했어요. 몇몇 의사들이 에스트로겐 크림과 테스토스테론 혼합물을 하루에 두 번 바르라고 처방을 했는데 이는 효과가 있었지요.
거의 같은 시기에 연구자들은 많은 원숙한 남자들이 여자들처럼 낮은 성충동을 호소한다는 사실을 발견하게 되었지요. 결국 남성들도 일종의 '폐경기'를 경험한다는 사실을 깨닫게 되었어요. 폐경기 여성과 많은 부분 같은 증상을 겪으며 테스토스테론 수치가 떨어지고 삶, 사랑, 성에 대한 열의 또한 시들해집니다. 이걸 남성 갱년기(andropause)라고 하지요.

제약회사들은 앤드로덤이라고 부르는 테스토스테론 패치를 개발했어요. 앤드로덤은 남자의 팔뚝이나 엉덩이에 붙였다가 일주일마다 갈아주는 패치예요. 패치를 사용한 남자들은 섹스에 좀 더 관심이 생겼을 뿐만 아니라 행복, 열정, 삶의 환희를 느꼈지요. 이 패치의 효과에 대해 여자를 대상으로 충분하게 조사되지는 않았지만 어떤 의사들은 여성 환자들에게 쉬쉬하며 처방하고 있어요.

최근에는 우울증이 없는 여자에게도 항우울제 웰부트린 서방정이 잘 반응을 한다는 사실을 발견했어요. 이 약은 뇌의 도파민 생성을 북돋워줍니다. 도파민은 성적인 욕망과 연결되어 있지요. 2주간 복용한 뒤에 보니, 성적 활동에 관심과 참여가 증가하더라고 하네요.

당신이나 파트너가 성에는 별 관심이 없지만 그렇다고 성관계를 포기하고 싶지는 않다면 의사와 상담해서 어떤 방법이 있는지, 어떤 게 자신에게 가장 좋을지 찾아보세요.

성충동을 증가시키려는 노력으로 사람들은 또 무엇을 할까요? 마리화나 같은 길거리 마약은 흥분을 시키지는 않지만 적은 양을 사용하면 성적인 즐거움을 증대시켜요. 하지만 일주일에 4번 이상 말아 피우는 남성은 테스토스테론이 심각하게 떨어져 성충동이 줄고 정자수도 준다는 사실을 알아야 합니다. 알코올은 성 억제를 낮추는 가장 흔한 물질이에요. 그래서 여성이나 남성 둘 다 성충동을 상승시키는 것처럼 보이죠. HIV/AIDS 교육자들은 술기운으로 우연히 눈이 맞아 섹스를 하는 사람들을 많이 염려하는데 파트너를 선택하는 데 무분별해지기 쉽고 안전한 섹스를 하지 않아 에이즈 바이러스에 노출될 위험이 크기 때문입니다. 십대들은 술 마시는 일이 멋지다고 생각하거나, 혹은 용기를 쥐어짜거나 혹은 "전 너무 취해서 내가 무슨 일을 하고 있는지 몰랐어요." 같은 변명으로 삼으려고 술을 이용해요.

전 알코올 중독은 심각한 걱정거리라고 생각해요. 약간의 술은 긴장 완화와 사교에 도움을 주죠. 하지만 약간만 더 마시게 되어도 파트너 선택에 조심성이 사라질 수 있어요. 알코올은 여러분의 자제력을 마비시켜요. 그래서 맨정신이라면 하지 않을 일들을 하게 되기도 하죠. 별일 있겠냐며 우쭐대고 '딱 한번만'의 늪에 빠져 많은 질병의 위험에 몸을 던지거나 계획에 없던 임신을 할 수도 있어요. 중독성이 없는 마리화나 같은 경우에도 똑같이 해당됩니다. 그러니 규칙을 세우세요. 무언가에 취한 상태에서는 절대 분별없는 섹스는 하지 않기로.

그럼에도 아주 아주 많은 커플들은 한잔의 와인이 주름진 하루를 말끔히 펴고 느긋하게 여유를 주고, 파트너와 교감을 나누고 친밀해지는 데 도움을 준다는 걸 알기에 즐거움을 만끽하고 욕망을 증대시키려 한잔씩 마시지요.
가장 큰 섹스 장기는 여러분 두 귀 사이에 있어요. 정말 자극적인 일은 몽상에 잠기거나 공상을 하는 일이지요. 그리고 여러분 전신을 덮고 있는 피부는 하나의 커다란 성감대라는 사실을 기억하세요. 아직도 흥분하는 데 약이나 술이 필요하세요? 옛날 속담 "한 잔이면 무엇이든지 할 수 있다. 세 잔이면 아무것도 할 수 없다"를 기억하세요. 정신이 알딸딸한 상태에서 진짜 훌륭한 섹스를 한다는 것은 불가능해요. 도처에 성기능을 향상시키는 '새로운' 약 광고가 있죠. 하지만 그건 약이 아니에요. 식약청에 허가를 받지 못한 혼합 약초나 허브들이죠. 이들이 효과적이라는 어떤 믿을 만한 연구도 없으며 이런 '약' 에는 내용물이나 제조법에 규정이 없어요. 나라면 사용하지 않을 거예요.

치핵(치질) PILES(HEMORRHOIDS)

수에게 / 얼마전 여자친구가 손가락을 제 항문에 집어넣은 적이 있어요. 바로 그 다음날 작은 치핵이 생겼고 화장실에 갈 때 약간씩 피가 나와요.

수의 대답 // 여자친구가 손가락을 직장에 집어넣었다고 치핵이나 치질이 생기지는 않았을 겁니다. 직장 괄약근에는 세 가지 주요 혈관이 있어요. 이 정맥 중에 하나 혹은 둘이 창자의 바깥으로 탈출 혹은 튀어나오기도 해요. 변비가 있어서 배설할 때 무리하게 힘을 주었다거나 설사를 앓아 정맥이 비어져 나왔거나 여자의 경우 임신 중에 아기와 자궁의 무게가 압박해 정맥이 불거지기도 하죠. 튀어나온 정맥에 계속 피가 돌기도 하지만 어떤 경우는 혈전(피 응어리)이 생겨 정맥을 막아버려요. 두 경우 다 정맥은 따끔거리고, 가렵고, 화끈거리고 욱신거립니다.

제가 말하는 일이 썩 내키지는 않겠지만 도움은 될 거예요. 먼저 손을 씻고 집게손가락으로 외용 진통연고(푸레파레숀 에치 혹은 라나케인*)를 항문 주위에 돌려 바르세요. 그리고 긴장을 풀고 밖으로 나온 혈관을 부드럽게 다시 항문 속으로 집어넣으세요. 잊지 말고 다시 손을 씻으세요. 하루에도 몇 번씩, 변을 본 뒤에 치질이 줄어들 때까지 이런 일을 반복해야 될 거예요.

피 색깔이 선명한 빨강색이면 대변을 볼 때마다 작은 혈관이 터진다는 의미예요. 이건 금방 나을 거예요. 오래되고 검은 피는 출혈이 장의 저 위쪽에서 일어난다는 뜻이니까 의사의 진료를 받아 확인하세요. 자주 격렬한 항문 섹스를 하는 동성애 남성들은 치질이 잘 생겨요.

* 라나케인Lanacaine은 국내에 없는 상표명이며 벤조케인(성분명)이 들어 있는 다른 크림이 있습니다.

케겔 운동 KEGEL EXERCISE

수에게 / 남편은 아이들이 태어난 후에 제 질이 너무 헐렁해졌대요. 전 부인과에 찾아가 약간만 조일 수 있는지 물어봤는데, 의사는 안 된다고 하고서 케겔 운동을 권했어요. 전 지역 보건소, 라 레체 리그*에 전화도 하고 〈우리의 몸, 우리들〉이라는 책도 살펴봤지만 몇 가지 어렴풋한 개요만 있을 뿐 자세한 설명은 찾지 못했어요. 어디서 정보를 얻어야 할까요?

수의 대답 // 제대로 찾아오셨군요. 그래요. 케겔 운동의 설명은 찾기가 힘들어요. 제 설명은 온타리오 조산사협회 것을 참고한 거예요. 이 운동은 남자에게도 효과가 좋아 소변을 조절하는 데 도움이 되고 조기사정에도 치료로 쓰여요.

우리 몸에는 배 아랫부분 기관들을 떠받치고 있는 두덩꼬리근이 한 벌 있어요. 급작스런 몸무게 증가, 임신, 아랫배 수술 등으로 이 근육이 느슨해져요. 유전적으로 근육의 긴장이 남들보다 약한 경우도 있어요. 이러나저러나 어쨌든 운동이 도움이 됩니다.

조임근(괄약근)이라고 하는 다른 근육들도 있는데 요도나 항문을 조이고 잠그는 역할을 해요. 이런 근육들은 질 주위에도 몇 개 있는데 모두 임신, 수술, 고령으로 근육의 긴장을 잃게 되죠.

남자나 여자나 나이가 들어가면 수술이나, 방광 감염, 체중이 감소한 뒤에는 케겔 운동을 해야 해요. 여자들은 특히 임신 중이거

* La Leche league: 모유 수유 촉진을 위해 1956년 설립된 단체이며 차츰 국제적인 조직으로 성장했습니다.

나 아이를 낳은 후에 이 운동을 해야 합니다. 이 운동을 하면 요실금, 복압요실금(153쪽)이 생길 가능성이 줄어들고 질을 꽉 조일 수 있게 되어, 성적인 즐거움을 향상시킵니다. 강한 두덩꼬리근을 가진 여자들은 지스팟 오르가슴에 더 잘 도달해요. 남자들은 더 오래 버틸 수 있으며 더욱 섹스를 즐기게 되죠.
이제 운동법을 볼까요. 우선 변기에 앉으세요. 남자도 마찬가집니다. 그리고 소변을 보기 시작하세요. 반쯤 누다가 중지하고 소변 줄기를 멈춰보세요. 이렇게 할 수 없으면 이제부터 운동을 시작해야 합니다. 화장실에 갈 때마다 시작과 중단을 반복해야 합니다. 이를 '꼭지'라고 불러요. 놀랍게도 2주 정도 하면 조절할 수 있게 될 겁니다. 다 끝난 게 아녜요. 이걸 버릇으로 들이세요. 소변을 볼 때마다 괄약근 통제를 유지하기 위해 멈추고 시작하도록 하세요.
이 운동은 교통체증이나 정지신호에 걸렸을 때 차 안에서, 설거지를 하다가, 책상에 앉아서 혹은 텔레비전을 보다가도 할 수 있어요. 천천히 모든 두덩꼬리근과 조임근을 조이세요. 여러분 성기가 위와 안으로 당겨지는 것을 느끼세요. 훌륭해요. 자 열까지 셀 동안 참았다가 천천히 푸세요. 한번에 열 번씩 하루에 열 번 하세요.
케겔 운동이 아니긴 하지만 만약 복근운동으로 윗몸일으키기를 하고 있다면, 머리와 윗몸을 일으킬 때 의식적으로 두덩꼬리근을 조이는 운동을 더하세요. 일석이조의 운동이 되는 거죠.
다른 재밌는 운동도 있어요. 등을 바닥에 대고 누워요. 무릎을 구부려요. 머리와 어깨를 바닥에 대고 엉덩이를 들어 올리세요. 이제 무릎을 같이 팔랑팔랑 움직이세요. 엉덩이를 올릴 때는 성기부분을 같이 조이고 엉덩이를 내리면서 푸세요.
파트너와 함께 이 운동을 해도 좋아요. 무슨 일이 벌어질지 아무도 모르죠.

콕링 COCK RING

수에게 / 남자친구와 저는 섹스를 하곤 했는데 그는 한 번도 발기가 가라앉은 적이 없어요. 한번은 오럴 섹스를 하다가 그의 음경 주위의 분홍색 플라스틱 고리를 발견을 하고서는 놀라 죽는 줄 알았어요. 그는 포르노 잡지 광고를 보고 그걸 주문했다고 하더라고요. 이게 위험할까요? 그는 이 물건이 대단하다고 생각해요. 만약 안전하다면 저도 상관은 안하려구요.

수의 대답 // 이는 음경 협착장치 혹은 일반적인 용어로 콕링이라고 해요. 성인용품점이나 헤드샵*과 남자용 섹스 잡지에서 구할 수 있어요. 효과가 있긴 한데 너무 오랫동안 두면 위험해질 수 있어요.
링을 사용하려면 완전히 발기가 되었을 때 남자는 두 검지를 링

* 마약과 관련된 물품이나 약초들, 반문화적인 음악, 잡지, 의류 등을 파는 곳을 말합니다.

에 걸고 가능한 한 많이 잡아 늘려 음경의 아래쪽으로 말아 내려 끼웁니다. 이 협착 고리가 페니스에 있는 피를 붙잡아두기 때문에 그의 음경은 그가 원하는 한 계속 발기를 유지해요.

남자들에게 콕링을 20분 이상, 최대한 30분 이상 착용하지 말라고 경고합니다. 고리를 계속 끼고 있으면 음경에 산소가 풍부한 신선한 피가 돌지 못해요. 산소가 없이 한참이 지나면 음경에 있는 조직들이 죽기 시작하죠. 좋지 않은 일입니다.

콕링을 제거하는 일은 경쾌한 작업은 아니에요. 먼저 손가락을 고리 안에 걸어 잡아 늘려요. 그렇게 되면 발기가 사그라지죠. 고리를 돌돌 말아 벗으면 음모에 걸리고 당겨요. 웃을 수만은 없죠. 젤을 듬뿍 사용하면 제거하기 쉽습니다.

일반적으로 이런 링들은 남자 스트리퍼나 만족스런 섹스를 할 만큼 오랫동안 발기를 유지할 수 없는 나이 지긋하신 남성들이 씁니다.

콘돔 CONDOMS

몇 번이고, 몇 번이고 거듭해서 콘돔 사용을 강조했었죠. 자, 이제 제대로 사용하는 방법을 상세하게 설명하겠습니다. 라이프스타일, 쉭, 트로전 같은 이름 있는 콘돔을 사용하기를 권해드려요. 이들은 시험을 거쳐 믿을 만하고 제대로만 사용하면 찢어지거나 쉽게 벗겨지지 않아요. '천연소재' 혹은 '스킨'* 콘돔은 사용하지 마세요. 느낌을 떨어뜨리지 않는 목적으로 쓴다지만 구멍이 있어서 바이러스나 정자가 그 사이로 통과할 수 있어요.

콘돔을 살 때는 유통기한을 꼭 확인하세요. 지갑이나 자동차 글로브박스에 두지 마세요. 너무 오래되거나 열, 냉기, 빛에 노출되면 망가져요. 뜨거운 밤을 보내기 위해 나간다면 산 지 얼마 안 된 콘돔을 들고 나가세요.

콘돔을 사용할 때는 먼저 콘돔이 찢어지지 않도록 포장을 조심스럽게 벗기세요. 말린 콘돔의 링을 페니스의 끝에 놓고 조심스럽게 굴려 뿌리 부근으로 내려가세요. 콘돔의 꼭지 부분은 약간 느슨하게 남기고 그 끝을 짜서 공기를 빼세요. 이렇게 하면 사출액이 모일 수 있는 공간이 남게 되고, 그래야 콘돔에 손상이 가지 않아요. 섹스가 끝난 후에 질에서 페니스를 빼기 전에 콘돔이 벗겨져 정액이 쏟아지지 않도록 콘돔을 잘 잡으세요. 그러지 않으면 파트너가 감염에 무방비가 되거나 계획에 없는 임신을 하게 됩니다. 콘돔은 재사용하지 마세요.

콘돔에 관해서 일반적으로 알려지지 않은 몇 가지가 있어요. 그러니 다음 편지는 건너뛰지 말고 보세요.

* 라텍스가 아닌 양의 창자로 만든 콘돔

수에게 / 지난주에 새로 사귄 남자와 섹스를 했어요. 그런데 콘돔이 벗겨져버려 제가 몹시 화를 냈죠. 저는 어떻게 해야 할까요?

수의 대답 // 그것 참, 지금으로선 당신이 할 수 있는 일은 없어요. 하지만 당시에는 그 즉시 질 내에 피임용 거품을 듬뿍 낸 장착기를 넣어볼 수 있었어요. 이 장비는 살정제와 살균제가 들어 있어 당신을 보호하는 데 도움이 되었을 거예요. 남자 쪽을 보호하기 위해서는 화장실에 가서 즉시 소변을 보고 성기를 비누와 물로 씻어야 합니다. 둘 중 한 명에게 성병의 징후가 보인다면 병원에 가세요. 제대로 진단이 나오고 나서, 치료하고 완치될 때까지 어떤 성관계도 맺지 마세요.

수에게 / 섹스를 하는 도중에 제 음부가 아파오고, 부어올라 발개지고 욱신거렸어요. 오줌을 누어도 몹시 아파요. 의사는 제게 감염은 보이지 않는다고 얘기합니다. 왜 그럴까요? 직전의 남자친구와는 이런 일은 없었어요.

수의 대답 // 검사에 나타나지 않은 감염일 수도 있어요. 음부가 낫도록 성적인 접촉 없이 두어 주 지내보세요. 하룻밤새 낫지는 않아요. 그런 후 약 석달 동안 섹스할 때마다 콘돔을 사용하세요. 만약 다시 나타나면 다른 상표의 콘돔을 써보세요. 그 석달 동안 섹스를 나눠도 모든 게 좋고 안정적이고 순조롭고 흡족하다면 콘돔 없이 섹스를 해보고 같은 염증이 생기는지 살펴보세요. 성기가 다시 따끔거린다면 당신은 파트너의 정액에 알레르기가 있을 가능성이 있어요. 이 경우에 계속 콘돔을 사용해야 해요. 임신을 원하는 때가 되면 정확하게 배란 날짜를 알아내고 그때는 보호용구 없이 섹스를 해야겠지요. 하지만 대부분의 경우 이런 반응은 저절로 해결되어요. 가끔씩 악화되었다가 가라앉습니다.

따로 염두에 두어야 하는 것은 라텍스에 과민반응이 있는 사람이 일부 있다는 사실이에요. 새 콘돔을 비누와 차가운 물로 씻어 라텍스 가루들을 제거하고 윤활제를 바른 뒤 다시 돌돌 말아 사용해보세요. 새로운 여성형 콘돔을 사용해볼 수도 있어요. 이것은 폴리우레탄으로 만들어져 있어요. 비싼 게 흠이지만. 이 문제는 다음 페이지에서 볼게요.

윤활제가 발라져 있는 콘돔을 한번 써볼까 할 때도 있을 텐데 하지만 대다수의 HIV/AIDS 기관들은 살정제 노녹시놀9(nonoxynol-9)가 들어 있는 콘돔을 사용하지 말라고 권유해요. 노녹시놀9는 유감스럽게도 예민한 성기의 점막에 심하게 자극을 주기도 해요. 그래서 점막이 벗겨지고, 붉어지고, 따끔거리며 에이즈를 포함해 감염에 걸리기 쉽게 되죠. 윤활제가 발린 콘돔은 좋은 제품이지만 알레르기 반응을 보인다면 살정제/살균제가 발라져 있는 콘돔은 피하세요.

수에게 / 여성용 콘돔(페미돔)은 라텍스 남성 콘돔과 어떻게 다른가요?

수의 대답 // 여성용 콘돔은 작은 비닐봉지처럼 생겼으며 이제껏 봐왔던 콘돔처럼 늘어나는 라텍스가 아니에요. 두 개의 유연한 링이 달려 있는데, 끝이 막힌 위쪽 링은 자궁목 주위로 맞게 들어가요. 개방된 반대 끝, 아래쪽 링은 질 안쪽으로 올라가지 않도록 막아요. 파트너 한쪽이 감염성 병을 가지고 있더라도 여성용 콘돔은 다른 파트너가 세균이나 바이러스와 닿지 않도록 보호해요. 이와 달리 남성용 콘돔은 여성 성기의 보호 기능이 떨어져요.

여성용 콘돔은 라텍스 콘돔보다 40퍼센트 정도 더 강하고 거의 모든 성병을 막아요. 생긴 건 이상하지만 남성 콘돔보다 훨씬 편하고 체열을 그대로 전달하기 때문에 훨씬 자연스럽게 느껴져요. 한 가지 더, 여성용 콘돔은 성행위를 하기 몇 시간 전에 넣을 수 있어요.

불행하게도 여성 콘돔은 세 개에 15달러 정도로 비싸요. 에이즈를 비롯한 여러 가지 감염 위험이 있으므로 여자들은 위험 방지에 대해서는 파트너들이 좋아하든 싫어하든 단호한 태도를 보여야 해요. 안전한 섹스에 책임 있는 사람들은 자기 자신이에요. 그러면 남자가 섹스 후에 "이거? 아, 이거 그냥 뽀루지야"라고 해도 걱정을 하지 않아도 되지요.

태아알코올증후군 FETAL ALCOHOL SYNDROME

수에게 / 태아알코올증후군이 뭐예요? 우리는 아이 한 명을 입양할 기회가 닿았는데 그 아이가 이런 질환을 가지고 있다고 해요.

수의 대답 // 태아알코올증후군(FAS)은 아이 엄마가 임신 중에 지나치게 술을 많이 마신 경우 아기들에게 나타나는 여러 복합 증상들을 말해요. 전형적으로 아기들은 머리가 작고, 이마가 경사지고, 독특한 눈과 입매를 가지고 있어요. 이들은 신경학적 장애를 갖고 있고 일반적으로 배우는 게 남들보다 늦어요. FAS 아이를 양육하는 일은 힘들 수 있어요. 경험을 통해 배우는 능력이 떨어지고 주의 시간이 짧고 한 군데 집중하지를 못해요. 또한 보통 지나치게 활동적이지요.

한편으로 이들은 아주 사랑스러운데 특수 교육 시설에 다닌다면 학습도 가능하지요. 이런 아이들에게는 충분히 사랑과 관심을 줄 수 있는 아주 특별한 가족도 있어야 해요.

종종 "임신 중에는 얼마나 마실 수 있나요?"라는 질문을 받지만 안전한 술의 양은 없어요. 웨스턴 온타리오 대학에서 시행한 어느 연구에서 1회 음주용량(맥주 한 병, 와인 한잔, 독주 한 샷)이 태아의 뇌혈류를 30퍼센트 줄인다는 결과가 있어요. 그러니 한 방울도 마시면 안 돼요.

두 분이 태아알코올증후군 아이를 입양하려고 고려중이라면 정말 입양하겠다는 결심이 생길 때까지 찬찬히 살펴볼 수 있도록 6개월 간 아이의 위탁 부모로 조정해보는 건 어떠세요? 두 분께 축복이 있기를 빕니다.

털 HAIR

수에게 / 전 스무 살 싱글 여자예요. 그런데 저는 코밑수염이 있어요. 젖꼭지 주위로 털이 무성하고 치모는 넓적다리 아래까지 나 있어요. 보기 곤란하죠. 밀어도 보고, 뽑아도 보고 왁싱도 해봤어요. 염색을 하면 금발 털북숭이 모습으로 변할 뿐. 레이저로 제거하기에도 너무 많아요. 전 제가 고질라처럼 느껴져요. 달리 할 수 있는 일이 있을까요?

수의 대답 // 어떤 인종에서는 여자나 남자나 다 몸에 털이 많이 나는 경향이 있어요. 이를 다모증hirsutism이라고 해요. 우선 가족력을 분석해볼 수 있어요. 다모증이 유전성이 아니라면 의사는 내분비내과 의사에게 보낼 거예요. 내분비내과는 인체 호르몬을 다루는 분과로 당신의 호르몬 수치를 검사할 거예요. 어쩌면 테스토스테론 수치가 높게 나올 수도 있죠. 이 때문에 과도한 털이 날 수 있거든요.

스피로노락톤*이라는 약을 사용해 도움을 받을 수 있어요. 이 약은 처방을 받아야만 구할 수 있으니 의사에게 물어보세요.

우리는 털을 밀면 더 두껍고, 거칠게 더 빨리 자란다는 이야기를 들어왔는데 최근 연구에 의하면 이는 사실이 아니라네요.

그나저나 재밌는 사실 하나는 긴 시간 먼 바다로 항해를 나간 뱃사람들은 항구에 정박해 여자들이 주변에 있을 때보다 수염이 훨씬 느리게 자란다고 하는군요.

* spironolactone은 합성 17-lactone steroid이며 주로 알도스테론 길항제로 작용하지만 항안드로겐 효과가 있어 다모증, 여드름, 여성형 대머리 등에 사용됩니다. 하지만 기형발생 가능성이 있어 임부는 사용 금지입니다.

판타지 FANTASY

상상력이 없다면 우리는 얼마나 지루하고 재미없는 존재일까요? 판타지는 도피의 일환도 되지만 새롭고, 신나고, 색다른 성적인 각본을 제공해요. 판타지는 성적 활동과 경쟁하지 않으며, 방해하지도 않아요. 대신 성적 쾌락에 영향을 주고 강화하죠.

판타지는 주로 여러분이 누군가와 관계를 맺고 있을 때 완전히 새로운 차원을 더할 수 있어요. 신뢰 수준이 높고 둘 다 서로의 상상을 공유한다면, 또한 섹스 레퍼토리에 판타지를 더하자고 동의한다면, 엄청난 재미를 누릴 수 있어요.

당신이 흔들의자에서 섹스를 하면 재밌겠다는 생각을 품고 있었다고 칩시다. 가능해요. 단 대대로 내려오는 가보는 사용하지 마세요! 흔들의자로 킥킥대며 실험을 하세요. 남자는 앉아 있고 여자는 그 위에 앉아 다리는 의자 손잡이에 올리는 거죠.

여러분은 파트너가 물어보지 않아도 절대 하지 않으려는, 짐짓 빼는 게 아니라 실제로 하기에는 마음이 내키지 않는 판타지를 가지고 있을 수도 있어요. 여러분의 판타지는 개인적인 소유물이에요. 나눌 수도 있고 나누지 않을 수도 있어요. 혼자서는 맘껏 즐기세요.

여기 판타지에 관한 몇 가지 재미있는 사실이 있어요.

- 남자들은 실제 사건에 대해 백일몽을 꾸는 편이지만, 여자의 백일몽은 상상 속의 상황에 관련된 게 가장 많아요. 여성의 판타지에는 보통 로맨틱한 상황, 애정공세, 구애가 들어 있어요. 모든 사람은 자위 중에 공상을 합니다.
- 판타지는 마음속 한 사람에서 시작할 수도 있지만 보통 이미지는 변하여 차츰 흐릿하고 모호해져요.
- 섹스 중에 대부분 사람들은 가끔은 다른 사람을 상상해요. 이는 정상이에요. 하지만 불행하게도 많은 사람들이 죄의식을 느끼고, 난처해하고 수치스러워해요. 어떤 사람은 자신들이 부정을 저질렀다고 생각하죠.
- 남성의 성적 판타지에서 남성은 일반적으로 더 능동적이며, 지배적인 역할을 수행해요. 반면 여성의 성적 판타지에서 여성은 자신을 더 수동적이고 수용적인 존재로, 열정에 휩쓸려 들어가는 존재로 그려요.
- 상당한 수의 남성과 여성이 그들이 섹스를 하도록 강요 당하는 상상을 해요. 소수가 상대의 뜻에 반해 섹스를 강요하는 상상을 하기도 해요.
- 다행히도, 강간하는 장면을 상상하는 대부분 사람들이 판타지와 현실 사이를 구별할 수 있으며 그들의 판타지를 현실로 바꾸려고 시도하지 않아요.
- 대부분의 경우 상상한다고 해서 그들의 판타지를 실현할 가능성이 증가하지는 않아요.

사람들의 성적인 판타지에 대한 가장 흔한 근심은 다음 편지에서 잘 나타나요.

수에게 / 저는 스물일곱 살 이성애 남자인데 가끔 다른 남자와 섹스를 하면 어떤 느낌일까 상상을 해요. 지하철에서 게이 남자를 보았다고 쳐요. 몸이 멋지고, 잘 그을리고, 엉덩이는 탄탄하고, 나와야 할 곳도 잘 나와 있어요. 그러면 금방 이런 판타지에 빠져들게 됩니다. 혹 저는 동성애자이거나 양성애자라는 의미일까요?

수의 대답 // 저에게는 좋은 판타지 재료로 보이는군요. 종종 같은 성에 대한 판타지는 성적 취향을 가르는 데 믿을 만한 지표가 되지 않습니다. 이런 판타지를 총애하여 빈번하게 상상한다면, 여자들과 친구로 잘 지내기는 하지만 여성과는 보통 흥분이 되지 않는다면, 혹 특정 남자에게 끌리고 친분을 맺으려고 갈구하고 있다는 사실을 깨달았다면, 이런 일이 이따금씩 있어왔다면 당신의 직감은 맞을 거예요. 하지만 이건 오늘밤 자정까지 작심해야 하는 그런 일이 아니거든요. 당신이 맞다고 확신이 설 때까지 자신을 동성애자로 재단하지 마세요.

여러분이 판타지에 대해서 우려해야만 하는 때도 있죠.

수에게 / 저는 진짜 어린아이들과 섹스를 한다는 판타지로 흥분이 깨어나요. 저는 아이들이 노는 모습을 보면 흥분이 되는데 자제심을 잃을까봐 두려워요.

수의 대답 // 이건 정말 걱정이 앞서네요. 무엇보다 절대 자제심을 잃지 마세요. 정신줄 놓지 마세요. 결정이고 자시고 할 것 없어요. 무의식으로 "나는 이런 충동과 싸우지 않을 거다. 이건 나보다 크며 나는 힘이 없다"고 혼자 중얼거리겠지요. 틀렸어요. 현 시점에서 당신은 자신을 꽉 틀어잡아야 돼요. 이것은 판타지이며 판타지는 판타지로 남아야 해요. 당신은 당신의 판타지를 다른 누군가에게 강요할 권리가 없어요. 당신이 이야기하는 내용은 어린이 성애증 pedophilia이에요. 이건 어린이를 성적으로 폭행하는 것이며 범죄행위입니다. 이런 판타지를 다루는 데 도움을 줄 수 있는 좋은 치료사, 정신과의사나 심리학자를 꼭 만나 이런 일이 실현되지 않도록 방법을 찾아야 합니다.

페니스 크기 PENIS SIZE

수에게 / 크면 더 좋은가요? 저는 스물두 살의 남자인데 그게 햄스터마냥 작게 달려 있어요. 라커룸에서는 몸 둘 바를 모르겠고 여자를 만나더라도 제 성기를 보고 참지 못하고 웃음을 터트릴까 조마조마해요. 해볼 만한 운동이나 먹을 만한 음식이나 바를 만한 크림, 복용하면 좋은 비타민 하다못해 수술이라도 없을까요?

수의 대답 // 이것 참 심각하네요. 불안이 당신 삶을 송두리째 삼키겠어요. 이러다가 당신이 호감 가는 여성이 아니라 당신을 비웃지 않는 여성에게 안착할지도 모르겠네요. 그러니 본질적으로 당신 운명의 많은 부분은 당신이 당신의 작은 페니스를 어떻게 느끼느냐로 결정이 된다는 말이지요.

몇 가지 사실들을 살펴보죠. 평균적으로 발기하지 않은 음경은 9~14센티미터 정도 돼요. 완전히 발기를 하면 13~18센티미터 정도 됩니다. 연구에 따르면 가장 작은 범주의 발기 전 음경은 완전히 발기하면 제일 큰 범주의 음경이 완전히 발기했을 때보다 아주 조금만 작다고 해요. 믿으세요!

음경 크기는 물려받아요. 선천적으로 '왜소음경'이라는 예외적인 경우가 있긴 하지만 몸의 나머지 부분에 비례를 합니다.

더 크다고 더 좋은 것은 아니에요. 너무 크면 파트너를 다치게 해 도리어 문제가 될 수 있어요. 크기야 어떻든 문제는 당신이 가진 것을 가지고 어떻게 하느냐에 달렸어요. 성기 애무와 구강-성기 섹스로도 충분히 클리토리스 자극을 제공할 수 있어요. 알다시피 최근 연구에서 대부분 여성들은 질에 음경을 넣는다고 오르가슴에 도달하는 건 아니라는 결과가 나왔어요. 질은 최상의 영향을 받는 곳이 아니에요. 클리토리스(대음순이 갈라지는 바로 아래에 있는 작고 동그란 기관)는 아주 아주 예민해서 가볍게 만지거나, 쓰다듬고, 핥아도 반응을 합니다. 이런 일을 하는 데 커다란 페니스가 필요하지는 않아요. 왕성한 상상력을 더하면 정말 뜻밖의 즐거움을 줄 수 있어요. 어떤 움직임이 그녀에게 즐거움을 선사하는지 알아낼 수 있도록 파트너와 상의해보세요.

질은 관 모양으로 길이가 10센티미터 정도 됩니다. 아주 탄력성이 높고 점막으로 덮여 있어요. 위쪽 삼분의 이는 거의 신경말단이 없어요. 못 믿으시겠다고요? 좋습니다. 탐폰을 사용해본 적 있는 여자에게 한번 물어보세요. 탐폰을 넣고 나면 그냥 느껴지지 않아요. 탐폰에 줄이 안 달렸으면 거기 있는지도 잊어먹을지 모르죠. 하지만 질의 아래쪽 삼분의 일은 수많은 신경말단이 빽빽하게 들어차 있어 예민하게 감지하죠. 보세요. 가장 작은 음경을 가진 남자라도 이 밑부분까지는 들어가겠지요? 한 자가 넘는 음경을 휘두른들 무슨 소용이 있겠어요. 질 상단은 신경 쓰는 사람이 없는데.

또한 질 벽은 탄력적이라는 사실도 알아야 됩니다. 이 질은 4킬로그램이 넘는 아이도 낳을 만큼 늘어나요. 그러고도 찢어지지 않지요. 그러니 남자가 4킬로그램이 넘는 음경을 가지고 있지 않다면 여자는 받아들일 수 있어요. 대신 아주 흥분을 하고 윤활을 잘하고 긴장을 풀어야겠지만.

섹스 중에는 따뜻함, 펄떡이는 감각, 충만하고 꽉 찼다는 느낌을 깨닫고 친밀감, 유대감, 결합의 감각을 느낀다는 사실을 기억하세요. 이건 기분 좋은 느낌이지만 오르가슴으로 이끌지는 않아요.

솔직히 여자들은 그녀의 파트너가 단단하게 발기한 모습을 자신을 원한다는 의미로, 자존심을 한껏 드높이는 일로 여긴다고 아니할 수는 없어요. “저이는 나를 갈망해. 그를 달아오르게 하다니 나 대단한가봐. 그럼 어디 해볼까.” 그녀를 당기는 당신의 매력은 그런 점화 역할을 하는 거지 페니스 크기는 아니에요. 이 점을 꼭꼭 머리에 새겨서 발기부전, 조루증, 지연사정, 혹은 낮은 성욕구 같은 문제에 봉착하게 되지 않도록 하세요.

제발 저를 믿으세요. 만약 제가 말하는 것을 받아들인다면 ‘못을 박을 만치 단단하거나 깃발을 세울 수 있을 정도로 긴’ 성기는 필요하지 않다는 걸 알게 될 겁니다. 절대로 페니스 크기 때문에 행위 불안에 빠지거나 불충분하다고 느낄 이유는 하나도 없어요.

페로니 병 PEYRONIE DISEASE

수에게 / 과거의 죄가 저의 발목을 잡고 있어요. 저는 오른손으로 자위를 하곤 했어요. 저는 그게 잘못된 일이란 걸 알았지만 이제야 벌을 받고 있습니다. 제 페니스가 오른쪽으로 굽었어요. 말 그대로 직각으로 돌아가 있어요. 저는 스쿼시 게임을 한 다음에 샤워하는 일이 너무 창피해요. 모든 애들이 제가 한 일을 알거 아니에요. 어떤 여자들도 이런 각도로 달랑거리는 저에게 가

까이 오려고 하지 않겠죠. 이걸 바로하기 위해 제가 할 수 있는 일이 있을까요?

수의 대답 // 당신의 말이 사실이라고 한다면 치료는 아주 간단하겠죠. 가서 왼손으로만 자위하고 다시 제자리로 돌려놓으세요. 하지만 당신의 문제는 페로니 병, 혹은 음경굽음이라는 것으로 성인 남성에게 상당히 흔한 질환이에요. 자위와는 아무 상관이 없어요. 정말 그랬다간 대부분 남자들은 페니스가 이리저리 구불구불할 겁니다. (이 부분을 다 읽은 다음에 226쪽 자위에 대한 내용을 읽어보세요. 자위에 관해 느끼는 죄의식이나 부끄러움을 없애는 일은 아주 중요해요.)

이제 의학적인 설명을 하겠습니다. 페니스의 해면 조직에 단단한 섬유성 가닥이나 두꺼운 섬유판이, 예를 들어 어렸을 적에 부상의 결과로 생겨요. 아마 하키 게임을 하다가 부딪혔거나 자전거에서 떨어지면서 가로대에 받았거나 사타구니를 무릎에 차였을 거예요. 아주 아팠지만 회복이 되었어요. 차츰 나이가 들어가면서 그 상처는 오그라들고 단단하게 변하여 한쪽 방향으로 성기를 끌어당겨요. 요도염을 치료한 적이 있는 사람은 섬유성 조직이 증가된다는 보고도 있어요. 페로니 병을 가지고 있어도 페니스는 정상적으로 잘 달려 있고 소변 보는 데도 별 문제가 없어요. 하지만 발기를 하면 삐딱하게 되는데 가끔은 아주 두드러지는 경우가 있지요.

이런 각도는 불가능하지 않더라도(불가능한 경우도 있지만) 남자들이 섹스를 하는 데 상당한 어려움을 줄 수 있어요. 당사자에게 상당한 통증이 따르기도 하고 여자들에게는 불편과 극심한 통증을 주죠. 어떤 경우는 발기가 느릿느릿 지연되기도 하며 예전보다 덜 딱딱할 수 있어요. 커플은 부끄러워 이 주제로 대화하기를 기피하고 모든 것이 좋은 척하기도 해요. 그러다 이들은 모든 성적인 접촉까지 다 피하게 되죠. 안거나 토닥거리거나 애무하거나 혼자서 혹은 상호 자위를 하지도 않고, 오럴 섹스도 하지 않아요.

진료예약을 잡고 신체검진을 받으세요. 비뇨기과 의사가 진찰하고 치료법을 제시할 거예요.

페로니 병은 저절로 좋아지는 경우도 있어요. 섬유성 조직이 어떤 치료도 없이 녹아 천천히 흡수되기도 합니다. 그러면 행운이에요. 완전히 효과적인 치료법은 없거든요. 연구자들이 조직을 부드럽게 할 목적으로 비타민 E 크림과 복용약, 에스트로겐과 다른 스테이로이드 제제가 포함된 호르몬 요법 같은 것을 시도해왔지만 결과가 분분합니다. 초음파와 방사선 치료 역시 시도했었죠. 어떤 의사들은 그 조직을 없애는 수술을 권유하기도 해요. 이 수술에는 신경이 손상을 받거나 성기에 피 공급이 방해 받을 수 있는 가능성이 항상 존재해서 섹스 수행력에 영향을 줄 수 있어요. 영국 비뇨기과 의사들이 충격파 치료가 페로니 병을 갖고 있는 남자의 굽은 성기를 바로할 수 있다는 걸 알아냈는데, 이 방법을 시행하면 환자는 한 달 간격으로 세 번의 치료를 받게 됩니다. 그리고 일부 환자는 6개월 후에 좀 더 치료가 필요한 경우도 있어요.
당신이 구부정한 페니스를 가지고 있다는 사실을 넘어 저는 이 때문에 상처 받은 당신의 자아나 자존감이 걱정이 되는군요. 자신을 비난하고 자위에 관해 죄의식을 느끼다 보면, 스스로 무가치하며 아무도 원하지 않을 거라고 느껴지겠죠. 정보를 얻고 사실을 통합하는 일도 하나의 과정이에요. 이제 다른 사람의 평가를 받아들이는 법을 배워야 해요. 그리고 자신을 인정하는 일도요. 섹스 상담 예약을 해서 자신이 느끼는 죄의식과 스스로 무용지물이라는 생각을 떨쳐버릴 수 있도록 하세요.
당신은 가치 있는 존재이며 좋은 관계를 꾸려갈 만한 많은 장점을 가지고 있어요. 당신이 성적인 존재로 자신을 편안하게 느낄 수 있다면 당신이 배배 꼬인 페니스를 갖고 있다 해도 훌륭한 애인이라고 느낄 수 있을 겁니다! (웃어 넘겨야죠!)

페티시 FETISH

저는 보통은 에로틱한 것과 거리가 먼 특정 물체나 신체의 한 부분에서 성적으로 자극을 받는다는 사람들의 편지와 전화를 많이 받아요.

특정 물체가 없으면, 다른 자극이 있다고 해도 성적으로 만족하지 못하는 사람에게 페티시, 물건음란증을 가지고 있다고 해요.

어디까지 정상이고 어디까지 비정상인지 확연하게 선을 긋기는 어렵습니다. 많은 남자들이 젖가슴에서 자극을 받고 어떤 사람은 다리를 보면 흥분하죠. 많은 여성의 경우 탄탄한 엉덩이에 자극을 받아요. 이 정도는 비정상으로 여기지 않지만, 오로지 발에만 흥분하거나 파트너가 가죽옷을 입어야만 흥분이 된다면 페티시즘으로 진단 받기도 해요.

수에게 / 저는 여자의 발을 사랑해요. 지하철에서 저는 발에 선탠을 하고 패디큐어를 하고 샌들을 신고 있는 여자를 보면 발에 키스를 하고 발가락을 빨고 발등을 쓰다듬고 싶어져서 다음 정거장에서 내려야만 해요. 여자친구하고 같이 있으면 저는 그녀의 나머지 부분보다 발을 애무하는 데 더 많은 시간을 보내요. 저는 제 성기로 그녀의 발을 어루만져요. 저는 문제가 있는 걸까요?

수의 대답 // 당신이나 파트너가 문제로 본다면 문제가 되죠. 발 페티시는 해가 없어요. 파트너가 받아들이고 당신이 이를 흥분을 위한 전희로 활용한다면 문제가 없어요. 당신이 그녀보다 그녀의 발에만 헌신적이라는 이유로 파트너가 자신이 볼품없는 사람인가 의심하기 시작한다면 두 분의 관계에 금이 가기 시작하겠지요. 기본적으로 페티시는 자극을 받는 유일한 방법이 페티시뿐거나, 당신이 강권하거나 강압적으로 위협하고 악용하여 언어낼 때만 문제가 됩니다.

발뿐만 아니라 머리카락, 하이힐, 허벅지까지 올라오는 부츠, 실크 란제리, 가죽, 털 등 다양한 종류의 페티시가 있어요.

페티시의 일종이라고 볼 수 있는 다른 행동들도 있는데 기저귀 착용하기, 엉덩이를 가볍게 치거나 할퀴기 등의 예가 있죠. 이런 행위에서 당사자는 야단을 맞거나 기저귀를 더럽혔다고 벌을 받거나 하는 수모를 겪어야 흥분이 된다죠.

현재까지 왜 특정 사항에 페티시가 되는지 명확한 설명은 없어요. 대부분 페티시는 어린 시절 특정 사건이 기분 좋은 성적 자극이 된 일에서 유래하는 것 같아요. 그 사람이 성장하면서 페티시의 대상이나 행동은 전희에 섞여 들어가며 점차 발전해 결국 페티시로 만개하게 됩니다.

당신의 페티시가 애정 관계의 친밀감을 방해한다면 치료를 받아보는 게 바람직하겠지요. 이리저리 따져보면 정신과의사나 심리학자가 효과적인 상담을 제공할 수 있는 최적임자입니다. 페티시는 정신질환이 아니에요. 이는 이상이 아니라 도착으로 분류됩니다.

파트너와 충분한 대화를 나눠야 해요. 그녀가 짜증이나 불쾌감을 느끼기 시작하거나, 당신이 발로 관심을 돌리면 그녀의 흥이 식어버린다면 먼저 혼자 상담가를 찾아가보고 나중에 같이 관계 상담을 받아보세요.

폐경, 여성 MENOPAUSE, FEMALE

최근까지 '폐경'은 민망해서 입에 담지 못하는 말이었어요. 하지만 지금은 이 주제에 관한 정보가 모자란다고 할 수 없네요. 좋은 책도 많고 대부분의 병원에 폐경 클리닉이 있으며 또한 개인 상담과 협력단체도 있어요.
연구에 따르면 여자들의 삼분의 일은 아무 문제없이 폐경기를 지나갑니다. 삼분의 일은 경미한 불편이나 불쾌감을 경험하며 얼굴이 달아오르거나 밤에 땀이 나지만 견딜 만해요. 남은 삼분의 일이 심한 골다공증, 불면증, 우울증으로 고통 받고 기분이 심하게 요동을 칩니다.
아주 이르면 서른부터 시작할 수 있는데 많은 여자들이 '폐경전기'를 경험해요. 폐경기 앞에 오는 폐경전기에는 기분이 들쑥날쑥하거나 생리가 불규칙해지고 얼굴이 달아오르고 질 건조증이 생겨요. 의사들은 이런 이행기를 수월하게 하기 위해 피임약을 처방하기도 합니다.

많은 여자들은 자신이 폐경기를 겪고 있을 거라고 의심이 들어도 너무 당황스러워 확실한지 확인하지 않거나 그냥 덮어둡니다. 어떤 사람들은 이 시기를 삶의 도정에서 바로 할머니로 변해버리는 시간으로 여겨요. 또 다른 사람들은 자신에게는 일어나지 않을 일이라고 무시해버리죠. 다음 편지가 보여주는 대로 어떤 사람들은 이에 대해 전혀 모르고 있기도 합니다.

수에게 / 제 남편은 저를 아치 벙커* 같은 '멍청이'라고 부르고 아이들은 저를 잘 까먹는 아줌마라 불러요. 저는 십대 아이들 셋을 둔, 정상적이며 차분하고 멋진 쉰한 살의 중산층 주부였어요. 하지만 너무나 갑자기 전 늙었다는 느낌이 들어요. 무슨 일이 벌어지고 있는 건가요?

수의 대답 // 성급하게 진단 내리고 싶지 않지만 폐경기 증상 같네요. 대부분 주치의들은 자신의 증상을 표현해보라고 하지요. 달아오르는 증상은 상당히 좋은 지표예요. 수면 습관이 변하거나 화났다가 좋았다가 슬퍼지며 기분이 오르내리는 증상도 마찬가지예요. 생리는 불규칙하다가 차츰 멈춰요. 의사는 적어도 1년간 생리가 없으면 폐경이라고 확진을 하죠. 그때까지 당신은 어떤 형태든 피임법을 써야만 해요. 그렇지 않은 경우에는 손자를 볼 갱년기에 늦둥이를 얻게 될 수도 있어요.

* Archie Bunker, 1970년대 방영한 〈all in the family〉라는 시트콤의 주인공. 편협하고 보수적이며 완고한 노동자.

의사에게 말하기 껄끄러운 다른 증상들도 나타나요. 성기가 창백하고 건조해지며 토실하던 두덩의 살이 빠져요. 질 벽이 마르고 밑에 숨은 스펀지 같은 조직이 없어져 얇아져요. 윤활액이 적어 섹스가 아주 불편할 수 있어요. 질 벽은 섹스 중에 갈라지고 찢어지기도 하며 통증을 일으키고, 감염이나 방광염에 잘 걸리게 됩니다. 유쾌하진 않죠.

그런 문제를 의사와 상의하는 일을 제발 미루지 마세요. 에스트겐 호르몬 크림만 발라도 질의 건조함이 금방 개선됩니다. 에스트로겐과 프로게스테론으로 이루어져 있는 호르몬 대체요법(HRT) 역시 도움이 됩니다. HRT는 알약이나 패치 제제로 처방되는데, 패치는 팔, 배, 엉덩이에 붙여요. HRT를 하고 있으면 여러분은 매달 가벼운 생리를 하게 됩니다. 의사에게 이런 방법을 물어보세요. 하지만 선택을 하는 사람은 당신이에요. 의사가 당신에게 말해주지 않을 만한 일은 여러분이 섹스를 많이 할수록 여러분의 성기는 더욱 건강해진다는 점이에요.

폐경기의 증상과 함께 지방의 재분포, 즉 가슴이 늘어지고 팔이나 허벅지 살이 출렁거리는 등의 노화 징후를 겪게 됩니다. 피부에 검버섯이 피고 주름이 생기고 머리가 세죠. 폐경기와 싸우는 일은 가라앉는 타이타닉에서 갑판의자를 재배열하려고 애쓰는 일과 비슷합니다. 물론 어떤 여자들에게 호르몬 치료는 불안을 줄여줘요. 유방암의 위험은 약간 늘어날 수도 있지만 폐암이나 골다공증의 확률을 떨어뜨리죠.

포경수술 CIRCUMCISION, MALE

얼마나 많은 남자들이 끊임없이 포경수술에 대해 질문을 하는지 알면 놀랄 거예요. 이 모든 불안은 아주 작은 피부 한 조각에서 비롯되죠. 이 기회에 또 다른 아주 작은 피부 한 조각, 처녀막도 생각해보세요. 흠, 이 편지를 보면 사람들이 갖고 있는 걱정을 일부나마 알게 될 거예요.

수에게 / 곧 아기가 태어나는데요, 전 딸이면 좋겠어요. 저하고 남편은 만약 아들이면 포경수술을 할지 말지 의견 일치가 안 되거든요. 시부모님은 유럽 출신인데, 거기선 하지 않는다고 해요. 하지만 제가 자란 미국에선 아기 때 포경수술을 하죠. 어찌나 싸웠는지, 불쌍한 우리 아기.

수의 대답 // 포경수술은 간단한 수술이에요. 보통 아기가 태어난 지 사흘쯤 되면 합니다. 보통 마취를 하지 않거나 국소 마취만 하죠. 포피는 음경의 귀두 부분을 덮고 있는 작은 피부 조각인데 이걸 메스로 간단히 잘라내는 거예요. 그 다음 바셀린을 듬뿍 묻힌 거즈를 음경 주위에 두르죠. 점차 심하게 부어오르고 아파요. 사흘 정도 소변 볼 때 고통스럽습니다.
어떤 문화권에서는 포경수술이 할례라는 종교적인 의식의 일부예요. 북미에서는 위생적인 이유로 한다지만 많은 의사들이 단순히 미용 수술의 일부이며 불필요하다고 여기도 해요. 어떤 연구에서는 포경수술을 하지 않은 파트너를 가진 여자들은 자궁경부암이 더 걸리기 쉬운 것처럼 나오기도 했어요. 이는 귀두지라고, 남성이 성기 끝의 포피를 까뒤집어서 비누와 물로 잘 씻지 않으면 포피 아래 모이는 진하고 하얀 초 같은 물질에 대한 반응이 아닐까 생각돼요. (경부암을 일으키는 요소들은 많아요. 성관계를 어린 나이에 시작한 여성일수록, 더 많은 섹스 파트너를 가진 여성일수록 자궁경부암에 걸릴 확률이 높다는 사실은 잘 알고 있지요. 만약 경부사마귀를 가지고 있거나 담배를 피우면 그 위험은 더욱 올라가요.)
포경 수술한 남자는 에이즈에 덜 걸린다는 새로운 연구도 나왔어요. 연구자들은 바이러스가 따뜻하고 축축하고 어둑한 포피 아래에서 자라고 있다가 점막에 균열이 생기면 거기를 통해 몸 안에 파고든다고 생각해요. 포경수술과 관련된 이런 '위험'들은 크게는 위생의 문제예요.
포경수술을 하지 않은 어린 남자아이가 포경수술을 한 아버지를 보고 자신은 다르다거나 아버지처럼 정상이 아니라고 느낄 우려는 항상 있죠. 하지만 부모가 어린아이에게 아빠가 아기였을 때

세상의 모든 남자아이들은 대부분 포경수술을 했지만 요즘에는 반드시 하지 않아도 된다는 사실을 알게 되어, 우리들은 소중한 네가 고통을 겪지 않기를 바랐다고 잘 일러줄 수 있겠지요.
어떤 이들에겐 포경수술이 성기 절단처럼 느껴지기도 합니다. 다음 편지를 쓴 남자와 같은 경우죠.

수에게 / **저는 부모님에게 몹시 화가 나고 치가 떨려요. 부모님은 제가 태어나자마자 포경수술을 시켰죠. 제 동의도 받지 않고 성기를 절단했다고요. 제게 묻지도 않고 그런 결정을 내리다니 화가 치밉니다. 제가 포피를 다시 얻을 수 있는 방법이 없을까요?**

수의 대답 // 육체적 정신적, 두 가지 문제의 연타로군요. 의학적으로 가능해요. 기술 좋은 성형외과 의사가 다리 안쪽에서 피부 조각을 떼어 이식할 수 있어요. 세 단계를 거치는 복잡한 수술인데, 고통은 둘째치고 3주 정도 소변 보기도 힘들고, 감염의 위험이 항상 도사리게 됩니다. 이런 이유 때문에 대부분 외과의는 이런 수술하기를 꺼려요. 그리고 미용성형이라 의료보험 적용이 안 되기 때문에 아주아주 비쌉니다.
좋은 의사라면 포피가 없는 게 진짜 문제인지 부모님을 향한 적개심이 포경수술로 집약된 것인지 알아내는 데 도움을 줄 거예요. 또한 새로운 포피, 혹은 가짜 포피가 당신의 삶이나 성기능을 향상시켜주지는 않을 거라고 이야기해주겠지요.
저는 수술에 쓸 돈을 차라리 부모님과의 갈등을 해결하는 상담에 투자하라고 권하고 싶군요. 마음에 쌓인 분노가 상황에 대처하고 헤쳐 나가는 능력을 저해하고 있을 수도 있으니까요.

수에게 / 포피를 가지고 있으면 페니스가 자극에 좀 더 예민하게 되나요?

수의 대답 // 대답은 예입니다. 귀두가 덮여 있기 때문에 속옷과의 마찰로부터 보호를 받아 더욱 예민해져요. 남자들은 여자들이 포경수술을 한 쪽을 더 좋아하는지 항상 물어오는데요, 여자들이 매력을 느끼는 건 포피가 아니라 포피의 반대편 끝에 있는 녀석이죠. 농담이 아니고, 포피에 대한 여자의 반응은 그녀가 뭘 원하는지, 과거의 경험이 어땠는지에 따라 달라요. 그녀의 판단을 결정하는 건 전적으로 당신 몫입니다.

어른이 되어 포경수술을 해야 한다면 무서울 수 있어요. 다음 편지를 봅시다.

수에게 / 제 포피는 아주 빡빡해서 귀두 아래로 당길 수가 없어요. 섹스를 할 때마다 피부가 터지고 가끔 피가 나고 아파요. 포경수술을 해야 할까요?

수의 대답 // 일단 진정하시고요. 성인 남성에게 완전 절제 포경수술을 하는 경우는 거의 없어요. 등쪽에 틈새만 만드는 것이 훨씬 간단하고 회복도 빨라요. 포피를 마취하고 수술용 가위로 작게 자른 다음 끝을 살짝 지져 지혈합니다. 끝. 냉동실에 얼어 있는 콩봉다리 같은 걸로 냉찜질을 하면 좋아요. 며칠간은 조깅이나 섹스를 피해야겠지만 곧 좋아져요. 그러니 병원에 가보세요. 계속해서 포피가 갈라지면 HIV/AIDS를 포함해서 감염에 걸리기가 쉬워요.

포르노

– 성애물과 포르노 EROTICA AND PORNOGRAPHY

'야동'이라고 말하고 대부분 여성이 어떻게 반응하나 살펴보세요. 실망에서 혐오감에 이르는 반응을 보일 거예요. 그들이 거의 무릎반사 같은 반응을 보이는 이유는 내숭을 떨기 때문도 아니고 페미니즘에 쩔어서도 아니에요. 비현실적이고 비정상적이며, 여자를 부당하게 다루고, 역겹게 느껴지는 성적 활동을 시각적으로 묘사한 데 대한 자연스러운 반응이에요. 하지만 많은 남성들이 포르노가 무해하고 재밌으며 흥을 돋운다고 생각하죠.

다음 편지에서 여성들이 어떻게 느끼는지 감을 잡아봅시다.

수에게 / 남자친구 집에 간 적이 있는데 플레이보이 잡지가 한 무더기 있길래 슬쩍 뒤적여봤어요. 입맛이 쓰긴 해도 별 해는 없어 보여서 아주 화가 나진 않았어요. 그러다 그가 야동을 틀어서 보기 시작했어요. 수 선생님, 그건 욕지기가 절로 나는 폭력에, 쓰레기 같은 내용이었어요. 남친은 그걸 명작이라고 생각하더라고요. 저는 집에 와버렸어요. 그가 다음날 사과하고 다시는 그러지 않겠다고 약속해서 받아들였는데, 지난주에 다시 녀석 침대 옆에서 저질 잡지를 발견한 거 있죠. 오해하지는 마세요. 그는 정말 훌륭한 사람이고 그와의 섹스도 좋았어요. 하지만 이젠 무서운 생각이 들고 섹스에 흥미가 확 떨어져버렸어요. 어째야 될까요?

수의 대답 // 많이 실망한 것 같네요. 그는 거짓말을 했어요. 다시 그를 믿을 수 있을까? 나는 섹스 라이프에 만족하고 있었는데, 그는 왜 혐오스러운 이상한 섹스를 감상하자고 강요한 걸까? 내 몸매는 포르노 배우에 절대 비할 바가 못 되는데, 그는 이런 여자를 원하는 걸까? 궁금할 거예요. 혹 야동 중독은 아닐까? 나중에 야동에 나오는 걸 해보자고 하는 건 아닐까? 이러다가 아동 포르노나 스너프 필름으로 점차 옮겨가는 건 아닐까? 이런 의문들이 대부분 여자들에게 아주 위협적으로 다가오죠.

오해하지 마세요. 대부분 여성들도 성애물을 즐겨요. 더 부드럽고 온화하고 다정하며 섹시한 내용을 좋아하죠. 그래서 할리퀸 로맨스물이 잘 팔리는 거죠. 또 여성들이 좋아할 만한 에로틱 비디오도 있고 여성들이 구입도 합니다. 하지만 대다수 포르노는 여성에게 강압적인 섹스를 묘사해요. 여자는 처음에는 빼다가도 주인공의 거대한 물건에 점차 사로잡히게 되지요. 한참 밀고 당기다가 결국 여자는 아주 좋아해요. 현실과는 달리.

여자들은 어떻게 해야 할까요? 그걸 보고 어떤 느낌이 드는지, 왜 그런 게 불편하지, 무엇이 두려운지 아주 명확하게 남자에게 밝혀야 돼요. 소리 지르고 싸울 게 아니라, 남자친구에게 이용당한 것 같고, 부족하다는 느낌이 들고, 상처 받았고 의기소침해지고, 공포스럽다는 걸 조곤조곤 이야기하세요. 남자는 여자가 신뢰를 회복하려면 시간이 걸린다는 걸 이해해야 돼요. 여자는 야동 시청이 매우 못마땅하다는 걸 분명히 밝히고, 계속 본다면 헤어질 수도 있다고 말해야 돼요.

사실, 어떤 커플들은 포르노물을 같이 보기도 하고, 자극을 받고 흥분을 위해 이용하기도 하지만 보통은 하드코어 포르노물이 아니어서 큰 문제가 아니죠.

솔직히 말씀드릴게요. 전 아이들이 비디오나 인터넷으로 야동을 보는 게 심히 염려스럽습니다. 집에서 인터넷에 포르노 차단을 해두더라도 애들 친구 중에 무방비인 집도 있을 거예요. 그 집에 우르르 몰려가서 보는 건 막기 어렵죠. 십대들은 거의 야동을 통해 성을 배워요. 이런 비디오는 섹스를 서로 사랑하고 위하고 존중하는 관계로 묘사하고 있지 않죠.

다른 편지를 볼까요? 약간 특이하지만 흥미로운 편지에요.

수에게 / 남자친구와 저는 장거리 커플이라 한 달에 한 번밖에 못 만나요. 제가 없더라도 그가 즐길 수 있도록 우리의 섹스 장면을 동영상으로 찍는 건 어떨까요?

수의 대답 // 아이고, 정말 걱정되는 소리네요. 설마 아기 돌잔치에서 틀려는 건 아니죠? 이건 간단한 일이 아니에요. 만약 그 남자랑 깨지면? 행여 유출되어서 남자들이 총각파티에서 돌려 보거나, 어느 날 〈뜨거운 여자〉란 제목으로 버젓이 파일이 돌아다니면 어떡할래요. 당신과 헤어진 남자가 그 동영상을 당신 신랑에게 결혼선물로 줄 수도 있어요. 당신 둘이 계속 커플로 남아 지금으로부터 30년 후가 되면 어떻게 느낄까요? 이제 몸에는 여기저기 셀룰라이트 천지인데 남편이 장난기가 발동해서 지나간 과거의 열정을 되돌려 보자고 한다면? 애들 손에라도 들어가면? "엄마, 아빠하고 뭘 하고 계신 거예요?" 묻는다면? 십대가 된 아이들이 발견하고서 "엄마, 나한테는 하지 말라고 했으면서!" 따진다면? 오만 가지 가능성을 생각해보세요. 그러고도 찍겠다면 당신 마음이죠.

어느 여자분한테 들은 얘긴데요, 유혹적인 셀카를 찍어서 남편 도시락에 넣었대요. 그런데 남편이 다른 남자들하고 있는 자리에서 뚜껑을 연 거죠. 거기엔 볼로냐 샌드위치 말고도 침 넘어가는 사진이 있었죠. 다른 남자들은 완전 좋아라 요란을 떨었지만 남편은 민망해 죽는 줄 알았답니다.

당신이 결정할 문제지만, 어쨌든 뉴스에 나고 싶지 않다면 안 찍는 게 좋겠죠.

폰섹스 PHONE SEX

수에게 / 며칠 전에 카드 청구서가 날아왔는데요, 남자친구 급 당황. 폰섹스 요금이 있더라고요. 전 화를 버럭 냈죠. 우리는 섹스를 자주, 즐겁게 해요. 그런데 그는 왜 그따위 짓을 한 걸까요?

수의 대답 // 이건 섹스산업의 한 종류죠. 일단 위험하지 않은 섹스이고요. 광고를 보고 전화를 걸면, 성적 판타지를 자극하도록 짜낸 아주 노골적이고 지저분한 대화를 하게 되지요. 전화기 너머의 여자가 "오우워, 당신 정말 뭐야! 물건이 어마어마하잖아. 더 크게 키울 수 있다에 내가 내기 건다. 그걸로 무얼 하고 싶으세요? 전 지금 블라우스 단추를 하나씩 풀고 있거든요……." 같은 말로 부추기죠. 이들은 온갖 현란한 말을 동원해 능숙하게 이끌어가요. 분 단위로 요금이 매겨지니까 아주 길게 끌고요. 기술이 아주 좋으니까 다시 전화를 하게 되겠죠. 그것도 금방.

만약 남자친구가 폰섹스에 중독이 되었다면 돈도 돈이지만 성상담을 받아야 할 수도 있어요.

남자용 여자용 '사랑의 전화선'이 있어요. 기본적으로 해롭진 않아요. 그리고 파트너가 폰섹스를 이용한다고 해서 당신이 애인으로서 모자라다는 의미는 아니에요. 그게 뭔가 흥미진진하고 짜릿하며 완전히 색다른 새로운 경험인 거죠. 전화를 받은 여자는 남자 때문에 발끈 달아오른 것처럼 추잡한 말을 해요. 사실 그 여자가 화투장을 떼고 있는지 아기 입힐 옷을 뜨고 있는지는 알 수 없는 거죠.

남자친구의 여흥을 어떻게 생각하는지 정확하게 글로 써보는 것도 도움이 될 성싶네요. 역겨운 느낌이 드시나요? 적절치 않다고 느껴지거나 화가 솟구치나요? 당신들의 관계가 위험에 처한 느낌이거나 그에게 진저리가 나나요? 솔직하게 적으세요. 이건 단지 당신의 감정에 충실하도록 돕자는 글이에요. 써보고 걱정할 만한 가치가 없다면 내버릴 수도 있겠지요. 혹 계속 속이 부글거리기도 하겠지만. 데니스 M. 데일리의 〈성적으로 비정상인〉* 이란 책을 읽어보도록 하시죠.
당신은 파트너와 이에 관해 의논할 준비가 될 겁니다. 그리고 두 분이서 만족할 만한 결론에 도달할 수 없다면 관계 상담을 한번 받아보세요. 그냥 문제를 묻어버리거나 시간이 지나면 좋아지겠거니 하지 마세요. 비난과 의심이 남으면 계속 악화됩니다.

피어싱 PIERCING

수에게 / 저는 피어싱을 하고 싶어요. 왜냐고 묻지 마세요. 그냥 제 페니스를 관통하는 링을 박아 넣고 싶어요. 제가 알아야만 하는 일들을 말해주세요.

수의 대답 // 피어싱은 매일 볼 수 있는 귀나 코에 고리 혹은 장식 막대(스터드)를 박거나, 볼 수 없는 곳, 장신구를 하지 않으면 보이지 않는 곳까지 다양한 부위에 해요. 젖꼭지 피어싱은 남성이나 여성이나 아주 흔하게 하는 편이고 배꼽 피어싱도 흥미롭기는 한데 진짜 사람들 눈길을 사로잡는 건 성기에 달린 고리나 막대겠죠. 아래 글은 비위가 약한 사람은 읽지 않도록 주의하세요.

* The Sexually Unusual : A Guide to Understanding and Helping by Dennis M. Dailey (New York: Haworth Press. 1989)

남성들은 '프린스 아서 고리'라는 걸 합니다. 포피를 뚫거나, 요도를 통과하여 페니스의 귀두 뒤나 아래로 뚫고 나오는 고리예요. 한 사람들 이야기를 들어보니 아프지는 않고 성적인 흥분을 감지하는 게 증가한다고 하네요. 어떤 남자들은 섹스를 하는 중에 그대로 두기도 하지만 대부분 파트너의 편의를 존중해 제거해요. 콘돔을 끼울 때는 반드시 제거해야 해요.

여성들은 끝에 준보석을 박아 넣은 마개가 달린 아름다운 스터드를 사용하기도 합니다. 혹은 끝에 역시 보석이 달린 고리를 끼우기도 하구요. 다이아몬드를 사용할 수도 있지만 흔히는 옥, 오팔, 자수정, 호박, 붉은 홍옥수 같은 둥글고 반들반들한 보석을 박아 넣어요. 여자들은 대음순에 고리를 하나둘 정도 피어싱하기도 해요. 어떤 여자들은 기념일이나 아기를 낳는 등 축하할 만한 일이 있으면 고리를 새로 해넣기도 하지요. 일반적으로 고리에 걸리고 당기지 않도록 성기의 털을 왁싱하죠. 제가 아는 한 여성은 이런 보석을 아주 사적인 장식품이라고 여기더군요. 그들은 그걸 아주 자랑스러워하고 그것이 성욕을 증진시킨다고 믿어요.

당장 뛰쳐나가 실행하기 전에 알아 두어야 할 일이 몇 가지 있어요. 피어싱은 경력 있는 전문가가 해야 해요. 이건 쇼핑하러 갔다가 귀를 뚫는 일과는 차원이 달라요. 소독한 새 기구와 장갑을 사용하고, 뚫은 자리의 감염을 막기 위해 어떻게 관리해야 하는지도 시간을 들여서 잘 배워야 해요. 찢어지거나 감염이 생겼거나, 완전히 아물기 전에 보호 장구 없이 섹스를 하게 되면 HIV/AIDS에 걸릴 위험도 있다는 사실을 명심하세요. 피어싱한 후에 상처가 나아 반흔 조직이 형성될 때까지 4주가량 섹스는 절대 금지입니다.

그러니 이런 일은 술에 진창 취해서 어디 해볼까 하고 불쑥 덤빌 일이 아니란 말입니다. 이름 있는 시술자는 한 번 더 생각하라고 두 번 예약을 잡아요. 먼저 관련된 사항을 모두 알려주고 마음이 바뀔 시간 여유를 주지요. 그래도 하고 싶다면 한 주 지나 다시 가면 됩니다. 모든 사람들이 몸의 장신구를 '영원히 지속되는 아름다움과 즐거움의 상징'으로 보지 않는다는 점을 말해야겠네요. 그러니 만약 관계를 맺고 있는 사람이 있으면 반드시 상의하세요. 성기에 해 넣은 고리를 자랑하며 내밀었을 때 놀라 까무라치지 않도록요. 새로운 파트너라면 피어싱한 사실을 섹스에 들어가기 전에 말하세요. 그리고 둘 다를 위해서 콘돔을 사용하세요.

피임

- 콘돔 외 피임법 CONTRACEPTION ADVANCES

수에게 / 의사가 제게 테트라사이클린*을 처방해줬요. 피임약이 효과가 있을까요?

수의 대답 // 네. 가장 최근 연구에서 피임약은 테트라사이클린을 먹고 있더라도 계속 효과가 있다고 나왔어요. 하지만 피임약의 효능을 떨어뜨릴 수도 있는 몇몇 약이 있으니까 다음에 나열한 약을 먹게 되는 경우 콘돔이나 거품제재 같은 예비용 피임 방법들을 사용하세요. 바비투르산염(진정제), 일부 설파약제, 일부 항염증약들, 딜란틴(간질약), 혈압을 떨어뜨리는 약들이 있으며 제산제는 피임약의 흡수를 감소시킬 수도 있어요. 인슐린을 맞는 경우엔 의사와 상의해야 합니다.
피임약을 먹고 있는 경우에는 새로 처방 받은 약 중에 효과를 줄일 수 있는 약이 있는지 약사에게 물어보세요. 잊지 말고 꼭 물어보세요.

수에게 / 새로운 남성 피임약이 개발 중이란 언급을 들었습니다. 지금 구할 수 있는지요?

* 항생제. 경구 피임약의 상호작용 경고 문구에 보통 포함되어 표시되어 있는 약 중 하나입니다.

수의 대답 // 현재 두세 개의 피임 방법들이 연구되고 있지만 지금까지 부작용 때문에 실용화되지는 않고 있습니다. 당분간 남성 피임방법으로 정관절제수술 말고 다른 것을 손꼽아 기다리진 마세요.

수에게 / **저는 피임약을 먹을 수가 없어요. 의사선생님이 새로운 자궁내장치에 대해 이야기를 하던데요. 저는 아이가 둘 있고 당장은 더 이상 원치 않아요.**

수의 대답 // 미레나라고 하는 자궁내장치는 소량씩 호르몬을 방출해 자궁경부 점막을 두껍게 만들어 자궁 안으로 정자가 들어가지 못하도록 막죠. 일부 여자들의 경우에는 배란이 멈춰요. 처음에 생리 양이 많아졌다가 몇 달 지나 줄어들기도 해요. 이 자궁내장치는 5년까지 효과가 있어요. 하지만 다시 아기를 갖겠다고 결정하고 제거하면 생식능력은 6개월 후에 돌아와요.
의사가 미레나를 정상 월경 주기 중에 집어넣을 거예요. 주기적인 골반검사, 팝 도말검사와 성병검사를 하세요.

수에게 / **의사가 열여덟 살 된 제 딸에게 피임용 주사를 맞아보라고 했어요. 이건 안전한가요? 아이는 전형적인 십대라서 꾸준히 피임약을 먹어야 하는 걸 까먹곤 해요.**

수의 대답 // 네. 데포 프로베라는 피임약 먹는 일을 소홀히 하는 사람들에게 효과적인 피임법이에요. 데포는 프로게스테론으로만 된 약이며 팔뚝이나 엉덩이에 3개월마다 주사해요.
계속해서 사용하면 당신의 딸은 아마 생리주기가 줄어들고 사용한 지 1년이 지나면 어쩌면 달마다 생리를 하지 않을 수도 있어요. 몇 가지 안 좋은 부작용도 있을 수 있어요. 몸무게가 늘거나 두통에 시달리거나 배가 부글거리고 우울증이 생기죠. 이 주사가 몸의 긴 뼈에 칼슘이 침착하는 것을 막는다는 우려도 있는데 따님은 한창 뼈에 칼슘을 저장하는 나이예요. 이 점에 대해 의사에게 물어보세요. 데포 프로베라는 피임약과 비용은 비슷해요.

수에게 / 투데이 스펀지*가 다시 나온다고 들었어요. 사실인가요?

수의 대답 // 네. 약국에서 다시 살 수 있어요. 스펀지는 도넛고리 모양으로 노녹시놀9라는 살정제가 스며들어 있어요. 스펀지를 적시고 거품을 내 가능한 한 질 안에 깊이 넣으세요. 거기서 거품이 정자를 잡고, 막고, 죽이죠. 제거할 때는 그 다음날 아래 띠를 손가락으로 잡아 살살 빼세요. 어떤 사람들은 노녹실론9에 과민 반응을 일으킨다는 사실을 주의하세요.

수에게 / 신문에서 저는 누바링nuvaring이라는, 질 속에 21일 동안 넣

* 1980년대 나온 여성 피임 스펀지의 상품명이며 미국에서는 1995년 생산 중단되었다가 소유주가 바뀌어 다시 생산되고 있습니다.

어둘 수 있는 얇고 유연성 있는 플라스틱 고리에 대해 읽었어요. 21일 후 이를 제거하고, 생리를 하고 다시 다른 고리를 넣는데 사용하기 편하고 섹스에는 방해가 되지 않는다고 적혀 있었어요. 구입이 가능한가요?

수의 대답 // 네. 구할 수 있어요. 의사와 상의해보세요.

수에게 / 제 여자친구는 피임약을 먹고 있어요. 하지만 생리를 하기 위해 약을 잠시 끊거나 하지 않아요. 이 친구는 그냥 3개월 꾸준히 먹다가 한 일주일 끊어요. 이러는 게 안전한가요?

수의 대답 // 그녀가 제대로 된 피임약을 먹고 있는 거라면 안전하고 효과적이에요. 그녀는 단상 처방약, 즉 같은 강도의 에스트로겐과 프로게스테론으로 된 21일용 약을 먹고 있었을 거예요. 21개의 한 세트를 다 먹으면 그 다음날 다른 세트를 시작하죠. 그녀는 생리를 하지 않고 피임약을 3개월 동안 먹었겠지요. 그런 후 7일간 약을 끊고 생리를 하고 다음 3개월을 시작해요. 이런 일은 별 문제 없고 괜찮다고 해요. 연구자들이 시즈널리(Seasnale)라는 3개월 동안 쉬지 않고 먹는 제품을 연구하고 있어요. 이것도 7일간 끊었다가 다시 시작하지요.
피임약을 복용하기 전에 의사를 만나거나 클리닉에 물어보는 것이 좋아요.

학대 피학대 성욕행위 BONDAGE AND DISCIPLINE

수에게 / B&D가 뭐예요? 우리는 이게 뭔지 궁금해하고 있어요.

수의 대답 // B&D는 신체결박과 처벌이란 뜻이지만 학대 피학대 성욕행위를 의미해요. 보통은 둘이 같이 다니지만 각자 따로 행해지기도 해요. 신체결박은 자발적인 파트너를 묶고서 가볍게 엉덩이를 때린다거나 키스를 하고 깃털로 간질이거나 여러 자극을 해서 그가 자비를 간청하게 하는 행위들이 포함되어 있어요. 그 외 다른 자극 기술이 같이 사용되기도 해요. 피학대 파트너는 무력하고 통제할 수 없다는 감각에서 스릴과 흥분을 느껴요. 학대하는 쪽은 군림과 전능의 힘을 만끽하지요. 처벌에는 때리기, 꼬집기, 빨기, 머리카락 당기기 등이 있어요. 이런 행위를 하고자 기꺼이 동의를 한 자발적인 파트너에게 고통을 가하는 온갖 행위는 모두 들어가요.

여기에서 가장 중차대한 단어는 '자발적인 파트너'와 '동의를 한'이에요. 반드시 둘 다 자의적으로 동의를 해야 해요. 절대 속임수를 쓰거나 강요해서는 안 돼요.

만약 이런 것을 시도해보고자 한다면 쌍방이 얼마나 멀리까지 나갈 것인가와 같은 몇 가지 기본적인 원칙을 정해두어야 하며 '당장 멈추라'는 의미로 쓰일 수 있는 단어를 정해놓아야 해요. 학대-피학대 행위에 참여하는 사람들은 '그만' '잠깐' '안 되겠어' 같은 단어는 약속으로 정하지 말라고 권합니다. 이런 단어는 기쁨의 징후로 해석될 수도 있으니까요. 다른 단어들 '보트' '파란색' '하늘' 혹은 '거울'처럼 이런 행위와 상관이 없을 것 같은 단어들을 찾아보세요.
만약 바이브레이터나, 딜도, 채찍 같은 섹스 토이나 성인용품을 사용한다면 반드시 안전한 섹스를 하세요. 여러분은 자극을 원하지, 에이즈로 죽기를 원하지는 않으시겠지요.

항문 섹스 ANAL SEX

웬디 드니스는 〈잔뜩 달아오르다〉*란 책에서 오늘날 항문 섹스는 30년 전의 구강 섹스와 같다는 말을 했었죠. 그리고 저에게 항문 성교에 대해 묻는 전화나 편지를 판단해본건대 또 다른 터부 하나가 포화를 맞고 있는 듯이 보여요. 많은 사람들이 항문 섹스를 비정상적이거나 역겹다고 여기고 있지만, 좋아하든 아니든 항문 섹스도 피할 수 없는 현실이고 하니 만약 하겠다고 결심했다면 위험을 이해하고 우리 자신을 보호할 수 있는 정보가 필요합니다.

* Hot and bothered by Wendy Dennis (Toronto: Key potter books, 1992)

수에게 / 제 남자친구는 '뒷문으로' 섹스하기를 원해요. 그게 좋을지 확신이 없어요. 안전한가요?

수의 대답 // 제가 보기에 당신은 뒷문으로 도망갈 길을 찾고 있는 것처럼 들리네요. 먼저 그가 말하는 바가 무언지 정확히 따져볼 필요가 있어요. '뒤쪽/뒷문으로' 하는 섹스는 항문 섹스와 여자가 손과 무릎을 바닥에 짚고 후배위로 질 성교를 한다는 의미 둘 다 되거든요. 그러니 그가 뜻하는 바가 뭔지 정확하게 확인해 보세요.

그가 항문 성교를 원한다는 가정 하에 이야기를 하죠. 기본적으로 직장과 항문은 삽입을 위해 디자인되지 않았어요. 항문의 점막은 아주 얇아서 쉽게 찢어져요. 게다가 빨리 낫지 않기 때문에 감염에 취약해요. 또한, 찢어진 자리가 커져 열창이나 틈 같은 게 생겨 몸의 바깥으로 이어지기도 해요. 아주 아픈데 낫기는 천천히 낫죠. 희박하긴 해도 누공(뚫린 구멍)이 생겨 똥이 길을 벗어나 뱃속이나 질 속으로 들어가기도 하지요. 이러면 끔찍한 감염이 발생하고, 수술적으로 치료해야 합니다. 직장의 혈관이 굵게 튀어나오는 치질의 위험도 커지는데 이도 만만치 않게 불편하지요.

당신이 항문 섹스를 하겠노라 결정을 했다면 주의할 것들이 있어요. 항문 섹스는 고위험 행위여서 남자친구는 라텍스 콘돔과 충분한 양의 유성油性이 아닌 윤활제(그래야 라텍스가 약해지지 않아요)

를 사용해야 해요. 잔소리같이 들리겠지만 이는 아주 중요해요. 안전한 섹스를 하지 않으면, HIV가 있는데 모르고(이럴 가능성은 항상 있죠) 성기 분비물이나 정액에 존재하는 바이러스에 감염되기 쉬워져요. HIV/AIDS에 걸릴 위험이 항문 섹스보다 큰 경우는 불결한 주사바늘과 주사기로 정맥 주사약을 사용하는 경우뿐이에요. 잠깐, 이게 끝이 아니에요. 헤르페스나 성병사마귀가 항문 주위나 항문 속에 나기도 하는데 아프기도 아프고 치료도 힘들어요. 매독이나 임질은 치료되기는 하지만 유쾌한 경험은 아니지요. 임질과 매독 편을 한번 보세요.

위의 정보를 읽고도 그래도 항문 섹스를 하고 싶다면 아주 아주 긴장을 풀고 그리고 자의적으로, 아니 열성적으로 원할 때 해야 해요. 요란하게 방귀를 뀌게 되어도 마음 느긋하게 잡수실 수 있죠? 성기 위에 낀 콘돔 위로 온통 똥범벅이 되는 경우도 용인을 하셔야 해요.

당신의 마음 뒤편에서는 또 다른 두려움이 꿈틀대고 있을 수도 있어요. 그가 이런 걸 원한다면 다음에는 날더러 무슨 다른 기이한 짓을 해보자고 할지 알 수 없잖아. 그리고 '딱 한 번만'이라고 해서 동의를 했는데 그가 진짜 만족해서 항상 하자고 하면 어쩐다? 내가 다시 안 하겠다고 하면 재미없는 사람이라느니 꽉 막혔다느니 뭐라고 하진 않을까?

당신이 항문 섹스를 하는 일에 동의했다고 쳐요. 하는 중에 몹시 아픈데 그가 "그냥 긴장 풀어. 익숙해지면 괜찮아질 거야"라고 하면 뒤로 손을 뻗어 그의 고환을 꽉 잡고 "그냥 긴장 풀어. 익숙해지면 괜찮아질 거야"라고 말해주세요. 농담으로 하는 말이 아니에요. 그가 고통을 야기하고 있으니 당장 중단해야만 해요.
모든 성적 행위는 어떤 강압, 제어, 위협, 착취, 계약도 없어야 됩니다. 그래서 그가 "날 위해 좀 해줘"라든가 "그래야 내가 흥분이 된다"고 말하면 그가 당신을 전혀 배려하고 있지 않으며, 자신이 원하는 바를 위해 당신을 이용하고 있다는 점을 알아야 합니다. 이런 일은 둘의 미래 관계에 좋은 징조가 아니에요. 현재 상황에서 벗어나는 게 나을 겁니다. 왜냐면 그 다음 정착역은 신체적 강압이나 폭력적인 공격이 될 수도 있으니까요. 아래 편지는 항문 섹스를 시도하는 결정에 좀 더 참고가 될 거예요.

수에게 / 아내와 저는 에로 비디오를 보고 항문 섹스에 둘 다 흥분이 되었지요. 그래서 한번 해볼까 해요.

수의 대답 // 여기서 중심 단어는 '젠틀리, 벤틀리(Gentely, Bentley)' 벤틀리 자동차처럼 부드럽게, 입니다. 몇 가지 핵심적인 규칙이 있어요.

– 콘돔과 윤활제를 듬뿍 사용해서 안전한 섹스를 한다.

- 당신의 파트너가 자의적으로 하고자 해야 하며, 긴장하지 않아야 한다.
- 하기 전에 "아얏" "그만" "어엇" 아니면 단호하게 "안 돼" 같은 중단할 때의 신호를 정해둔다. 그리고 당신은 그런 요구에 따를 것을 약속해야 한다.
- 손바닥에 콘돔을 놓고 윤활제를 잘 바르고 천천히 부드럽게 손가락 하나를 넣는다. 그리고 손가락 두 개를 직장에 넣는다. 그, 혹은 그녀가 완전히 긴장이 풀리면 콘돔을 페니스에 끼우고 천천히, 조금씩 삽입을 한다.
- 찌를 때 너무 힘을 쓰면 안 된다. 안 그러면 손상을 입는다.
- 페니스를 상대의 직장에서 뺄 때 콘돔을 붙잡고 있어야 한다. 그래야 벗겨져 직장 안에 남는 불상사가 생기지 않는다.

항문 섹스를 하느냐 마느냐는 극히 개인적인 선택이에요. 정확하고 유익한 정보를 가지고 있으면 사실과 감성에 기초하여 이성적인 선택을 할 수 있어요. 항문 섹스는 동성애자 사회에만 국한되지 않아요. 많은 이성애 커플들도 이런 행위를 즐겨요. 보통 남성 쪽에서 호기심이 동해서, 실험적인 일을 찾아 제안을 하죠. 당신이 획기적인 성적 활동을 즐기는 여성이라면 '뒷문으로 하는' 섹스에서 즐거움을 발견할 수도 있어요. 잠깐 생각해보세요. 여러분이 엎드린 자세로 있으면 남자는 손으로 가슴과 클리토리스를 동시에 자극할 수 있어요. 누가 알겠어요? 둘 다 정말 즐거울지.

헤어짐 BREAKING UP

수에게 / 아내가 방금 저를 떠났어요. 일을 마치고 집에 돌아왔더니 집에 가구 반이 없어지고 아내 차도 없어졌어요. 그리고 "미안해"라는 쪽지만 남겨져 있었어요. 제가 뭘 어쨌기에 이럴까요?

수의 대답 // "제가 뭘 어쨌기에 이럴까요?"라는 질문을 보니 당신과 아내 사이에는 솔직하고 제대로 된 의사소통이 부족했던 것 같네요. 아니라면 아내가 불행하고 불만족스러우며 떠날 마음을 먹었다는 걸 미리 알았겠죠. 아내는 오후에 차 한잔 마시다가 불쑥 가출을 결심한 게 아니에요. 고심해서 계획을 세우고, 살 집을 찾고, 가져가고 싶은 물건을 정확하게 고른 다음 이삿짐센터를 불러 이사를 나간 거라고요.

이 상황으로 유추해보건대 이미 징후와 증상이 있었을 거예요. 아내가 뭔가 바쁘고, 거리를 두려고 하고 집안일과 가족을 잘 돌보지 않는 걸 느꼈을 거예요. 그래도 당신은 설마하고 무시했거나 월경전증후군, 우울증, 스트레스, 과로 탓으로 여겼거나, 이러다 나아지겠거니 했겠죠.

아내가 새로운 친구들과 어울리거나 새로운 활동을 하고 있다고 말했을 수도 있어요. 당신은 부담을 덜려고 아내의 새로운 활동을 부추겼을 수도 있고요. 아내는 그 사이 떠날 준비를 하나씩 했을 거예요.

관계라는 봉합된 솔기가 터져나가기 시작할 때는 독특한 패턴 있어요. 나중에 되돌아보면 또렷이 보일 거예요. 처음에 파트너는 화를 내고 억울해하거나, 침울해 있거나 괜한 시비를 걸고, 사소한 흠집을 잡으며 잘잘못을 따지고 듭니다. 그러다 갑자기 변해요. 점차 말이 없어지고 시큰둥해지다가 그냥 등을 돌려 나가버려요. 눈도 마주치지 않으려 하고, 당신이 가까이 가면 재빨리 자리를 피하죠. 일찍 잠자리에 들고 일찍 일어나 섹스를 피할 수도 있고 그냥 소파에서 자기도 해요.

그녀는 여전히 사소한 집안일은 하지만 마음을 쓰는 일, 당신이 좋아하는 영화를 빌리거나 당신이 좋아하는 디저트를 만든다거나 점심도시락에 작은 쪽지를 남기는 정성은 보이지 않아요. 당신이 "뭐가 문제냐"고 물어도 돌아오는 건 "아무것도 아냐"라는 대답뿐이죠. 기본적으로 이 지경까지 되면 그녀는 이미 결심을 굳힌 거예요. 남은 거라곤 실행뿐이죠.

이 지점에서 여러분은 결혼생활 상담을 하자고 말을 꺼낼 수도 있어요. 그녀가 가겠다고 동의를 한다면 그건 아마도 그녀도 노력했다는 변명으로 삼으려고 하는 동의예요. 이미 손상은 돌이킬 수 없는데, 그걸 모르는 당신은 공황상태에 빠지게 되죠. 당신이 문제에 더욱 파고들수록 그녀는 더욱 뒷걸음질 쳐요. 눈치 빠른 상담자는 이를 간파하고 일종의 대책으로 명상과 별거 상담을 권유할 거예요.

별거를 시작했다고 해도 아직 너무 늦은 것은 아니에요. 부부 상담을 받아보는 건 어떨까요. 좋은 상담자라면 두 사람 모두 자신의 감정을 분명히 표현하고 서로 소통하는 방법을 배우도록 도와줄 거예요.

지금쯤 아내는 아파트를 구했을 거예요. 자신만의 공간과 자유를 누리고 있겠죠. 이런 상황에서 그녀로서는 진짜로 평생 혼자 살기 원하는지 생각할 시간을 가질 수 있어요. 둘의 관계가 개선되면 아내는 돌아와 다시 노력해보고자 바랄지도 모르지요.

지금부터 잘해야 돼요. 예전처럼 행동하고 의사소통하면 당신들의 관계는 역사 속으로 사라져요.

그녀가 상담도 거부하고, 집을 나간 게 최종 결정이었다면 당신은 실패와 버림받았다는 감정을 잘 맞닥뜨리도록 도움을 받아야 할 겁니다. 아마 상실에 따르는 여러 비통한 과정들을 거치겠지요. 거부하고 분노하고 절충해보려고 노력하다가 타협하고, 우울해하다가 마침내 받아들이겠지요. 받아들이는 마지막 단계에 도달할 때까지 계속해서 상담을 받으세요. 그렇지 않으면 당신은 몸만 걸어 다니는 허깨비가 될 거예요.

수에게 / 저는 얼마 전 결혼생활을 끝낸 남자를 만났어요. 그는 아이가 둘인데, 주말에 아이들을 방문해요. 그 사람과 친해지는 것에 대해 어떻게 느

껴야 될지 확신이 없어요.

수의 대답 // 심리학자들은 어느 한 관계가 끝나고 우리가 다른 관계에 참여할 수 있는 준비가 되는 데는 2년간의 치유기간이 필요하다고 합니다.

첫해에 그는 분노, 실패, 거부, 외로움 같은 감정이 강해서 자신이나 파트너에게 비난의 화살을 돌리죠. 이는 정상적이며 꼭 필요한 치유 과정이에요. 그는 이 일을 당신이 있든 없든, 빠르든 늦든 겪고 헤쳐 나가야 해요. 지금 그런 일을 겪으며 조금 처져 있는 게 낫다는 거죠.

첫해는 모든 기념일들이나 휴일이 전처나 아이들과 보내지 않는 첫 번째 휴일이 되었겠지요. 아직 가족과 함께 지냈던 추수감사절의 기억이 생생할 거예요. 성탄절은 돌아오고 또 옛 기억이 떠올라요. 이와 더불어 누가 아이들과 지내느냐는 문제들도 새롭게 떠오르죠. 그러다가 문득문득 그녀 없이 밸런타인데이를, 크리스마스를, 생일을 지낸다는 외로움이 그를 파고들어요. 다른 파트너를 즉각적으로 찾게 된다면, 이런 필수불가결한, 하지만 가슴 아픈 과정을 겪을 시간들이 그냥 미뤄질 뿐이에요.

그의 두 번째 해는 조용히 이성적으로 자신의 결혼을 분석하고 파경에 미친 자신의 잘못을 확인하고 받아들이며 자기 방식대로 아이와 자신의 관계를 재정립하고 또 자신의 삶도 제 궤도로 올리는 게 필요합니다. 만약 그 자리에 마침 다른 여성(그래요, 당신)이 있다면 그녀는 여러 곤란을 완화시키려고 노력할 거고 이러면 그가 성장에 필수적인 부분을 외면하게 되기 쉽습니다. 결혼의 종말에 대한 그 자신의 책임을 통감하지 않으면 그는 쉽게 옛날 방식으로 슬그머니 미끄러져 들어가 다시 파경에 이르게 될 거예요.

당신 관점에서 보면 당신은 그에게 매혹을 느끼며 그의 파트너가 되는 게 즐겁겠지요. 여자들은 어릴 적부터 양육자 그리고 구조자가 되도록 교육 받기 때문에 구제자 역할에 마음이 혹했을 수도 있어요. 나중에 그가 나름대로 아이들과 지낼 주말을 꾸리도록 하는 대신에 당신이 나서서 활동 계획까지 세우게 될 거예요. 당신은 외로움으로부터 그를 지키며 대리 치료사까지 되려고 할 겁니다.

이런 상황에 있는 여성들은 많이들 그 2년 동안 남자의 삶에서 차분하게 한 발 물러나 있는 걸 내켜하지 않아요. 왜냐면 다른 여성이 치고 들어와 그 간격을 채울까봐 두렵기 때문이죠.

관계를 잠시 밀쳐두고 싶지 않다면, 제발 그의 전부 혹은 최종이 되려고 덤비진 마세요. 그가 반드시 치러야 할 치유 과정을 겪을 수 있는 시간과 공간을 주세요.

수에게 / 전 남편이나 전 부인이 친구가 되는 일이 가능할까요? 남편과 저는 아이들이 자란 뒤 오랜 결혼생활을 마치고 갈라섰어요. 서로에 대한 미

운 감정은 없어요. 친구들은 이런 일이 가능하다고 믿지를 않아요. 이런 상황은 일시적이며 우리가 언젠가는 다시 합칠 거래요. 어떤 사람들은 갈라서려면 깨끗하게 갈라서라네요.

수의 대답 // 이와 유사하게 원한이나 분노 없이 갈라선 커플들 이야기를 점점 더 많이 듣는 것 같아요. 가족들이 늘 하던 대로 크리스마스, 생일, 아이들의 특별한 이벤트나 문제 해결을 위해 함께하지 못할 이유는 전혀 없어요. 당신들은 같이 세월을 겪었고 앞으로 이런 행사를 그냥 모른 척 흘려보낼 순 없어요. 왜 당신 둘이 적이 되어야 하나요? 당신은 여전히 전 남편을 아끼고, 그를 정신적으로 사랑할 수도 있어요.

이런 모든 일이 가능하지만, 문제는 어느 한쪽에게 새로운 관계가 형성될 때 생겨요. 십중팔구 그 사람은 당신의 전 남편의 생활에서 당신의 역할을 받아들이기 어려울 것이며 특히 당신과 그가 가족모임을 하던 대로 계속 같이 한다면 더욱 받아들이기 어려울 거예요. 새로 생긴 파트너를 모임에 초대한다 해도 그들은 '곁다리'로만 느껴질 거예요. 새로운 파트너는 당신이 전 남편에게 돌아갈지도 모른다는 위협을 느끼고 두려워하겠죠. 당신의 새로운 사랑이 전 남편을 마치 친남매처럼 안전하고, 중립적이며, 해가 되지 않는 사람으로 여기고, 게다가 같이 어울리는 일도 재미있어 한다면 더할 나위 없겠지만 그러기 위해서는 강한 자아상과 드높은 자존감이 필요해요. 당신이나 전 남편에게 새로운 파트너가 생긴다면, 그러기를 바랄 일만 남겠지요.

수에게 / **저와 남자친구는 5년간 사귀었어요. 하지만 우리는 계속해서 멀어지고 있었던 것만 같아요. 그는 갑자기 금발의 골빈 여자와 만나더니 머저리처럼 굴기 시작했어요. 그리고 그는 떠났죠……. 5년이나 사귀었는데요!**

수의 대답 // 분노가 글에서 그대로 느껴지네요. 아마 복잡다단한 감정이 요동을 칠 거예요. 일이 어찌 될까 더 이상 마음 졸이며 기다리지 않아도 되니 안도감도 들고 당신이 결딴을 내지 않아도 되니 고맙기도 하죠. 그리고 함께 지낸 시간이 5년이나 되는데 어찌 내게 이럴 수가 있을까 분노도 느껴질 겁니다. 좋았든, 나빴든, 관심 없었든 그렇겠지요? 한 시대가 끝났기 때문에 슬프기도 하고 집에서 혼자 지내는 밤이 갑자기 텅 비고 괴괴해서 외로움도 느껴질 거예요. 그가 당신의 표현대로 '골빈 년' 때문에 당신을 찼기 때문에 친구들과 어울리기 창피하겠지요.
흔히 있는 일이에요. 보통 파경을 시작하는 사람, 즉 '차는 사람'은 다른 사람이 저 멀리 지평선에서 어른거리지 않으면 행동에 착수하지 않아요. 그러니 파경은 갑자기 일어나는 게 아니죠. 이미 한참 동안 진행되던 일이에요. 남겨진 사람, 즉 '차인 사람'은 보통 더 깊이, 오랫동안 시달려요. 여자들은 어느 쪽이든 오래 고통을 받고, 남자들은 더 긴 시간 동안 낮은 불꽃으로 은근하게 고통을 지니고 있기가 더 쉬워요.
무엇보다 당신은 다음 6개월을 잘 이겨나갈 기술을 찾아내야만 해요. 다음은 제가 내리는 일반적인 처방입니다.

- 한동안은 마음대로 울고, 소리 지르고, 격분하고 으르렁대세요. 친구들이나 가족에게 감정을 털어놓고 나면 분노나 통증은 그리 오래 가지 않을 거예요.
- 떠오르면 떠오르는 대로 모든 옛날 기억들, 특별한 선물이나, 그가 좋아했던 옷 같은 것들을 찬찬히 들여다볼 시간을 가지세요. 사진을 앨범에 넣고 그가 좋아하는 음식을 만들어 한입씩 씹을 때마다 그가 무엇을 놓치고 있나 생각하면서 음미하세요. 당신은 좋아하는데 그는 싫어하는 음식을 만들어 먹으세요. 예를 들어 곱창 요리 같은 거요.
- 당신의 생각과 느낌을 기록으로 남기세요. 맹렬한 비난의 편지나 아주 감상적인 편지를 쓰고 싶다면 써보세요. 하지만 적어도 6개월 동안은 부치지 마세요. 6개월쯤 지나서 당신이 괜찮은지, 여전히 분하고 아픈지 체크하세요. 괜찮아졌다면 당신은 그 편지를 부치지 않겠지요. 여전히 괴롭다면 상담을 받아야 할지도 모르겠어요.

  기존에 알던 사람들과 친목을 다지고 새로운 사람도 사귀어보세요. 당장 새 연인을 찾으려 하지 말고 다른 친구들과 그냥 어울리고 즐기세요.

  하던 운동이 있다면 계속하면 좋아요. 윈드서핑같이 새로운 스포츠도 시도해보시고요. 그의 물건들을 안 보이는 데로 치우고 나중에 마음이 정리되면 다 갖다 버려도 좋습니다. 집을 정리하고 가구도 옮기고, 새롭게 꾸며보세요. 규칙적인 운동은 필수. 걷고, 헬스클럽에 가거나, 자전거를 타거나, 수영을 하세요. 잘 먹어야 해요. 하지만 허한 마음을 채우려고 폭식하진 마세요. 충분히 쉬세요. 가족과 지내면서 도움을 받으세요.

'우리는 아직 친구야' 따위 생각은 하지 마세요. 아직 아닙니다. 당신은 관계를 극복해야만 해요. 사실 친구가 되려고 노력한다는 것은 여전히 문을 열어놓고 다시 시작할 수 있는 가능성에 한 발 들이밀려고 하는 거예요.
처음에는 거의 항상 떠난 남자를 생각하겠지요. 하지만 차츰 한 시간이 넘도록 그의 생각을 안 하게 될 거예요. 결국에는 아침에 눈뜨자마자 그 사람을 생각하지 않게 되고, 잠들기 직전에도 마찬가지가 될 거예요. 자, 당신은 치유되고 있습니다. 잘하고 있으니 멈추지 마세요.
무엇이 잘못 되었는지, 관계의 붕괴에 당신이 무슨 역할을 했는지, 바로잡을 수도 있었는지, 그랬다면 어떻게 해야 했는지 충분한 시간을 갖고 따져보세요. 다음번의 훌륭한 관계를 위하여 필수적인 요건들은 무엇인지 모조리 작성해보세요. 언젠가는 다음 기회가 올 테니까요. 최선이 아니었던 일에 머물러 있지 마세요.

혼외정사 AFFAIR

수에게 / 제 아내는 회사 동료와 바람을 피웠어요. 아내는 지금은 끝난 일이라고 합니다. 하지만 저는 그냥 아무렇지 않게 넘길 수가 없어요. 그에게 내가 갖지 못한 뭔가가 있는지, 아내가 저를 그 남자보다 좋아하는지 의문이 듭니다. 발기도 안 돼요. 아내는 저에게 어떻게 그럴 수가 있죠? 솔직히 말하면 저도 아들이 태어난 직후 아주 잠깐 딴 사람을 만난 적이 있지만 큰 의미가 없었어요. 아내도 얼마간 속상해했지만 극복했고요. 제가 뭘 어떻게 해야 하죠?

수의 대답 // 먼저, 저는 당신이 무엇을 해야 한다는 말씀은 드리지 않겠습니다. 어떤 일이 일어나고 있는지 추정하고 몇 가지 통찰과 정보를 드릴게요. 그러면 당신은 대안들을 점검하고 이 문제를 어떻게 다룰지 결정할 수 있을 거예요.
근래 조사에 따르면 이혼의 발단이 될 만한 행동을 하는 여성의 숫자가 급격하게 늘어나고 있다고 해요. 여기에는 몇 가지 이유가 있어요.

- 여자들은 사랑을 나누는 상호관계가 일상적으로 있어야 한다고 기대한다. 그래서 결혼생활이 이런 기대에 미치지 못하면 정사를 벌여 만족하려고 한다.

- 남성들과 어울리는 직장에 다니기 때문에 '새롭고 재미있는' 다른 남자들을 만날 수 있는 기회가 늘었다.
- 여성들은 경제적으로 좀 더 독립적이 되었다. 그래서 어떤 경제적인 뒷받침 없이 남겨진다는 것이 그렇게 두려운 것이 아니다.

여성이 혼외정사를 벌이는 다른 이유들도 있어요.

- 로맨스: 결혼에서 마법이 사그라지고 허니문이 끝났다. 그래서 이들은 다른 곳에서 로맨스를 찾는다.
- 자신감의 향상: 그녀가 여전히 매력이어서 남자를 유혹할 수 있음을 증명하기 위해.
- 복수: 과오를 범한 남자에 대해 똑같이 갚거나 혹은 벌주기 위해서.
- 결혼은 어찌 되었든 끝난다. 못 할 것 없지.
- 어쩌다 한 실수: 분위기에 휩쓸려 그냥 일이 일어난 경우.
- 호기심: 새로운 혹은 다른 방식으로 성생활을 해보기 위해.
- 위험 감행: 잘해낼 수 있는지 알아보기 위해, 운을 믿고 덤벼보기 위해.
- 반항: "당신은 나를 조종할 수 없다는 걸 똑똑히 보여주겠어."
- 외로움: 소외되었다고 느껴져서.

이 설명 중에 당신 파트너나 당신에게 해당되는 게 하나라도 있나요? 아니면 전부 다? 당신이 외도를 했을 때, 부인은 지금의 당신처럼 격렬하게 반응하지는 않았죠? 이런 일은 드문 일이 아니에요. 우리가 양성평등을 꽤 이루었다지만 사회는 혼외정사에 대해서는 여전히 이중 잣대를 들이밀어요. 많은 여성들이 남자들은 '테스토스테론의 희생자들'이라서, '사내들이 다 그렇지'라며 넘겨요. 많은 여성들이 남편이 상습적으로 바람을 피우는 게 아니라면 처음에는 부정을 받아들인다고 알려져 있어요. 그렇다고 여성들이 용서하고 다 잊는다는 의미는 아니에요. 그렇지 않아요. 남편이 완전히 뉘우치는 모습을 보이지 않으면 잊지 않지요.

당신의 외도 사실을 알았을 때, 부인이 깊은 속마음을 털어놓지 않았을 수도 있고, 지금 바람을 피우는 걸로 당신에게 복수하고 있는지도 몰라요.

당신은 남자들의 바람기가 여자들의 바람기보다 더 받아들이기 쉽다고 생각하시나요? 어떤 여자들은 남자들은 유전적으로 일부일처제로 프로그램되어 있지 않다는 견해를 그대로 믿어요. 하지만 우리 사회에서 대부분 여성들은 파트너가 충실할 것을 기대하지요. 재니스 에이브람스 스프링 박사가 쓴 책, 〈애프터 어페어〉*란 책을 보면, 남자가 이혼을 하려는 흔한 이유가 아내가 바람을 피웠기 때문이라고 합니다. 하지만 부인이 이혼 소송을 할 때는 정신적, 육체적, 감정적, 성적인 가혹행위 내지 학대 때문인 경우가 많다고 하네요.

여기 혼외정사를 하게 된 여성에 관한 흥미로운 관찰을 살펴보죠.

* After the Affair: Healing the Pain and Rebuilding Trust when a partner has been unfaithful' by Janis A. Spring (New York : Harpercollins, 1997)

- 다른 여성들이 바람이 났다는 이야기를 듣거나 보게 되면 다른 모든 사람들이 그런 일을 한다니 자신도 놓칠 수 없다는 생각을 하게 되는 '밴드웨건 효과'(시류 편승 현상)를 낳는다.
- 정사를 가지면 로맨스, 모험, 짜릿한 흥분, 화학작용, 강렬한 친밀함 같은 '휴일' 같은 느낌이 난다. 어떤 여자들은 요부가 되었다는 분위기에 취하여 부적절한 섹스나 비밀이 주는 느낌을 즐긴다.
- 아내 역할보다 애인 역할이 훨씬 쉽다.
- 대부분 여성은 정사가 발각되더라도 결혼을 깨기를 원하지 않는다. 또한 그들의 애인이 자신을 위해 이혼하는 것도 원치 않는다.
- 대부분 결혼한 여성들은 자신의 파트너의 감정을 해치기를 원하지 않는다. 그들을 보호하려 애쓰고 볼썽사나운 장면이나 대결을 피하려고 한다.
- 대부분 여성은 그들의 애인과 결혼하기를 원하지 않는다. 자신과 바람을 피웠던 남자라 결혼생활에 충실하지 못할 거라 의심하게 되기 때문이다.
- 경기불황에는 이혼율이 줄어들고 혼외정사가 늘어난다.

혼외정사를 갖는 것은 어찌 보면 장기적으로 긍정적인 효과를 보이기도 해요. 불안정하고 변덕스러운 애인과 비교해보니 배우자가 더 좋게 보이기 시작할 수도 있어요. 바람을 피운 사람은 배우자에게 죄의식을 느껴 결혼생활이 원만해지도록 노력하기도 하지요. 하지만 다른 여자(혹은 남자)와의 모든 접촉은 즉시 끊어야 된다는 점이 필수예요. 그러니 빈대 잡으려다 초가삼간 태우지 말

자구요. 당신과 당신의 아내가 결혼생활을 정상화할 수 있는 가능성은 상당히 커요. 좋은 상담사에게 소통하는 법을 배우고 실천지침을 따라야 합니다. 상담치료 예약을 기다리는 동안에 책을 읽고 일기를 써보고, 아무리 작은 일이라도 당신이 얼마나 배우자에게 신경을 쓰는지, 결혼을 유지하기 위해 얼마나 노력하는지, 그리고 여전히 얼마나 그녀를 사랑하는지 여러 가지 사실들을 고민해보세요.

화 ANGER

인간에게 가장 중요한 세 가지 감정을 꼽으라면 저는 화, 기쁨, 슬픔을 들겠어요. 그 외 다른 것들은 실망, 즐거움, 거부감, 안도 같은 소소한 것들이죠. 원래 화는 7대 죄악의 하나였어요. 욕정이나 나태도 여기에 포함되었지요.
모든 정서들 중에서 화는 다루기 가장 힘든 감정 중의 하나예요. 기쁨이나 행복감은 표현해도 용납이 되죠. 슬픔도 제한적이지만 용인을 해요. 짧은 기간 동안 애도나 비탄에 잠기는 일은 어느 정도 권장하기도 하죠. 곧바로 '그만 극복하고 새로운 삶을 살아가야' 할 시간이라고 생각을 하긴 하지만요. 그러나 화는 점잖은 사회에서는 허락되지 않아요.
이제야 우리 사회는 화를 깔고 앉아 있거나, 속만 끓이고 으르렁거리거나, 고양이를 차거나, 그렇지 않으면 다른 사람들이나 자기 자신을 괴롭히는 대신 화를 관리할 수 있는 기술들을 가르치기 시작했어요. 언젠가는 분쟁 해결과 분노 관리법을 배우게 되겠죠.

수에게 / 아 정말, 우리는 진짜 문제예요! 저는 싸움꾼이에요. 화가 나면 밖으로 토해내려고 하지요. 하지만 제 남편은 화를 속으로 삭여요. 점점 싸늘하고 조용해져요. 제가 고함치고 시끄럽게 굴고 으르렁거려도 그는 뒤에서 발광을 하든 말든 제 일만 하고 있어요. 저는 완전 기운이 쭉 빠지고 일은 되는 게 하나도 없어요.

수의 대답 // 그는 침묵으로 당신을 조종해요. 그리고 당신은 말로 쏘아대며 되받아치고 있구요. 화를 내지르고 나면 당신에게 4일간 침묵이라는 처분이 따르겠지요. 두 분이서 힘을 겨루는 일 없이 서로 어떻게 말하는지를 배우는 의사소통 수업을 받아보는 것이 도움이 될 거 같아요.
당신의 남편은 감정이 격해지는 것도 괜찮으며 그에 대해 이야기해도 무방하다는 사실을 배워야 해요. 110쪽에 있는 상호관계 부분을 읽고 활용해보세요. "나는 이렇게 느낀다"라는 말을 써보세요. "당신이 그렇게 행동하면 나는 화가 나고 좌절감을 느껴." 같은 식으로 말을 해봐요. 그래도 당신 파트너의 관심을 끌지 못하면 이렇게 말해볼 수도 있어요. "내 말에 귀 좀 기울여봐. 내 말을 듣고는 있는지 알아야겠어." 그러면 파트너는 당신이 하는 말을 다르게 받아들일 수도 있어요. 말다툼을 해결하기에 좋은 타이밍이 아니면 방해 받지 않을 적당한 시간을 마련하세요. 그리고 그 시간을 유용하게 활용하세요. 당신은 아마 더 조용하고 냉정하고 더욱 논리적이 될 거예요. 하지만 점수를 매기지 마세요. "내가 지난번에 당신에게 항복했으니 당신은 나에게 빚을 하나 지고 있어"라고 하는 말은 교묘한 조작이에요.

또한 협상하는 법을 배우세요. 목숨 걸 일이 아니면 쌍방이 받아들일 만한 중간쯤에서 합의를 보세요.

마지막으로 마룻바닥 중앙에 턱 놓인 쓰레기봉투처럼 화와 분개를 쌓아놓지 마세요. 언젠가는 그 봉투가 폭발해서 바닥 전체에 흩어져요. 그 적개심을 다 쓸어 없애버리는 일은 벅차고 어려운 일입니다.

수에게 / **제 여자친구는 아일랜드계에, 빨강머리에요. 그래서 성질도 불 같아요. 제 생각에 그녀는 그걸 마치 변명처럼 이용하는 거 같아요. 어쩌면 좋죠?**

수의 대답 // 빨강머리 아일랜드 사람이 성마른 성질을 독점하고 있는 건 아니에요. 어린 시절 그녀의 부모가 물건을 던지고 문을 쾅 닫는 행동을 목격했다면 여자친구도 배웠을 수 있어요. 그녀의 행동은 당신이 그런 주제에는 입도 뻥긋하지 못하게 겁을 주려는 핑계예요. 혹은 저번 싸움에서 당신이 이겼으니 두고 보자, 다시는 이기지 못하게 하리라 작정하고 그러는지도 모르죠. 아니면 관계에 힘을 행사하거나 조종할 수 없는 걸 두려워하거나 위협을 느낄 수도 있고요. 그러니 그녀 편에서 이겨보겠다고 배짱과 열정을 짜내 덤비는 일일 수도 있어요.

그녀는 혹시 당신이 아주 논리적이며 말을 잘해서 당신이 관두자며 짜증내는 상황을 만들지 않으면 매번 싸움에서 지게 된다고 느끼고 있나요? 혹은 가장 좋은 방어는 강력한 공격이라고 믿고 있고 있나요? 그래서 당신이 싸우는 것도 지겹다고, 싸울 가치도 없다고 항복할 때까지 난사하고 있는 것은 아닐까요? 문제는 당신이 제압을 당하고 벗어나야겠다고 느낀다면 그녀는 결국 전쟁에서 지는 거예요. 여자친구가 격노에 휩싸여 있으면, "속이 들끓고 있는 거 그냥 봐도 알겠어. 너나 나나 대화를 할 수 있을 때 다시 올게." 같은 말을 하고 벗어나세요. 그녀가 차분해지면 "오늘 오후에 정말 속상했지. 이제 그 이야기를 차분히 해볼래?"라고 말할 수 있겠지요.

아니면, 당신은 "난 네가 화가 나 있으면 이야기하기가 어려워. 널 가라앉히는 일 말고 무얼 해야 되나 정신이 하나도 없어져. 이런 일이 자꾸 있을까 무서워. 왜냐면 난 평생 네가 성질 내는 거 피하며 살고 싶지는 않거든." 나중에 그녀가 침착해지면 "상담을 한 번 받아보는 게 어떨까?" 하고 권해보세요. 이런 상담을 분노조절 상담이라고 불러요. 분노에 관한 책을 함께 읽고 이야기해보는 것도 좋습니다.(379쪽 참조)

수에게 / 저희들은 서로 비아냥대고 소리를 지르는 싸움을 하고 나면 가장 좋은 섹스를 해요. 정상일까요?

수의 대답 // 그게 어때서요? 아드레날린이 치솟고 눈물콧물 다 짜내고 모든 분통을 터트리고 나면 두 분 다 해소, 해결의 느낌이 들고 영광스러운 재결합을 해요. 유일한 근심이라면 아주 시끌벅적한 화해의 시간과 더불어 상냥하고, 부드럽고, 로맨틱한 시간도 같이 가지느냐이지요.
하지만 당신이 묘사한 그 부분들이 학대, 회한, 화해, 기막힌 섹스, 분노 그리고 더 많은 학대로 이어지는 패턴의 한 부분일 수도 있어요. 그렇다면 분명 파괴적인 순환이라고 해야겠죠.

흡연 SMOKING

수에게 / 저는 남편과 엄청나게 사랑을 나누곤 했는데요, 최근 그가 하루 두 갑씩 담배를 피우는 바람에 흥이 깨져버렸어요. 그가 담배를 끊게 할 방법이 있을까요?

수의 대답 // 저도 담배를 피웠어요. 그래서 온갖 정보, 위협, 건강에 대한 위험과 그에 따르는 비용을 알아요. 흡연자와 키스를 하면 재떨이 바닥하고 키스하는 기분이란 것도 알고요. 이런 정보는 효과는 크게 없어요. 당신이 바랄 수 있는 건 그가 이 모든 위험을 기억에 잘 저장했다가 무언가 일어나서—오래도록 기침을 하거나, 천식 발작이 생기고 암의 공포가 나타나—드디어 결심을……. 말하자면 그가 준비가 된 다음 개인적으로 결정해야 하는 일입니다. 전 20년 동안 매주 월요일마다 담배를 끊었어요. 그러다 갑자기, 마침내, 끝났어요. 완전 중단, 해결이 된 거죠.
사람들이 흡연에 관해 잘 모르는 사실들을 살펴봅시다.

- 담배를 피우는 남자들은 발기부전이 될 가능성이 훨씬 높다. 담배는 음경으로 가는 피의 순환을 감소시키기 때문이다.
- 담배는 정자수에 부정적인 영향을 준다. 정자의 운동력이 떨어지고 모양이 변하고 생산이 줄어든다.

- 흡연은 피임약을 먹어야 하거나 먹고 있는 여성들에게 주요 금기사항 중 하나이다. 흡연과 피임을 같이 하는 여성은 심장 발작이나 중풍의 위험이 급격하게 늘어난다. 이는 폐경기에 호르몬 대체 요법을 하는 사람들에게도 적용된다.
- 임신 중에 흡연을 한 임신부에서 난 아기들은 더 작고, 덜 활동적이며 이미 니코틴에 중독되어 있다.
- 한쪽 혹은 양쪽 부모 다 담배를 피우는 가정에서 자란 아이들은 호흡기 장애, 감기, 기침병, 천식을 다른 아이들보다 더 많이 앓는 경향이 있다.

잘 알려지지 않았지만 흡연은 여자의 생식능력에도 영향을 미쳐요.

- 담배를 피우는 여성은 불임이 될 가능성이 세 배 더 높다. 이들은 에스트로겐을 덜 만들어내고 배란을 규칙적으로 하지 않는다. 수정이 되는 데 훨씬 많은 시간이 걸리고 유산되기도 쉽다. 아기가 태어나면 체중이 덜 나가고 천식이나 폐기종에 더 잘 걸린다.
- 흡연은 난관의 섬모를 부분적으로 마비시킨다. 그래서 난자가 수정이 되어도 섬모 운동으로 자궁으로 밀어내지 못한다. 그렇게 되면 자궁외임신 확률이 커진다.

우리 모두 폐암에 대한 통계는 잘 알고 있죠. 여자들의 흡연율이 높아지고 있는데 그래서 여성의 폐암이 눈에 띄게 늘어나고 있어요.

아마도 당신은 남편의 흡연에 대해 남들과 수다도 떨고 구시렁대기도 해봤을 거예요. 이성적으로 설득도 해보고, 위협도 하고, 집을 나가버리는 것 빼고 다 해보았을 테죠. 일단 그의 습관은 당신의 건강과 아이들의 건강까지 위험에 빠뜨리고 있으니 밖에 나가서 피우라고 고집하세요. 그리고 그가 담배에 쓰는 1센트까지 똑같은 돈으로 당신의 옷을 사거나, 흡연자는 빼놓고 아이들과 여행을 가거나 당신이 정말 하고 싶은 일을 하세요.

니코틴 패치, 니코틴 껌, 매일 복용하는 자이반*이라는 처방약을 먹으면 흡연 욕구를 줄여주다가 마침내 피우고자 하는 욕망을 완전히 사멸시킵니다. 하지만 이런 것도 그가 기꺼이 끊고자 해야 효과가 있어요. 그가 정말 각오했다면 몇 달 동안 성마른 사람을 견딜 준비를 하고 계세요. 그럴 가치는 있는 일일 겁니다.

희롱 FLIRTING

재밌죠. 여성들이 희롱을 한다고 하면 사람들은 악의 없는 장난쯤으로 치지만 남자가 그러면 상대를 찾아 배회하거나 애인을 낚으

* Zyban, 성분명 bupropion이며 국내에는 다른 여러 상품명으로 나와 있습니다. 불안, 우울증, 금연 보조에 쓰이는 약물입니다.

려는 것으로 여기며, 여자들은 그 남자가 치근덕대고 있다고 느껴요. 성추행으로 고소 당할 수 있다는 두려움 때문에 많은 사람들이 희롱하는 일을 꺼려해요.

실제, 희롱이나 추파는 적절한 상황에서 이뤄지면 굉장히 멋진 일이에요. 당신이 파티에서 신나게 춤을 추고 멋져 보인다고 칩시다. 이럴 때는 희롱을 걸기 좋겠지요. 이럴 때 하는 희롱은 밖으로 나가 성적인 정복을 한다거나 강간을 당하겠다는 의미가 아니에요.

희롱하기 위해서는 여러분은 자신이 매력적이며, 재밌고 충동적인 사람이라는 사실을 믿고, 불꽃 같은 면모를 지니고 목표물을 획득하고자 하는 뻔뻔함도 가지고 있어야 해요. 대부분 십대 후반, 이십대, 혹은 삼십대 초반에 이런 것을 배워요. 나이든다고 사그라들지 않아요. 꼬리치고 치근대는 순간순간은 상황이 무르익으면 모습을 드러내죠.

연구자들 말로는 남성과 여성들이 '구애의 춤동작'을 할 때 52개의 비언어적인 행동을 한다고 하네요. 다른 사람의 주목을 이끌어내는 데 약 15초의 시간이 걸린답니다. 여성들은 주로 머리에 한정된 움직임을 사용해요. 수줍어하며 눈을 내리깔거나, 머리카락을 넘긴다거나, 골반을 약간 앞으로 내밀며 움직이거나 수긍의 미소를 짓거나, 주의 깊게 바라보거나, 혹은 가볍게 접촉을 하죠. 이는 모두 관심의 표현입니다.

남자들은 여자를 눈여겨보고, 여자에게 접근하고 바싹 붙어 열심히 말을 붙이죠. 용기를 내려고 약간 뒤로 물러났다가 다시 좀 더 가까이 접근해와요. 그들은 여자를 숭배의 눈빛으로 쳐다보고 온갖 애를 쓰다가 소매를 잡는 등의 아주 무난해 보이는 접촉을 살짝 해요. 상대의 접촉이 따른다면 이는 계속 해도 된다는 신호로 간주되어 여자가 그에게 관심이 없다고 말하기 전까지는 계속해서 한 발씩 나가요.

여성이나 남성이나 일부 희롱 행동은 문제를 만들기도 합니다.

수에게 / 저희는 약혼을 했어요. 하지만 제 여자친구가 제 친구란 친구 모두에게 알랑거리며 잘 보이려고 애쓰는 모습을 아마 상상도 못 하실 거예요. 친구들이 사람 꼬시려고 이러는 거냐고 묻기라도 하면 아주 불쾌해해요. 그래놓고 그녀는 자신이 분탕질해놓은 걸 내가 다 치우길 바라죠.

수의 대답 // 희롱과 약올리기*는 한끗 차이입니다. 희롱과 같은 시선을 사로잡는 행동은 우리 모두에게 필요한 4개의 중요한 A, 즉 attention(관심), approval(인정), acceptance(수용), appreciation(공감)을 얻기 위한 방법이에요. 이걸 받으면 사람들은 기분이 좋아지고 자아가 으쓱해지죠. 하지만 그러기 위해서는 기술이 필요하며 언제 브레이크를 밟아야 하는지 알고 있어야 해요. 여러분 파트너는 여러분을 알아야 하며 여러분이 무엇을 하는

* 원문은 cock teasing이며 여자가 실컷 유혹해 놓고 내빼는 일을 말합니다. 남자는 헛물만 켜는 거죠.

지 알고 있으며 잘 조절하리라 믿어야 합니다. 둘 중 하나가 술을 마시거나 약을 하고 있다면 문제가 일어나요. 그러면 구분의 얕은 경계는 모호해지고 해석은 하는 사람 마음대로가 되죠.

많은 사람들이 선천적으로 희롱의 기술을 가지고 있는 것 같아요. 많은 어린 여자아이들이 그들의 아버지, 삼촌들에게 여우짓을 해요. 머리카락을 찰랑찰랑대고, 예쁜 드레스를 펼쳐 보이면 우리는 귀엽게 여기죠. 소녀가 사춘기에 접어들면, 그건 더 이상 귀여운 짓이 아니에요. 꼬리치는 것처럼 보일 수 있어 하지 못하게 하죠. 어떤 여성들은 적절하지 못하다거나, 잘못 해석될 수 있다거나 완전히 위험할 수도 있다는 사실을 깨닫지 못하고 이런 희롱하는 행동을 계속해요.

자, 이제 당신의 약혼녀가 왜 그토록 과하게 희롱 행동을 하는지 해석해볼 필요가 있어요.

- 당신이 그녀가 매력적이라고 생각하지 않는다고 걱정하고 있다.
- 관심, 인정, 수용, 공감보다 더 많은 것이 필요하다.
- 당신이 한 행동 무언가를 똑같이 되갚아주려고 그런다.
- 약혼을 깨고 싶거나 관계를 끝내고 싶다.

사람들은 파트너의 질투를 유발하기 위해, 자신이 여전히 다른 사람들에게 매력적이라고 증명하기 위해 희롱 행동을 해요.

당신의 여자친구를 나쁜년이라고 비난하고 그녀를 두고 혼자 집으로 가는 걸로 화를 표현한다거나, 파티나 사회적 모임을 피한다거나 헤어지는 일은 답이 아니에요. 분명 당신은 여자친구를 좋아하는 것 같아요. 그녀의 행동 때문에 당신이 어떻게 느끼는지 알려주세요. 그녀 때문에 당신이 부끄럽고 친구들과의 사이도 껄끄러우며, 자기가 얼마나 매력적인 사람인지 증명하려 들지 않아도 된다고 말하세요. 이야기를 듣고 부끄러워하면 괜찮은 거고, 이후에 그녀가 행동을 좀 더 삼간다면 더욱 좋겠지요.

불행하게도, 비위를 잘 맞추는 남자에게 홀딱 빠지는 애정에 굶주린 여자들이 있어요. 이들은 취약한 사람들이에요. 결국 상처를 입을 것이고 최악의 경우는 성폭행의 쉬운 먹잇감이 되기도 합니다.

힘/통제 POWER/CONTROL

수에게 / 저는 결혼생활 5년차예요. 하지만 그 훨씬 전부터 전 제가 정말 좋아하는 남자와 친구로 지냈어요. 서로에게 소중하고, 절친한 친구이지만 그 이상은 아니었죠. 제 남편도 그를 좋아했어요. 그리고 집안대소사에 자주 불렀구요. 지난주에 제 친구는 머뭇거리다가 자신이 게이라고 이야기를 하더

군요. 그렇다고 제가 놀란 건 아니에요. 전 괜찮았어요. 며칠이 지난 후 제 남편에게 말을 했는데, 엄청난 실수였나봐요. 완전히 이성을 잃고는 온갖 욕설을 퍼붓고는 저더러 그와 다시는 만나지도 말고 말도 하지 말래요.
제 친구가 전화를 하면 남편은 아주 무뚝뚝하게 제가 나갔다거나 바쁘다고 거짓말을 해요. 저는 아직 친구에게 말을 못 했어요. 뭐라고 해야 할지 모르겠어요.

수의 대답 // 당신의 친구에게 설명을 하겠다는 데 찬성입니다. 친구는 설명을 들을 자격이 있지요. 이조차 하지 않는다면 잔인한 일이지요. 그에게 아주 부드럽게 남편이 친구의 커밍아웃을 받아들이기 어려워한다는 편지를 써 보내는 건 어떠세요? 그리고 여전히 당신은 그를 사랑하며 친구로서 필요하지만 남편이 동성애 공포증을 이겨나가는 데 약간의 시간이 필요하다는 내용을 담아서요. 가능한 한 빨리 다시 연락하겠다고 친구를 안심시키세요. 그런 후 남편을 몰아세우지 말고 무엇이 그가 이런 식으로 반응하도록 하는지 알아보도록 하세요. 이런 이유들이 있겠죠.

- 그는 동성애 판타지를 가지고 있다.
- 당신의 게이 친구가 그에게 수작을 걸고 자신도 말려들지 모른다고 두려워하고 있다.
- 그는 동성애는 변태행위 혹은 죄라고 생각한다.

- 그는 계집애 같고, 여성적인 게이 남성의 정형화된 이미지를 갖고 있으며 '팬지(pansy, 남성 동성애자를 이르는 속어)'와 어울리고 싶어하지 않는다.
- 어쩌면 어릴 적에 남자로부터 성적으로 추행을 당한 적이 있다.

만약 친구에 대한 거부 반응에 대한 이유를 간파하게 되었다면, 이해는 해줄지언정 치료사처럼 행동해서는 안 됩니다. 상담기술이 없기도 하지만 제삼자의 입장으로 떨어져 있을 수 없기 때문이에요. 그러니 그는 아마 상담 치료사를 만나보는 게 좋을 거예요. 그가 저항하고 거부할 수 있어요. 그렇다면 당신이 이 문제로 아주 많은 어려움을 겪고 있으며 이 때문에 우리 애정관계까지 영향을 미치기 시작하였으며 나도 상담 치료사를 찾아야 될 거 같다고 직설적으로 말하세요. 그를 위협하고자 하는 게 아니라 당신을 위해 드리는 말이에요.
몇 가지 걱정되는 점이 있어요. 당신이 누구와 사귀고 사귀지 않을지를 지시할 권리를 가진 사람은 아무도 없어요. 당신은 어른이고 이런 일은 당신 혼자 결정할 수 있어요. 남편이 가까이 하고 싶지 않다면 그건 그의 결정이지만 당신까지 그러라고 해서는 안 되지요.
이 일이 점차 발전해 그 다음에는 그가 혹여 당신 어머니를 좋아하지 않는다면 어쩔 건가요. 그리고 그가 가족이나 친구들 모두와 멀리 떨어져 새로운 지역으로 옮기기로 결심한다면요. 이는 학대자의 시작 패턴이에요. 이건 정신적인 학대라고 분류할 수 있어요.

그러니 당신의 우정에 관한 남편의 강한 반대를 주의 깊게 듣고 그 이유를 이해해보도록 하세요. 그 이유가 타당하다고 느껴지지 않고, 그의 요구를 따를 생각이 없다면, 당신은 그에게 분명하게 의견을 밝혀야 해요. 그에게 당신이 상처 받은 건 안됐지만, 이건 명백히 당신의 문제이며 이걸 해결해야 하는 것도 당신이라고 말을 하세요.

수에게 / **전 지금 남자친구와 1년 넘게 사귀고 있어요. 처음엔 섹스를 정말 즐겼어요. 그는 제가 원하는 것보다 훨씬 더 많은 섹스를 원하긴 했지만요. 이제 그는 우리가 사랑을 나눈 뒤에 저더러 살 아래로 내려가라 고집을 부려요. 제 머리를 아래로 누르고 억지로 성기를 입에 집어넣어요. 제가 거절하면 그는 "제발, 제에발, 이번 한 번만, 응? 1분밖에 안 걸려. 나 지금 너무 불편해. 네가 도와주지 않으면 불알이 아파 터질 것 같아." 라고 해요.**

예전에 전 오럴 섹스를 좋아했어요. 하지만 지금은 구역질이 나거나 천식 발작이 생겨요. 하고 나면 그는 아주 다정하고 배려 깊게 항상 "고마워. 정말 좋았어"라고 말해요. 하지만 전 점점 섹스가 싫어져요.

수의 대답 // 놀랐느냐구요? 당신이 섹스는 몽땅 피하기 시작할 거란 게 눈에 훤하네요. 그가 계속 그러면 당신은 바싹 긴장을 하고, 통증을 경험하고 바로 흥분이 싹 가실 거예요. 그는 불감증이라거나 다른 남자가 생겼을 거라는 등 당신을 비난하다가 그를 기꺼이 만족시켜줄 다른 여자를 찾아 나서겠죠. 게임 끝, 스코어는 0:0. 당신은 이 관계의 역학을 정확하게 이해할 수 있기 전까지 섹스를 혐오할 수도 있어요. 한편 그는 당신이 왜 헤어지려는지 당신들의 관계가 왜 전부 끝나버렸는지 결코 알지 못할 수도 있고요.

그와 대화를 나눠볼 수 있겠어요? 잠자리에서 말고 산책을 나간다거나 설거지를 하면서요. 당신이 어떻게 느끼는지, 그의 행동이 당신에게 어떤 영향을 미치는지 말하세요. 그런 후 그가 필요한 게 무언지 귀 기울여 들어주세요. 그의 변명, 애원, 일방적 주장은 빼고요. 만약 당신이 섹스 후에 성적으로 만족했다면 그는 자위를 하거나 스스로 만족할 수 있는 방법을 터득해야 해요.

말은 쉽죠. 하지만 숨김 없는 정직한 대화는 학습이 필요한 기술입니다. 우리들 대부분은 자라면서 정직한 대화법을 배우지 못하죠. 그래서 우리는 진짜 엄청나게 노력해야 합니다.

추 천 도 서 / / / / / / / / / / /

구타 : 학대 받는 남자 BATTERING : ABUSED MAN

다니엘 제이 손킨 박사와 마이클 더피 박사의 〈폭력 없이 살아가는 법을 배우기〉란 책이 도움이 될 거예요. 원래 이 책은 여자를 구타하는 남자를 위해 기획된 책이지만 남자를 폭행하는 여자들에게도 적용이 됩니다.

→ Learning to live without Violence : A Handbook for men by Daniel Jay Sonkin Ph.D. and Michael Durphy, Ph.D. (Volcano press, 1997)

구타 : 학대 받는 여자 BATTERING : ABUSED WOMAN

구타 당하는 여자들에게 필요한 건 그들의 처지를 포용해주는 거예요. 진심을 다해 도와야 학대 여성들과 그 아이들은 온당하고 안전한 삶을 다시 꾸릴 수 있습니다. 도움이 될 만한 책은 레노어 E.A. 워커의 〈구타 여성 증후군〉입니다.

→ The Battered Woman Syndrome by Lenore E.A. Walker (Springer publishing, 2000)

근친 성폭력 INCEST

어릴 적 성적으로 폭행을 당한 남성의 경우에 도움이 되는 상담을 찾기가 훨씬 어려워요. 지원 그룹도 거의 없고 그들을 위한 책도 거의 없어요. 하지만 여기 마이크 루의 〈희생자는 이제 그만〉, 스티븐 디 그럽맨-블랙의 〈부서진 아이들-고쳐진 남자들 : 아동 성추행에서 회복하기〉라는 책 두 권을 추천해 드릴게요.

→ Victims No Longer : Men Recovering, from Incest and Other Sexual Child Abuse by Mike Lew (New York : Perennial, 1990)

→ Broken Boys–Mending Men : Recovery from Childhood Sexual Abuse by Stephen D. Grubman–Black (West Caldwell : the Blackburn Press, 2002)

낙태 ABORTION

여러분은 아마 M. 사라 로젠탈이 쓴 〈부인과질환 원전〉에서 몇 가지 도움을 얻을 수도 있을 겁니다.

→ gynecological sourcebook by M. Sara Rosenthal (McGraw–hill, 2003)

남성 갱년기 MENOPAUSE, MALE (ANDROPAUSE)

버니 질버겔드의 〈새로운 남성 성생활〉

→ The New Male Sexuality by Bernie Zilbergeld, Ph.D. (New York : Bantam, 1999)

낮은 성욕동 LOW SEX DRIVE

낮은 성욕동을 다룬 책은 엄청나게 많아요. 로니 바배치와 데이비드 L. 가이싱어의 〈끝까지 가기〉, 트레이시 콕스의 〈뜨거운 섹스 : 어떻게 할 것인가〉 앤 후퍼의 〈순수한 섹스〉도 그 중 일부입니다.

→ Going the Distance : Finding and Keeping Lifeong Love by Lonnie Barbach and David L. Geisinger (New York : Plume, 1993)

→ Hot Sex : How to Do it by Tracey Cox (New York : Bantam, 1999)

→ Pure Sex by Ann Hooper (Boston : Thorsons, 2003)

노화와 성 AGING AND SEX

M. 사라 로젠탈의 〈부인과 질환 원전〉

→ Gynecological sourcebook by M. Sara Rosenthal (McGraw–hill, 2003)

동성애 HOMOSEXUALITY

에릭 마커스의 〈이것은 선택인가?〉, 트레이시 스티븐스와 캐서린 원더의 〈행복한 레즈비언이 되는 법〉을 읽어보세요.

→ Is It a Choice? Answers to 300 of the Most Commonly Asked Questions About Gays and Lesbians by Eric Marcus (San Francisco : HarperSan Franscico 1999), rev. ed. 〈Is it a choice? 동성애에 관한 300가지 질문〉 (박영률출판사, 2006년)

→ How to Be a Happy Lesbian : A Coming out Guide by Tracey Stevens and Katherine Wunder (Asheville : Amazing Dreams Publishing, 2002)

여러분에게 게이도 괜찮다는 인식과 더 많은 정보를 줄 수 있는 동성애 관련의 훌륭한 책과 비디오가 꽤 되어요. 돈 클락의 〈게이인 사람을 사랑하기〉, 스티븐 E. 골드스톤의 〈속속들이 알아보는 게이 섹스〉, 펠리스 뉴먼의 〈전술 레즈비언 섹스 책〉, 켈리 휴겔의 〈GLBTQ 퀴어 혹은 알쏭달쏭 십대의 서바이벌 가이드〉를 살펴보세요.
→ Loving Someone Gay by Don Clark (Celestial arts, 1997)
→ Is It a Choice? Answers to 300 of the Most Commonly Asked Questions About Gays and Lesbians by Eric Marcus (San Francisco : HarperSan Franscico 1999), rev. ed.
→ Ins and Outs of Gay Sex by Stephen E. Goldstone (Dell, 1999)
→ The Whole Lesbian Sex Book by Felice Newman (Cleis Books, 1999)
→ GLBTQ the survival guide for Queer and Questioning Teens by Kelly Huegel (Free Spirit, 2003)

방광 감염 BLADDER INFECTION **불임** INFERTILITY

섹스와 관련된 질환 정보에 대한 유용한 정보는 M 사라 로젠탈의 〈부인과질환 원전〉에 있어요.
→ Gynecological Sourcebook by M. Sara Rosental (McGraw-hill, 2003)

상호 관계 RELATIONSHIPS

댄 맥애덤스, 〈친밀감〉
→ Intimacy by Dan McAdams (New York : Doubleday, 1989)
캐롤린 노던 부숑, 〈자신을 잃지 않고 그를 사랑하는 법〉
→ Loving HIm Without Losing You by Carolyn Nordon Bushong (Berkeley, 1993)
줄리언 D. 포드, 〈그가 나를 영원히 사랑할까?〉
→ Will He love Me Foever? Sustaining Love through the Years by Julian D. Ford and Judith G. Ford(New York : McGraw-Hill, 1991)
워윅 윌리엄스, 〈욕망의 재점화〉
→ Rekindling Desire : Bringing your Sexual Relationship to life by Warwick Williams (Oakland, Calif. : New Harbinger Publication, 1988)
배리 딤, 〈커플〉
→ Couples: Exploring and Understanding the Cycles of Intimate Relationships by Barry Dym, Ph. D and Michael Glenn (New York : Perennial, 1994)
주디스 레빈, 〈나의 적, 나의 사랑〉
→ My Enemy, My Love "Man Hating and Ambivalence in Women's Lives by Judith Levine (New York : Anchor, 1993)
마누엘 스미스, 〈난 노라고 말할 때 죄의식을 느낀다〉
→ When I say No, I feel guilty by Manuel J. Smith (New York : Bantam Books, 1985)
미리엄 미드지언, 〈남자들이 그렇지〉

→ Boys Will Be Boys by Myriam Miedzian (New York : Doubleday, 1991)
로니 바배치, 데이비드 가이싱어, 〈끝까지 가기〉
→ Going the Distance : Finding and Keeping Lifelong Love by Lonnie Barbach and David L. Geisinger (New York : Plume, 1993)
데이비드 D. 번즈, 〈친밀한 관계〉
→ Intimate Connection by David D. Burns M.D. (New York : NAI, 1986)
게오르규 R. 바흐, 페터 바이든, 〈친근한 적〉
→ the Intimate Enemy : How to Fight Fair in Love and Marriage by Geroge R. Fach and Peter Wyden (New York : Avon, 1983)

성기 사마귀 VENERAL WARTS

성과 관련된 아무 질환이나 궁금한 게 있으면 M. 사라 로젠탈이 쓴 〈부인과질환 원전〉을 뒤져보세요.

성폭행 SEXUAL ASSAULT

어릴 적에 성적으로 학대를 당했던 남자들을 위한 전문 상담가나 치료사가 있나 찾아보려고 노력해 봤는데 엄청나게 힘들더군요. 지원협회는 거의 없고 특별히 남성을 다룬 책도 거의 없어요. 하지만 이 두 책은 당신에게 도움이 될 겁니다. 마이크 루의 〈희생자는 이제 그만〉 스티븐 D. 그럽맨-블랙 〈부서진 아이들-고쳐진 남자들〉을 보세요.
→ Victims No Longer : Men Recovering from Incest and Other Sexual Child Abuse by Mike Lew (New York : Perennial, 1990)
→ Broken Boys-Mending Men : Recovery from Childhood Sexual Abuse by Stephen D. Grubman-Black (West Caldwell : the Blackburn Press, 2002)

섹스 중독 SEX ADDICTION

북미의 많은 주요 도시에는 섹스와 사랑 중독자모임이 있습니다.
권하고 싶은 훌륭한 책은 패트릭 칸스의 〈사랑이라 부르지 마세요〉, 스탠턴 필과 아치 브로드스키의 〈사랑과 중독〉, 앤 윌슨 쇠프의 〈친밀감으로부터 탈출〉이 있어요.
→ Don't Call It Love by Patrick Carnes (New York : Bantam, 1992)
→ 〈그림자 밖으로 : 성중독의 이해〉(시그마프레스 2011)(국내 번역된 같은 저자의 다른 책)
→ Love and Addiction by Stanton Peel and Archie Brodsky (New York : Signet, 1981)
→ Escape from Intimacy : Untangling th "Love" Addictions-Sex, Romance, Relationships by Anne Wilson Schaef (San Francisco : Harper San Francisco, 1990)

바이브레이터 VIBRATORS

앤 서맨, 〈섹스 토이의 온갖 즐거움〉

→ The Many Joys of Sex Toys by Anne Seman (New York : Broadway, 2004)

수줍은 남자 증후군 SHY MAN SYNDROME

당신이 읽을 만한 좋은 책이 몇 권 있어요. 싼 책은 아니고 대부분 서점에서 구할 수 없을 겁니다. 특별주문을 해야 하지만 그럴 가치가 있어요. 브라이언 길마틴의 〈수줍은 남자 증후군〉, 그리고 데이비드 D. 번즈의 훌륭한 두 권의 책, 〈친밀한 접속〉, 〈열흘 만에 자존심 찾기〉를 추천합니다.

→ The Shy Man syndrome by Dr. Brian Gilmartin (Lanham, Md : Madison Books, 1989)

→ Intimate Connection by David D. Burns M.D. (New York : NAI, 1986)

→ Ten Days to Self-esteem (New York : Quill, 1999)

양성애 BISEXULITY

불행하게도 이들에게 양성애자들을 위한 자원, 협력단체, 좋은 책도 거의 없어요. 오랜 된 책 토마트 겔러의 〈양성애〉가 도움이 되는 정돕니다.

→ Bisexuality : A Reader and Sourcebooks by Thomas Geller (Times Change Press, 1990)

대부분 레즈비언과 게이 조직은 공식적인 범주에 양성애자들을 포함하고 있어요. 이런 책들 역시 추천해 드립니다. 애미티 피어스 벅스톤의 〈다른 쪽 벽장〉, 로레인 허친스, 레니 카후마누가 편집한 〈이름이 무엇이든〉, 이반 힐 편집의 〈양성애 배우자〉

→ The other Side of the Closet by Amity Pierce Buxton (Wiley, 1994)

→ Bi Any Other name by Loraine Hutchins and Lani Kaahumanu (Alyson Books, 1991)

→ The bisexual spouse by Ivan Hill (Harpercollins, 1989)

오르가슴 ORGASM

오르가슴에 대한 더 많은 정보를 원한다면 아래 책들을 읽어보시죠. 로니 바배치의 〈혼자서〉, 미리엄 스토퍼드의 〈섹스의 마법〉, 가브리엘 모리시의 〈충동〉, 엘리자베스 데이비스의 〈여자의 성적 일생〉, 앤 후퍼의 〈위대한 섹스 가이드〉

→ For Yourself : The Fulfillment of Female Sexuality by Dr. Lonnie Barbach (New York : Signet, 2000)

→ The Magic of Sex by MIriam Stoppard (New York : Penguin, 2001)

→ Urge Hot secrests for great Sex by Dr. Gabrielle MOrisey (Thorsons, 2003)

→ Women's Sexual Passages : Finding Pleasure and Intimacy at Every Staghe of Life by Elizabeth Davis (Berkeley, Calif. : Hunter House, 2000)

→ Great Sex Guide by Anne Hooper (New York : DK Publishing, 1999)

용서 FORGIVENESS

깊이 들여다보고 싶다면, 마이클 스프링과 같이 쓴 재니스 에브람스 스프링 박사의 〈정사 이후에〉 그리고 〈어떻게 내가 당신을 용서하겠어?〉 혹은 리처드 테일러의 〈정사를 벌이다〉라는 책을 읽으세요.

→ After the Affair by Janis Abrahms Spring, Ph.D. with Michael Spring (Perenial, 1997) 〈운명이었던 사랑이 무너졌을 때〉 (랜덤하우스코리아, 2004)

→ How Can I Forgive You? by Janis Abrahms Spring, Ph.D. with Michael Spring (Pere–Harpercollins, 2000) 〈용서의 기술〉 (메가트렌드, 2007)

→ Having Love Affairs by Richard Taylor (Promise on Books, 1990)

월경전증후군 PREMENSTRUAL SYNDROME

당신이 읽어보면 좋아할 만한 리나야 한의 〈PMS〉란 책이 있어요.

→ PMS : Solving the Puzzle by Linaya Hahn (Louisville : Chicago Spectrum Press, 1995)

유산 MISCARRIAGE

마리 앨런과 셸리 마크스의 〈유산〉 조너선 세어와 캐롤 딕스의 〈유산을 막는 법〉이라는 훌륭한 책을 읽어보세요.

→ Miscarriage: Women Sharing from the Heart by Marie Allen, Ph.D., and Shelly Marks, M.S.(New York : Wiley, 1993)

→ Preventing Miscarriage : The Good News by Jonathan Scher, M.D, and Carol Dix (New York : Perennial, 1991)

임신 PREGNANCY

상담가를 알아보는 동안에 캐롤린 페이프 코원과 필립 A. 코원의 〈동반자에서 부모로 바뀔 때〉를 읽고 의견을 나눠보세요. 텔레비전을 끄고 시간을 내 책을 소리 내어 읽고 함께 의논하세요. 그 밖에 엘런 크라이드만의 〈아이 이후에도 섹스의 자리가 있는가?〉도 살펴보세요.

→ When Partners Become Parents : The Big Life Change for Couples by Carolyn Pape Cowan and Philip A. Cowan (Mahwah : Lawrence Erlbaum, 1999)

→ Is There Sex After Kids? by Ellen Kreidman (New York : St. Martin's, 1996)

자궁내막증 ENDOMETRIOSIS

이 주제에 관한 뛰어난 저술로는 메리 루 볼웨그와 자궁내막증 협회의 〈자궁내막증 원전〉, M. 사라 로젠탈의 〈부인과질환 원전〉도 좋은 자료집이에요.

→ The Endometriosis Sourcebook by Mary Lou Ballweg and Endometriosis Association (New York : McGraw-Hill, 1995)

→ Gynecological Sourcebook by M. Sara Rosenthal (New York : McGraw-Hill, 2003)

자위 MASTURBATION

미리엄 스포퍼드의 〈섹스의 마법〉, M. 사라 로젠탈이 쓴 〈부인과질환 원전〉, 제니퍼 버맨과 로라 버맨, 그리고 엘리자베스 버밀러의 〈여성 전용〉, 마사 코코노그의 〈자위의 모든 것〉 조아니 블랭크의 〈1인칭 단수〉를 읽어보세요. 불감증 여성들에게 로니 바배치의 〈혼자서〉라는 책이 훌륭해요.

→ The Magic of Sex by Miriam Stoppard (New York : Penguin, 2001)

→ gynecological sourcebook by M. Sara Rosenthal (McGraw-hill 2003)

→ For Women Only : A Revolutionary Guide to Reclaiming Your Sex LIfe by Jennifer Berman, M.D., and Laura Berman, Ph. D., with Elisabeth Bumillier (New York : Owl, 2002)

→ The Big Book of Masterbation by Marth Cornog(San Francisco : Down There Press, 2003)

→ First Person Singular by Joani Blank (San Fransico : Down There Press, 1996)

→ For yourselves by Dr. Lonnie Babach (New York : Signet, 1975)

장애 DISABILITY

미리엄 카우프만 의사의 공저 〈섹스와 장애에 대한 상세 안내서〉를 한번 참고해 보세요.

→ The ultimate guide to Sex and Disability by Miriam Kaufman M.D.,Cory Silverberg, and Fran Odette (Cleis Books, 2003)

이런 주제에 관한 아주 훌륭한 책 두 권, 루실 칼톤의 〈아플 때나 건강할 때나 : 섹스, 사랑 그리고 만성 질환〉과 켄 크롤과 에리카 레비 클라인의 〈장애 없는 로맨스 : 장애인을 위한 사랑, 섹스, 관계 안내서〉를 추천할게요.

→ In Sickness and in Health : Sex, Love and Chronic Illness by Lucille Carton (New York : Delacourt, 1996)

→ Enabling Romance : A guide to Love, Sex and Relationships for the Disabled by Ken Kroll and Erica Levy Klein (Toronto : No Limits, 2001)

자궁절제술 HYSTERECTOMY

여기 관련된 좋은 책으로 잰 클락의 〈자궁절제술과 대체 수술들〉과 M. 사라 로젠탈의 〈부인과질환 원전〉을 보세요.
→ Hystrectomy and the Alternatives by Jan Clark (New York : Vintage, 2000)
→ The Gynecological Sourcebook By M. Sara Rosenthal (New York : McGraw–Hill, 2003)

재미있는 섹스 FUN SEX

만약 파트너가 수줍음이 많거나 내켜하지 않으면 오래 되었지만 알찬 책 〈섹스의 즐거움〉 개정판을 입수하세요. 혹은 엘런 크라이드만의 〈그녀에게 불을 댕겨라〉, 가브리엘 모리세이의 〈욕구, 황홀한 섹스를 위한 뜨거운 비밀들〉, 케이트 테일러의 〈만족스런 오르가슴 안내〉, 제이 와이즈먼의 〈여자를 기쁘게 만드는 트릭〉, 다아시 A. 콜의 〈유혹해 주세요〉가 있어요.
→ The Joy of Sex by Dr. Alex Comfort (Crown, 2002)
→ Light Her Fire by Ellen Kreidman (Dell,1992)
→ Urge : Hot Secrets for Great Sex by Dr Gabrielle Morrissey (보스톤 : 토선즈, 2003)
→ The Good Orgasm Guide by Kate Tayler (Bans and Noble, 2003)
→ Tricks to Please a Woman by Jay Wiseman (Greenery Press, 2002)
→ Seduce Me : How to Ignite Your Partner's Passion by Darcy A. Cole (Booklocker.com, 2003)

조기사정 PREMATURE EJACULATION

훌륭한 성치료사로부터 일부 도움을 얻어야 할 수도 있지만 그 동안에 이런 책을 권해드립니다. 미리엄 스포퍼드의 〈섹스의 마법〉, 버니 질버겔드의 〈새로운 남성 성생활〉, 로비 바배치의 〈서로를 위해〉를 읽어보세요.
→ The Magic of Sex by Miriam Stoppard (New York : Penguin, 2001)
→ The New Male Sexuality by Bernie Zilbergeld, Ph.D. (New York : Bantam, 1999)
→ For Each Other : Sharing Sexual Intimacy by Lonnie Barbach, Ph,D. (New York : Signet, 2002)

중년 THE MIDDLE YEARS

여기 당신에게 몇 가지 도움이 될 수 있는 책이 있어요. 버니 질버겔드의 〈새로운 남성 성생활〉, 미리엄 스토퍼드의 〈섹스의 마법〉을 참조하세요.
→ The New Male Sexuality by Bernie Zilbergeld, Ph.D. (New York : Bantam, 1999)
→ The Magic of Sex by Miriam Stoppard (New York : Penguin, 2001)

지-스팟 G-SPOT

다아시 A. 콜의 〈나를 유혹하세요〉 꼭 한 번 살펴보세요.

→ Seduce Me : How to Ignite Your Partner's Passion by Darcy A. Cole (Booklocker.com, 2003)

극치기 방출에 대한 많은 정보를 얻으려면 케이시 윙크스의 〈좋은 바이브레이션 안내, 지스팟〉을 펼쳐보세요.

→ The Good Vibrations Guide : The G spot by Cathy Winks(Down There Press, 1998)

질투 JEALOUSY

오래되었지만 좋은 책 낸시 프라이데이의 〈질투〉라는 책을 추천해 드릴게요.

→ Jealousy by Nancy Friday (New York : Bantam Books, 1991)

지연사정 RETARDED (DELAYED) EJACULATION

버니 질버겔트의 〈새로운 남성 성생활〉, 미리엄 스토퍼드의 〈섹스의 마법〉이란 책을 남편과 당신이 읽었으면 하네요.

→ The New Male Sexuality by Bernie Zilbergeld, Ph.D. (New York : Bantam, 1999)

→ The Magic of Sex by Miriam Stoppard (New York : Penguin, 2001)

체위 POSITION

정말 창의적인 발상을 제공하는, 침대에서 어떻게 자연스럽게 이끌고 즐길 수 있는지 아름다운 그림까지 딸린 좋은 책을 소개해 드릴게요. 앤 호퍼의 〈궁극의 섹스〉, 미리엄 스토퍼드의 〈섹스의 마법〉, 다아시 A. 콜의 〈나를 유혹하세요〉 혹은 사리 로커의 〈완전 초짜 황홀한 섹스 가이드〉를 보거나 알렉스 컴포트의 〈섹스의 즐거움〉이라는 오래된 책을 찾아나서 보세요.

→ Ultimate Sex by Anne Hooper (New York : DK Publishing, 2001)

→ The Magic of Sex by Miriam Stoppard (New York : Penguin, 2001)

→ Seduce Me :How to Ignite Your Partner's Passion By Darcy A. Cole(Booklocker.com, 2003)

→ The Complete Idiot's Guide to Amazing Sex by Sari Locker (Indianapolis : Alpha Books, 2002)

→ The Joy of Sex by Dr. Alex Comfort (New York : Crown, 2002)

케겔 운동 KEGEL EXERCISE

게일 라이거리스, 〈잃어버린 열쇠: 최신 케겔 운동〉

→ The Forgatten Key : An Update on Kegel Exercise by Gail Riegeris (www.isofem.org)

판타지 FANTASY

로니 바배치 박사의 〈에로틱한 막간연애〉와 〈쾌락: 여자들이 쓰는 성애물〉이라는 판타지에 관한 탁월한 책이 있어요. 이런 책들은 어느 정도 새롭고 흥미진진한 성 관련 백일몽에 대한 재료가 되지요. 어쩌면 당신의 판타지들이 싱겁고 지루하고 단조롭다는 걸 알게 될지 모르죠. 새로 성적 판타지의 레퍼토리를 개척하고 넓혀나가는 일도 가능하답니다.

→ Erotic Interludes : Tales Told by women by Lonnie Barbach Ph.D. (New York : Penguin, 1995)

→ Pleasures:Women Write Erotica by Lonnie Barbach Ph.D. (New York : Perenial, 1985)

페로니 병 PEYRONIE DISEASE

버니 질버겔트의 〈새로운 남성 성생활〉이란 책을 읽으며 장대한 첫걸음을 떼어보세요. 당신이나 당신의 파트너가 같이 미리엄 스포퍼드의 〈섹스의 마법〉을 읽어도 좋아요.

→ The New Male Sexuality by Bernie Zilbergeld, Ph.D. (New York : Bantam, 1999)

→ The Magic of Sex by Miriam Stoppard (New York : Penguin, 2001)

페티시 FETISH

페티시를 포함해 특이한 섹스 관행을 두루 다룬 훌륭한 책이 있어요. 드니스 M. 데일리의 〈성적으로 비정상인〉이란 책은 가학피학증, 복장도착, 성전환자, 노출증/관음증, 폰섹스, 소아애병까지 다루고 있어요. 이런 책이 동네 서점에 있을 거 같지는 않으니 주문을 해야만 할 거예요. 하지만 기다릴 만한 가치가 있어요.

→ The Sexually Unusual : A Guide to Understanding and Helping by Dennis M. Dailey (New York : Haworth Press, 1989)

폐경, 여성 MENOPAUSE, FEMALE

나흐티걸과 헤일먼의 〈에스트로겐〉을 읽어보세요. 시장에 넘쳐나는 폐경기 관련 책 중의 몇 권이에요. 미리엄 스토퍼드 〈폐경기 완전정복, 건강과 행복을 유지하고 인생을 설계하기〉, 제닌 오리어리 콥의 〈폐경기 이해하기〉란 훌륭한 책도 있고 개일 센드의 〈안이 더운 건가 아니면 내가 그런가?〉 게일 쉬이의 〈조용한 변화 : 폐경기〉, 앤 루이스 기틀먼의 〈변하기 전에 : 폐경전후기에 대처하기〉도 읽어보세요.

→ Estrogen by Nachtigel & Heilman (New York : Harper Perenniel, 1994)

→ Menopause : the complete Guide to maintaing Health and well-being and Manageing Your Life by Dr. Miriam Stoppard (New York : DK Publishing, 2002)

→ Understanding MEanopause by Janine O'Leary Cobb (New York : Plume, 1993)

→ Is It Hot in Here or Is It Me? Facts, Fallacies and Feelings about menopause by Gayle Sand (New York : HarperCollins, 1993)

→ The silent Passage : Menopause by Gail Sheehy (New York : Pocket Books, 1998)

〈조용한 변화〉(김영사, 1995)

→ Before in the Change : Taking Charge of Your Perimenopause by Ann Louise Gittleman (San Fransico : HarperSanFrancisco, 1999)

폰섹스 PHONE SEX

데니스 M. 데일리의 〈성적으로 비정상인〉이란 책을 읽어보도록 하시죠.

→ The Sexually Unusual : A Guide to Understanding and Helping by Dennis M. Dailey (New York : Haworth Press, 1989)

항문 섹스 ANAL SEX

항문 섹스에 관한 더 많은 정보는 〈항문 쾌락과 건강〉이라는 잭 모린 박사의 책이나 〈여성을 위한 최고의 항문 섹스 가이드〉, 트리스탄 타오미노의 책을 보세요. 한번 생각해보고 직접 선택을 하세요.

→ Anal pleasure and Health : A Guide for Men and Women and couples (Down There Press, 2000)

→ the Ultimate Guide to Anal sex for Women (Cleis Books, 1997)

헤르페스 단순포진 HERPES SIMPLEX

스티븐 색스의 〈헤르페스에 관한 진실〉을 읽어보세요. 서점에 따로 주문을 넣어야 할 수도 있지만 가장 좋은 책이어서 기다릴 가치가 있을 겁니다.

→ The Truth About Herpes by Dr. Stephen Sacks (Vancouver : Gordon Soules, 1997)

헤어짐 BREAKING UP

여기 이런 주제와 관련된 훌륭한 책들이 몇 권 있어요. 대프니 로즈 킹마의 〈헤어지다〉, 키스 앤더슨 의사와 로이 맥스키밍의, 〈다시 또 혼자〉 다이안 보건의 〈언커플링〉을 보세요.

→ Coming Apart : Why Relationship End and How to Live Through the Ending of Yours by Daphne Rose Kingma (Conari Press, 2000), 〈사랑 다음에도 사랑이 존재하는가?〉 (학지사, 2007)

→ On Your Own again by Keith Anderson, M.D., and Roy MacSkimming (Toronto : McCleland and Stewart, 1992)

→ Uncoupling : Turning Points in intimate Relationship by Diane Vaughan (Vintage, 1990)

혼외정사 AFFAIR

망가진 결혼을 어떻게든 제 궤도로 올리길 원하는 커플들에게는 페기 보건의 〈일부일처제 미신〉이 좋은 책이에요.

→ The Monogamy Myth : A Personal Handbook for Dealing with Affairs (New York : New market, 2003)

화 ANGER

이런 책을 함께 읽어보고 당신의 반응을 논의해보는 것도 좋겠지요. 해리엇 러너의 〈분노의 춤〉, 제임스 크라이톤 박사의 〈미치지는 마세요〉를 읽어보세요.

→ The Dance of Anger by Harriet Lernet Ph.D.(New York : Quill, 1997), 〈무엇이 여성을 분노하게 하는가?〉 (이화여자대학교 출판부, 2011)

→ Don't Go Away Mad : How to Mae Peace with Your Partner by James Creighton, Ph.D. (New York : Double Day, 1991)

힘/통제 POWER/CONTROl

의사소통에 주안을 둔 책에는 게오르그 R. 바흐와 헤르프 골드베르크 박사의 〈창조적인 공격성〉 제임스 크라이톤의 〈화내고 돌아서지 마세요〉가 있어요. 배리 딤과 마이클 글렌의 〈커플〉도 도움이 될 겁니다.

→ Creative Aggression : The Art of Assertive Living by Dr. George R. Bach and Dr. Herb Goldberg (Gretna : Wellness Institute, 1974)

→ Don't Go Away Mad by James Creighton, Ph.D. (New York : Doubleday, 1991)

→ Couples : Exploring and Understanding the Cycles of Intimate Relationships by Barry Dym, Ph. D and Michael Glenn (New York : Perennial, 1994)

우리 그 얘기 좀 해요

초판 1쇄 인쇄 2014년 10월 10일
초판 1쇄 발행 2014년 10월 20일

지은이 수 요한슨
옮긴이 구소영
펴낸이 이기섭
편집인 김수영
책임편집 김송은
기획편집 전민희 김남희
마케팅 조재성 정윤성 한성진 정영은 박신영
관리 김미란 장혜정

펴낸곳 한겨레출판(주) www.hanibook.co.kr
등록 2006년 1월 4일 제313-2006-00003호
주소 121-750 서울시 마포구 공덕동 116-25 한겨레신문사 4층
전화 02-6383-1602~3
팩스 02-6383-1610
대표메일 cine21@hanibook.co.kr

ISBN 978-89-8431-848-9 03330

* 책값은 뒤표지에 있습니다.
* 파본은 구입하신 서점에서 바꾸어 드립니다.